从语义分析到道理重构

早期中国哲学的新刻画

李巍 著

图书在版编目 (CIP) 数据

从语义分析到道理重构：早期中国哲学的新刻画 / 李巍著 . —北京：商务印书馆，2019.7（2020.3 重印）
ISBN 978-7-100-17356-8

Ⅰ . ①从… Ⅱ . ①李… Ⅲ . ①古代哲学—研究—中国 Ⅳ . ① B21

中国版本图书馆 CIP 数据核字（2019）第 071756 号

权利保留，侵权必究。

从语义分析到道理重构
早期中国哲学的新刻画
李 巍 著

商 务 印 书 馆 出 版
（北京王府井大街 36 号 邮政编码 100710）
商 务 印 书 馆 发 行
江苏凤凰数码印务有限公司印刷
ISBN 978-7-100-17356-8

2019 年 7 月第 1 版　　　开本 889×1194　1/32
2020 年 3 月第 2 次印刷　印张 10¾
定价：42.00 元

序　言

在大部分情况下,历史的面貌和改观都是不同方法和眼光的产物,这对作为历史之一个侧面的中国哲学史来说同样适用。这并不是公然声称历史和哲学史的书写没有可公度性。我的这一说法暗含着一个前提,即历史是一个复杂多样的存在,不同的方法、眼光,还有兴趣,将人们引向历史的不同方面,让人们不断有所发现。人们一直强调难得的新史料在书写历史中的重要性,对此我非常赞成。但新方法和新眼光的运用,既重要又广泛。这在中国哲学史的研究和探讨中也是如此。李巍的这部著作就是对此的一个很好的诠释。

对于中国哲学的研究者而言,当前仍存在着需要预先思考的前提性问题,如迄今仍然有人认为没有所谓的"中国哲学",只有所谓的"中国思想";再如有人截然划分以西释中、以中释中或以古释古的解释方式问题。按照前者的说法,原本就不存在如何研究中国哲学的问题。但正如安乐哲(Roger T. Ames)教授恰当指出的,说中国没有哲学是一个天大的笑话。葛兆光、黄进兴先生是宣称这种观点的其中两位。葛兆光声称写"中国思想史"应只写一般的"大众思想"。可他写出的思想史实际上一点不比其他思想史写出的精英思想史少,他写出的大众思想比其他的思想史也没多多少,好像是醉翁之意不在酒。李巍很清楚地看出了这一点。说中国没有哲学的人,不仅误解了中国哲学,也误解了哲学。"哲学"这个词汇确实是翻译过来的,但这不等于说哲学这门学问只能为西方所有,不能为其他地方所有。简言之,一是因为中国历史上表达这一学问所用的固有术语(如道术、玄学、义理学、理学和道学等)同哲学这一术语具有高度的可比性,也完全可以用哲学这一术语来表示。二是在这些术语下的诸子百家和三教就是各种具体的哲学,如果说是思想,那也是哲学思想。三是哲学从来就不是固定不变的,西方如此,中国也如此。哲学有不同,但不同的哲学仍然是哲学。四是近代以来中国翻译过来的西方哲学词汇可不限于"哲学"一语,还有宗教、美学、伦理学、逻辑学等。据此推论,中国历史上没有的学问可就不止哲学了,中国宗教、美学、伦理学和逻辑学等自然也不能有。扩大到社会科学的社会学、法学、政治学、经济学,扩大到自然科学的物理学、数学、化学等,这些词汇也大都是翻译过来的,那就要说这些学问在中国历史上都没有了。按照这种逻辑,如果"人类"这个词汇也是翻译过来的,那是不是说中国人也不能算作人类了?

有人说中国有哲学,但没有形而上学。这种说法比说中国有形而上学但没有哲学更不可取。形而上学、本根论、本体论是探讨哲学根本智慧的,如果连这都没有,所谓哲学就只能是些细枝末节的东西了。黑格尔曾经说过:"一个有文化的民族竟然没有形而上学,就像一座庙,其他方面都装饰得富丽堂皇,却没有至圣的神那样。"有文化的中国如果真的没有形而上学,那就很不幸,它有一座富丽堂皇的庙,里面却没有神圣的神。中西形而上学可以说有不同的特点,但不能说中国的形而上学就不是形而上学。《老子》中说的"恒道"之"道"是什么?它属于伦理学还是物理学?其他诸如王弼说的"以无为本"的"无",唯识宗说的"万法唯识"的"识",张载说的"太虚即气"的"气",朱熹说的"物物有一太极"的"太极"和"理一分殊"的"理",王阳明说的"心外无物"和"心外无理"的"心",王夫之说的"象外无道"的"道",等等,这些根本性哲学概念不属于形而上学又属于什么?它是文化哲学还是经济哲学?真奇怪,人们为什么会喜欢用单一的眼光去看问题?会喜欢用一种标准去否定其他标准?这就犹如说只有西方人信仰的"上帝"才属于宗教,不信仰上帝而信仰其他的神都不算宗教。

对于否定中国哲学、中国形而上学的不同声音,人们研究中国哲学和形而上学的行为本身是最有力、最有效的回应方式。事实上,中国哲学和形而上学的研究者们,近代以来一直以各自的研究回应着这种声音。此外,直接面对这种声音并同其论辩也是回应它的一种方式。李巍通过中国哲学的研究有力地回应了这种声音,这部著作的绝大部分成果就是很有力的证言。同时,李巍还直接回应了这类否定性的声音。这是他在有关方法和方法论的长篇导言中处理的重要问题之一。他的回应清晰有力。任何共名、类名都有普遍的、共同的所指。哲学是一个共名,它也有普遍的所指。东西方哲学都是它指称的具体对象。哲学虽然还达不到冯友兰所说的普遍化程度,但它确实具有一些普遍性的东西和所指。说中国哲学也是哲学,至少是说它同哲学的一些普遍性东西具有契合性,它作为哲学同西方哲学具有家族类似性和相似性。

肯定了这一点,同时也否定了中国哲学研究上所谓以西释中、以中释中和以古释古等视角不能相容的截然划分。19世纪的西方哲学家如黑格尔,否定中国有什么哲学是西方中心主义的产物,现在个别中国哲学研究者试图将中国哲学的诠释同西方哲学隔离、将近代以来的中国哲学同古代中国哲学隔离,这既是自我中心和封闭思维的表现,又是空头支票和无法兑现的承诺。将中西哲学隔离开来,认为彼此不能相容,不能相互比较、融合和会通,就犹如说中餐只适合中国人的胃,西餐只适合西方人的胃,中国人吃了西餐就会毁掉中国人的胃,西方人吃了中餐就会坏了他们的胃一样。人们说着现代的语言,做着现代的分科之学,却又浪漫地向往着文史哲不分家的神话,然则古代真的不分?古代图书有经史子集分类法,古代学术有所谓义理之学、辞章之学和考据之学之分,古代哲学有三教和九流之分。要不要说古代这些划分都是错的,都不应该有?即使有通才和万能胶,韩愈说的"术业有专攻"仍是一个真理。现在也不是没有合,竟然还有许多交叉学科。只是古代分得粗,现代分得细。悲叹今不如昔,简单否定现代学术和方法,除了满足一点情感之外,建立不了任何有力的学术。李巍将学术研究的目标定位为追求精确的知识深契现代学术精神,中国哲学也不例外。即使人们在它那里再加上点别的东西(如情感、价值和信念),也不应忘记从事学术和学问根本上是为了追求真理,追求客观的、可公度的知识。这是学术的根本宗旨或旨趣。

  作为早期的中国哲学,作为中国哲学历史长河中的源头,东周哲学最具创造力和再生力。其多元性和多样性;其相互竞争、相互批评的开放性和自由性;其义理的深刻性和复杂性,都在放射着无限的光芒,不断吸引着人们步入这一智慧和思想的殿堂。研究者在此所产生的学术积累也最为显赫,谁要想有新的发现和扩展都异常困难。在这里更多的人又集中在儒、道两家的研究上,取得的成果也最多。李巍这部著作的前三编主要是围绕儒、道两家展开的,他将问题的范围限定在"道物""德性"和"伦常"这三个论域中,从"控制与争议""成德与人性"和"言行与秩序"三个视角考察早期儒道哲学的语义和义理,并提出了一些重要的观点和看法。可以举两个例子,一个是他对道家"无为"的解释,一个是他对子学"类"的概念的解释。

早期道家哲学的基本问题是"道物"关系，它比一般所说的"天人"关系要广。在这一关系之下，道家关注的另外一个重要关系是社会政治世界中圣人与百姓的关系。道家之"道"（老子的、黄老的、庄子的）创造了万物，对万物又高度无为，因任万物的特性。正如老子所说，道具有"生而不有，为而不恃，长而不宰"的"玄德"。道宽容、包容、柔弱（"弱者道之用"），遵循万物的自化、自然、自成，远离控制、主宰、干涉。道的无为在政治上的运用就是圣人无为。圣人不控制，不干涉，百姓自主活动和自我造就。《老子》第57章"我无为，而民自化；我好静，而民自正；我无事，而民自富；我无欲，而民自朴"，这段话最典型地体现了两者的对应关系。为了表达百姓自主性活动，老子和黄老学使用了大量"自"字结构的词汇：自然、自化、自事、自命、自定、自清、自理、自富、自朴、自宾、自生、自均、自壮、自试、自成、自施、自正、自为等。李巍引入"控制"观念，认为所有的控制性治理都是高风险、高成本的治理，它只能产生短期的功利，而没有长远的功利。老子的"无为"治理，老子强调的知足、知止、无欲等，都是从长远功利出发的治理。这丰富了对老子"无为"的解释。

子学的"类"概念就像子学的"名"概念那样包含着丰富的内容，它具有一定的逻辑学意义（如概念的种属、推理的有效性等），但又不限于逻辑学的意义，它还包含着其他如认知、政治和伦理等方面的意义。许多人侧重于从逻辑上去研究它。李巍发现，子学的"类"还具有政治、伦理范围中有关言行正当性的维度。他从博士论文写作时期就开始研究子学的"类"概念，这是一个新的视角，扩展了对"类"的研究。第四编的"名理论域"主要研究名家等的一些论断，还专门探讨了早期中国的感应思维，其中也多发前人所未发。

李巍曾在清华大学攻读博士学位，我是他的指导老师。他到清华后一开始就给我留下了很深的印象。他的硕士学位是在历史系攻读的，可他比出身哲学系的人更能思辨；他是研究哲学史的，他的辨名析理能力使他很适合进行哲学思考。他对文本有敏锐的目光，他对已有的解释有尖锐的批判冲动。我一再让他对文本保持耐心，对其他的解释保持耐心。人们都不是天才，已有的解释不会轻易都错，自己的解释也不会轻易都对。讲历史上的哲学同讲自己的哲学具有一定的分界线。研究哲学史主要是表达历史上的哲学而不是表达我们自己的哲学。这就是冯友兰提出的"接着讲"和"照着讲"的相对划分。我默认他的优长，同时要求他增加历史感和时空感。对他严厉的时候多，表扬的时候少。很可贵，很难得，他虚心体会，高自要求。真理总是朴素美，努力方有神通之。他的博士论文以其立论新颖、论证严密详实而受到肯定，其中的章节很顺利地就在重要刊物上刊出了。这部著作是他博士毕业以来对早期中国哲学研究的一系列新成果的自我检阅，从标题的"语义分析"和"道理重构"就可以看出他很擅长用哲学的方法和眼光去解释历史上的哲学和学说。他在"后记"中谈到了他对学术的坚持，这对从事学术的人同样重要，是人们通向真理的另一个公开的秘密。当人们真心喜欢去从事一项事务时，他们还有什么理由不去坚持和乐在其中呢？目睹李巍取得如此显著的成绩，我非常高兴和欣慰。他以书稿征序于我，我欣然答应。披览大著，对其方法和独到的见解油然而生的感想略加述说，以之为序。

王中江
2019 年 3 月 6 日

目 录

导言：从方法论的观点看 ………………………………… 1

第一编　控制与争议：道物论域中的语义分析与道理重构

第一章　德治悖论与功利思维
——老子"无为"观念新探 ………………… 35

第二章　生成还是指导
——老子论"无"的新探究 ………………… 55

第三章　立场问题与齐物主旨
——庄子的"因是"说 ……………………… 81

第二编　成德与人性：德性论域中的语义分析与道理重构

第一章　从"敬德"到"仁义"
——孔子对西周思想的转化 ……………… 105

第二章　从"不忍"到"不忍人"
——孟子的同情概念 ……………………… 125

第三章　性伪之分
——荀子为什么反对人性善？ …………… 145

第三编　言行与秩序：伦常论域中的语义分析与道理重构

第一章　行为、语言及其正当性
——先秦诸子"类"思想辨析 …………… 163

第二章　春秋大义与黄老思潮
——再析《春秋》以道名分"说 …………… 193

第三章　故事演绎与学派关系
——孔子问礼于老子的再考察 …………… 209

第四编　命名与思维：名理论域中的语义分析与道理重构

第一章　性质语词与命名难题
——"白马非马"再审视 …………… 229

第二章　物的可指性
——《公孙龙子·指物论》新解 …………… 251

第三章　早期中国的"感应"思维
——四种模式及其理性诉求 …………… 267

附录

回到冯友兰：从"讲哲学"看中国哲学 …………… 287

主要参考书目 …………… 323

后记 …………… 333

导言：从方法论的观点看

一、什么是方法论？

在"中国哲学"名义下的研究，宏观地看有两种：一是无论在何种意义上接受一个"中国哲学"的概念，并由此展开以中国思想为对象的研究，可称之为"中国哲学的实质研究"；相比之下，另一种研究不是从"中国哲学"看中国思想，而是以"中国哲学"本身为对象，探讨在其名义下展开研究的性质、内涵与要求，可称之为"中国哲学的后设研究"，通常称为"中国哲学方法论研究"。同样宏观地看，这两种研究总是呈现出互不相关的平行状态。当然，不是说研究者之间缺乏沟通（事实上，许多人本身就同时从事两种研究），而是两种研究在语境上几乎不可交换。比如关于中国哲学合法性的讨论，这属于后设性的方法论研究，虽然争议极大，但实质研究似乎未受影响，像"本体论""形上学"或某家某派的"哲学"这类表述照样被广泛使用。反过来，虽然实质研究已经积淀丰厚，却无助于在方法论上达成何为中国哲学的共识，甚至本来在实质研究上有共识的人，切换到后设研究的语境中就难以沟通。

这种平行状态或可如此解释：在实质研究中，研究者如何解读某个文本及其思想,并不决定性地仰赖他对中国哲学本身的理解;但在后设研究中,这种理解至关重要,因为要考虑的不是文本与思想,而是相关研究是否能被归于"中国哲学"的范畴。所以就能指出,"何为中国哲学的研究"这个问题直接关涉的不是实质研究,而是后设研究。如果在前一种研究中,有待关心的是这项研究该如何开展的方法问题,在后一种研究中有待回答的则是:

A. 这种研究是否**属于**中国哲学的研究?
B. 这种研究的方法在理论上是否**可行**?

很明显,这里询问的不是方法上的如何做,而是有没有一个标准能用来判定遵循无论何种方法的研究是否"属于"中国哲学?以及,有没有一种规则能为何种研究方法是"可行"的提供依据?所以,A、B不是方法问题,而是以方法本身为对象的方法论问题。

但对此类问题的回答,至少就目前来看是不能令人满意的。比如:

[1] 谈论"中国哲学的方法论"时,可以有两种不同的意涵。其一是指研究中国哲学所用的方法问题及其解答;其二是指对中国以往的哲学家自己建立理论时所用的方法之了解及评估。①

[2] 通过方法论的训练,以不具曲解或偏见的公平态度,重新设定中国哲学特有的课题,重新发现清楚而精确的表达

---

① 劳思光:"哲学方法与哲学功能——序冯著《中国哲学的方法论问题》",载冯耀明:《中国哲学的方法论问题》,允晨文化实业股份有限公司1989年版。

方式等等。①

[3] 中国哲学史方法论是研究中国哲学史的有效工具或技术。②

很明显,这些名为"中国哲学方法论"的讨论,实际并不是谈方法论,而是在谈方法;因为论者并不是去询问某种研究归属于"中国哲学"的判定标准与能行规则,而只是谈论研究该如何开展的问题。可见,从事方法论研究的论者,对方法论作为后设研究的性质尚未自觉,因此在名为"方法论"的叙述中,真正的方法论问题反倒被搁置起来了。而这不仅是一个理论问题,更是中国哲学在现代学术体系中定位不明的原因之一。比如,戴卡琳(Carine Defoort)曾聚焦欧洲大学,将"中国哲学"的"位置"(place)争议描述为三种:一是在起源层面,中国能否像欧洲那样也被视为哲学的摇篮;二是在建制层面,正如"中国哲学合法性"争议中暴露出来的,相对于绝大多数西方的哲学系排斥中国思想,中国的哲学系则几乎一致地包括它;三是在学科层面,西方对中国思想的研究主要是在哲学系之外的亚洲研究、汉学、历史学中,但似乎不能归入其中任何一个。在戴卡琳看来,这三种"没位置"的情况都关涉一个问题,就是"中国哲学(或思想、文本等)是否应该在哲学系中被研究和讲授"③。而此疑问的出现,在笔者看来,除了与欧洲中心论的文化背景有关

---

① 付伟勋:"中国哲学的方法论建构问题",载韦政通编:《中国思想史方法论文选集》,上海人民出版社2009年版,第291页。
② 柴文华:《中国哲学史方法论的历史维度》,北京大学出版社2017年版,第1页。
③ Carine Defoort, "'Chinese Philosophy' at European Universities: A Threefold Utopia", *Philosophy East & West*, Vol. 67, No. 4(2007), pp. 1049–1080.

外,也正是"在'中国哲学'名义下的研究到底是一种什么性质的研究"这个真正的方法论问题被长期搁置的结果。

那么,欲使中国哲学的方法论讨论回到它本来的语境中,首先就要揭示方法论本身的性质,尤其是它与方法的区别所在。开宗明义地说,方法关涉实质研究,与属于后设研究的方法论在功能上截然不同。所谓"方法"或"研究方法",无论是实施研究的操作类型(比如观察、实验、演算、调查等),还是必须遵循的操作守则(如重视根据、要求原创等),都是在开展实质研究开始之前,用以指导研究如何进行的方案;但方法论的主要功能不是指导,而是评价,是在实质研究被实施之后,对这种研究是否能被冠以某种学科的名义,给出一个判定标准。因此,区别方法与方法论,要点是方法论不是关于一种研究应该如何进行的讨论。比如史学领域中,历史理论就不具备指导历史学的具体研究的功能,因为前者关注的是史学研究的性质,后者遵循的则是学科名义下的研究方法,像史料的收集、鉴别与举证规则等。所以,运用某种史学方法的具体研究,并不决定性地仰赖研究者对什么是史学研究的理解;但一项具体研究完成后,它是不是历史学的研究,要靠后设性的方法论来判定。再比如文学领域中,精通文学理论的专家不必然精通某部文学作品,因为对文学作品的研究与判定这种研究的性质,并不在一个层次,所以就会出现文论家不懂文学、文学家不懂文论的情况。而此情况在严格科学中也有。比如,某位科学家对什么是科学研究可能仅有平凡的理解,但这并不妨碍他做出卓越的研究;对科学研究本身进行研究的人,虽然见解深刻,却可能对具体科学缺乏常识。可见,指导实质研究的方法,与判定研究性质的方法论,是两个领域的问题。

那么回到中国哲学来看,区分方法与方法论的最大启示就是：无论对中国哲学的未来研究提供多少设想,都回答不了什么是中国哲学的研究这个问题。而此问题,作为真正的方法论问题,关涉的就是判定研究的行业标准。而之所以需要这样一个标准,其原因很简单:无论在"中国哲学"名义下的实质研究取得何其丰硕的成果,都始终存在一些初始的疑问,比如相关研究者作为一个学术共同体究竟在追求什么?产出什么?又如何衡量其学术目标与学术产品的价值?这些问题能被解答,前提是在"中国哲学"名义下开展研究的人能对其从事的工作给出确切的说明,也就是能给出一个判定标准,说明哪些研究属于中国哲学的研究,哪些不是。但就目前来看,这个判定标准远未确立。甚至可以说,整体的研究视野已经偏离了建立标准的目标。因为正如前述,究竟什么是中国哲学的研究,这个真正的方法论问题反倒是在已有的方法论探索中被搁置起来了,而要给出判定中国哲学研究的标准,就还有个前提,即研究者先要对什么是方法论有所洞见。但实际情况是,关于中国哲学方法论的讨论不过是在中西比较的大背景中对中国哲学发展趋势的种种设想,因此这些讨论越是热烈,就越发偏离什么是中国哲学的研究这个真正的方法论问题。

因此,之前提及的中国哲学的方法论研究与实质研究的"平行"问题,其原因与其说是两种研究的领域不同,不如说是因为"方法论"的讨论涉及的只是方法,而其方法——由于方法论上的判定标准不明,导致无法应用到实质研究中——这才出现两不相关的情况。举一个典型的例子,就是在著名的中国哲学合法性讨论中,有种观点认为"中国哲学"构成一种视角的限定,会先天地排除中国思想中某些"非哲学"但很重要的元素,于是就提出一项突破限定、扩展书写范围的建议。比如葛兆光,就是有感于此才主张在

"精英思想"之外还要关注"大众思想"。① 在方法层面,这当然是一个不错的建议,但却无法实施。因为即便承认"中国哲学"会窄化研究视角,但只要"什么是、什么不是中国哲学的研究"这一判定标准尚未确立,就不能在范畴上有效地识别哪些东西是中国哲学的书写对象,也就不能有意义地宣称这项研究忽略了什么并应该扩展到哪里。所以,就以葛兆光的观点为例,问题不在于将中国思想的书写从精英扩展到大众这个设想不成立,而是其如何被贯彻。实际上,除了举例了,没有更好的办法。因为只要不知道中国哲学的研究是什么,就不能在类型上指出这种研究会偏好和排斥什么,也就不能在范畴上识别"精英思想"与"大众思想"的特征。那么在扩展书写范围时,除了一个一个地举例子,告诉读者哪种思想是精英的,哪种思想是大众的,还有什么好办法呢?但研究者面对的是文献的海洋,如果大海捞针的举例也能被视为方法,那么电脑才是真正的专家。

其实,认为"中国哲学"的视角会对研究中国思想构成限制,因此有必要扩展书写范围,这不只是思想史研究者的声音,也是不少哲学研究者的声音。一种典型的说法是,中国哲学是模拟西方哲学的产物,因此在"中国哲学"的名义下研究中国思想,要慎防以西解中的风险,并应致力于揭示中国思想相对于西方哲学的独特意义。② 这种叙述,似乎给出了什么是中国哲学研究的判定标准,即在"哲学"的名义下研究中国思想,应当明确中西之分。但什么是

---

① 参见葛兆光:《中国思想史·导论·思想史的写法》,复旦大学出版社2001年版,第13—15、68—71页;另见葛兆光:"思想史:既做加法也做减法",《读书》2003年第1期。
② 参见郑家栋:"'中国哲学史'写作与中国思想传统的现代困境",《中国人民大学学报》2004年第3期;刘笑敢:"反向格义与中国哲学方法论反思",《哲学研究》2006年第4期。

哲学？在什么意义上讲中西之分？这些更根本的问题仍不清楚。因之，避免以西解中，发掘中国思想的独特性，这类流行主张就还是关于未来研究该如何进行的方法指导，不是判定研究性质的方法论。可见，目前关于中国哲学方法论的研究需要一个整体的转向，就是回到方法论本身。

二、判定标准与能行规则

回到方法论本身，核心任务有二，就是本文最初指出的：首先是给出判定什么是中国哲学研究的标准；进而则是基于此标准，给出衡量一种研究方法是否可行的规则。因此所谓判定标准与能行规则，就是决定中国哲学的研究具有何种内涵的东西，现分述如下：

（一）判定标准

简单说，标准就是哲学本身，即在"中国哲学"名义下的研究能被视为一种研究，只能取决于它是哲学研究，或说是以哲学的方式研究中国思想。但什么是"哲学的方式"呢？提出这个问题，马上就会引出哲学的中西之分。比如，以西解中的研究，这算不算"哲学的方式"？如果算，"哲学的方式"就是西方哲学的研究方式。然而，当人们质疑以西方哲学为"标准哲学"来复制中国哲学的合法性时，却没有注意到，所谓"西方哲学"（或"外国哲学"）其实是和"中国哲学"一样晦暗的概念。这说明，什么是哲学的中西之分，这种分野在何种意义上成立、在何种意义上不成立，是需要慎重思考的问题。

对这些问题的思考，就实际来看，主要是在中国哲学的研究传统中做出的。大概从事西方哲学研究的人，往往因为哲学源于西方而具有哲学即西方哲学的优越感,不会严肃对待哲学的中西之分;但在中国哲学的研究传统中,因为来自西方哲学的压迫感始终存在,所以始终对中西之分的问题高度敏感。然而,相对西方哲学来强调中国哲学的独特性,也就是主张"有"不同类型的哲学,并不是好的说理方式。因为这不仅会陷入循环论证(详见后文),更关键的是,无法对只有西方哲学是哲学的论点构成有效回应。因为"有没有"往往是信念问题,对哲学也不例外,所以相信"有"中国哲学的理由,并不比相信"没有"的理由更充分,反之亦然;于是,就会产生柯雄文(A. S. Cua)说的这种情况,即:"'何为中国哲学'这个问题,有时只是以伪装的方式表达一种怀疑,就是有没有中国哲学这样一个东西?"而在他看来,"因为'philosophy'是一个西方词汇,所以中国哲学是受西方训练的中国学者的一个发明",这个回答是毫无帮助的,因为某些论域,尤其是伦理学,既是西方哲学的研究分支,也有中国思想中的对应物,所以,不去探究双方论域的交集是什么,并能在何种程度上"捕获 *philosophia* 的意义",仅将"中国哲学"视为西方语境中的发明,就不是对中国哲学是什么的正面界定,当然是没帮助的。[①] 可以看到,虽然柯雄文对"有没有中国哲学"这个疑问的回应,因为诉诸中西思想的内容对应,其实也没有多大的说服力,但相对于今天盛行的质疑以西解中的论述来看,则提示了更有意义的思考方向,即除了思考以西解中这种方法是否恰当外,也能后退一步去思考哲学的中西之分本身。这时,因

[①] 参见 A. S. Cua, "Emergency of the History of Chinese Philosophy", in *Human Nature, Ritual, and History: Studies in Xunzi and Chinese Philosophy*, Washington, D. C.: The Catholic University of America Press, 2005, pp. 317-321。

为从方法层面"后退了一步",就意味着什么是哲学的中西之分,是一个后设领域的方法论问题。

有趣的是,真正从方法论的高度论证中西之分,因此整个超越现今这种说理水平的,反倒是中国哲学建立之初的那些论者,特别是冯友兰。在其新理学的系统中,能清楚地看到一种洞见,就是哲学本身,无论在内涵与外延上,都没有中西之分,故所谓中西哲学,绝不是哲学本身的两种类型,而仅是指哲学对人的影响,亦即哲学的思考与说理方式呈现于不同民族精神的效果。[①]那么,在中西哲学作为效果概念的意义上,如果问:

[1] 中国哲学是不是哲学?
[2] 西方哲学是不是唯一的哲学?

就表明提问者混淆了"哲学"与"哲学的影响"这两个概念。当然,如果这类问题实际上问的不是中西哲学与哲学本身的关系,而是中西哲学与某种哲学观念的关系,比如:

[3] 从某种哲学的观念看,中国哲学是不是哲学?
[4] 从某种哲学的观念看,西方哲学是不是唯一的哲学?

则提问者必陷入循环,因为"某种哲学的观念"中已经预设了哲学与非哲学的分界,因而预先就容纳或排斥了中西哲学;那么,再由此得出中国哲学是不是哲学或西方哲学是不是唯一的哲学的判

---

① 参见附录。

断,就是循环论证,是"want of logic"的表现。① 因此再回到冯友兰,只要中西之分无关于哲学本身,即不是哲学的类型区分,而只是哲学影响不同民族精神的效果,就提不出中国哲学是不是哲学或西方哲学是不是唯一的哲学的问题。

然而,冯友兰的理解要能成立,前提是有一个普遍的哲学本身②,但这一点恰恰是许多人难以接受的。因为从文本看,中西思想关注的问题、论述的思路与追求的目标几乎具有语境不可交换的差异,凭什么认为有一个普遍哲学呢? 但冯友兰的回答很简单,可概括为:哲学是依逻辑地讲道理,并且是讲普遍的道理,并且所讲的道理越普遍,就越接近"最哲学底哲学"③——那么之所以能够承认普遍哲学,就在于无论中西,总有依逻辑地讲述普遍道理的学问;也就是说,"依逻辑地讲普遍道理"——这种思想形式是普遍的、无分中西的。④ 为什么呢? 因为道理的普遍与特殊,虽然从内容上看,只是相对特定文化的区分,但每一种文化都有其视为普遍类型的道理,这个形式是普遍的,此其一;其二是所谓"依逻辑",虽然也有相对于文化的特殊意义,但事实上,这只是关于逻辑的理解、论述有文化的相对性,比如真值、有效性、逻辑后承等,只是西方被称为逻辑学的学科中才有的概念,但是,中国古代没有以推理本身为对象的逻辑学,并不意味着中国人不会推理,甚至不能遵循

---

① 参见附录。
② 参见冯友兰:《三松堂全集》(第五卷),中华书局 2014 年版,第 174 页;《三松堂全集》(第六卷),中华书局 2017 年版,第 47 页。
③ 参见冯友兰:《三松堂全集》(第二卷),中华书局 2014 年版,第 12、18 页。
④ 冯友兰洞见的这种普遍性,金岳霖可谓心知真义,故说:"哲学有实质也有形式,有问题也有方法。……冯先生既以哲学为说出一个道理来的道理,则他所注重的不仅是道而且是理,不仅是实质,而且是形式,不仅是问题,而且是方法。"参见金岳霖:《金岳霖全集》(第一册),人民出版社 2013 年版,第 408 页。

逻辑规律来思考与讲话。从这个角度看,"依逻辑"也没有中西之分。所以就能认为,"依逻辑地讲普遍道理"是中西都有的思想形式;而"普遍哲学"的普遍性,就是这种形式上的普遍性。所以,关于哲学的中西之分,只能说中国古代没有西方那种表述的"哲学"(实际是哲学呈现于西方心灵的效果),却不能说中国思想中没有"依逻辑地讲普遍道理"的成分;否则,就等于宣称中国人没有抽象思维,也就是把哲学的中西之分描述为人种论的区分,这当然是不可接受的。

由上,如果关于普遍哲学的设想是可能的,那么就能给出一个判定标准,用以衡量一种研究是不是中国哲学的研究,也即是不是"以哲学的方式研究中国思想"。因为基于:

[1]普遍哲学只有形式的普遍性。
[2]普遍形式是依逻辑地讲普遍道理。

就能这样描述,在"中国哲学"名义下的研究:

S_1:其对象是中国思想中依逻辑地讲普遍道理的成分。
S_2:其目的是接着讲中国思想中没讲清和没讲出的道理。

根据 S_1,并不是中国思想中的任何内容都是中国哲学研究的对象,像巫卜方术、地方信仰、小学训诂、经术制度等,这些内容要么不满足"依逻辑"的要求,要么不满足"普遍道理"的要求,只能归入其他领域。尤其对经学来说,冯友兰在其《中国哲学史》的写作计划中,仅将王弼、郭象等人的经注纳入其中,却将郑玄、马融等真正的经生著作排除在外,就是从 S_1 得出的判断。而今人指责冯友兰忽视经注义理,实际是根本不了解中国哲学的研究对象。① 由此再看 S_2,中国哲学的研究是"讲道理",就应以论证而非体验为手段。这一点,也是冯友兰特别强调的,无论体验的价值有多高,都不能视为哲学的手段,因为哲学是讲道理,讲道理必"依逻辑"。② 所以中国哲学的研究,绝不是某些复兴经学的论调所呈现出来的,以原教旨的姿态捍卫某种古典价值,因为坚持信念与论证道理不是一回事,所以才有 S_2 所说的目标,当然也是冯友兰所谓"接着讲"的精义,就是把没讲清的道理讲清楚,把没讲出的道理讲出来。③

(二) 能行规则

现在就能更清楚地看到,关于中国哲学方法论的讨论,只要没给出"何为中国哲学研究"的判定标准,所谈的就只是方法,不是方法论。并且,判定标准既然决定了一种研究是否能被视为研究,也就决定了这种研究应该采纳怎样的方法。换言之,方法论既是研究本身的"判定标准",也是研究方法的"能行规则"。是故无论提供什么方法,只要缺乏方法论的论证,就只是对未来研究该如何进行的主观期待,连"方法"的意义都不具备。比如再回到"中国哲学的研究"是否存在视角受限的问题上,前文已经指出,如何扩展书写范围,避免遗漏有价值的思想元素,是已有方法论研究的焦点之一。但若判定标准不明,就不能有效识别哪些"思想"有待研究,"扩展"就不过是在文献的海洋中遨游;可一旦给出标准,明确了什么是中国哲学的研究,就能迅速识别研究对象,"扩展"才成为具备能行规则的方法。而此"能行规则"规定的,就是无论怎么"扩展",

---

① 参见附录。
② 参见冯友兰:《三松堂全集》(第二卷),第 16 页。
③ 参见冯友兰:《中国现代哲学史》,广州人民出版社 1999 年版,第 200 页。

都不能超出中国思想中依逻辑地讲述普遍道理的成分。因为在方法论上,既然明确了只有中国古代依逻辑地讲普遍道理的思想成分才是中国哲学的研究对象,就决定了凡是超出此一思想成分之范围的研究都是不可行的。

并且,这绝不是视角受限的表现,除非我们把"视角受限"的意思限定为每种研究都有相对确定的对象域,但这明显是无意义的说法。实际上,只要以"普遍哲学"为标准来规定怎样的"中国哲学"的研究是可行的,就能看出其不但没有"视角受限"的问题,而且研究的领域将被扩展到前所未有的范围,甚至能覆盖被称为"汉语哲学"的整个领域。因为从"普遍哲学"的观点看,只要是中国思想中呈现的"依逻辑地讲普遍道理"的成分,无论来自古今中西,都能被纳入"中国哲学"名义下的研究。所以,方法论上作为中国哲学研究之判定标准的"普遍哲学",本身就是方法上构建大中国哲学的能行规则。因之,学科建制上的哲学诸二级学科,其研究性质都能被描述为在"中国哲学"名义下的研究。而马克思主义哲学,作为马克思主义中国化的哲学,不仅是大中国哲学的基本组成,更是大中国哲学的核心指导。当然,大中国哲学的设想在目前尚未实现。但由上述可知,这只是方法问题,不是方法论问题。因为将中国思想中一切依逻辑地讲述普遍道理的成分,无论来自古今中西,一律纳入中国哲学研究的范畴,这本身是被普遍哲学允许的;而有待考虑的,只是哪些方法能满足此"能行规则"的要求。所以更确切地说,只要中国哲学研究的判定标准和能行规则明确了,大中国哲学的构造就只是时间问题。

相应地,"汉语哲学"这个表述则可放弃——不仅因为它含混不清,更因为它存在严重缺陷。近年来,王路提出"加字哲学"的说法,认为"加字哲学反映了一种对哲学的限定",正可说明"汉语哲学"的缺陷,那就是对哲学本身而言,并不因为在表述上附加何种限定就能构造出某种特殊类型的哲学。① 用冯友兰的话说则更清楚,就是以什么语言讲哲学,这对哲学本身而言是外在的、表面的。② 可是,"中国哲学"并非"加字哲学"。因为从普遍哲学看,"中国哲学"不是一种哲学,只是普遍哲学在中国思想中的呈现。所以"中国哲学"的"中国",固然有限定义,但此限定当如冯友兰所指出的,不是"就哲学说",而是"就民族说",是指哲学内化为中国民族精神的"里面"。③ 所以,"中国哲学"表达的不是"中国"对"哲学"的限定,反倒是"哲学"对"中国"的限定——即在"中国哲学"的名义下研究中国思想,不是什么都研究,而是只关注哲学的思考与说理方式——也即依逻辑地讲述普遍道理——在中国思想中的呈现。所以,"中国哲学"不是哲学的某种类型,不能以"加字哲学"称呼之。

不过,在形而上学是第一哲学的意义上(这也是王路最强调的意思),"中国哲学"似仍是"加字哲学"。因为形而上学不是某种学说,它就是依逻辑地讲述普遍道理的方式;而就其包括对推理有效性的探究及在此基础上对事物是什么的追问来看,还是最典范的方式。而此方式,毋庸讳言,在古代中国思想中没有明显的表现,所以,就不能从哲学影响民族精神的角度来界定中国哲学,而只能回到通常的理解,将"中国哲学"看作在"哲学"前"加字"的特殊哲学。其实不然,因为从普遍哲学的观点看,依逻辑地讲述普遍道理,形而上学固然是典范的方式,却不是唯一的方式。虽然主要就

---

① 参见王路:"论加字哲学——从金岳霖先生的一个区分谈起",《清华大学学报》(哲学社会科学版)2016年第1期。
② 参见冯友兰:《三松堂全集》(第六卷),第44页。
③ 参见冯友兰:《三松堂全集》(第六卷),第46页。

历史来说,中国思想没有对逻辑与普遍性的充分自觉,但这仅仅意味着依逻辑地讲普遍道理,其"典范方式"(形而上学)没有呈现在中国思想中,却不能说中国古人不能或没有依逻辑地讲述普遍道理。正如金岳霖说的:

> 中国哲学的特点之一,是那种可以称为逻辑和认识论的意识不发达。这个说法的确很常见,常见到被认为是指中国哲学不合逻辑,中国哲学不以认识为基础。显然中国哲学不是这样。……中国哲学家没有发达的逻辑意识,也能轻易自如地安排得合乎逻辑;他们的哲学虽然缺少发达的逻辑意识,也能建立在已往取得的认识上。①

所以,只要"依逻辑地讲普遍道理"能被视为哲学的普遍形式,就一定能在普遍哲学呈现于中国思想这个意义上刻画中国哲学的概貌。因之,即便将形而上学视为第一哲学,仍不能将"中国哲学"视为"加字"式的特殊哲学。②

由此回到方法论的问题上,如果判断一种研究是不是中国哲学的研究,标准是形式上的普遍哲学,并能给出构造大中国哲学的能行规则,就意味着:哲学研究,无论是建制上的中西哲学,还是伦

---

① 金岳霖:《金岳霖全集》(第六册),人民出版社 2013 年版。
② 强调这一点,对大中国哲学的构造尤其重要。因为有理由问:形而上学的思考与说理方式在古代中国思想中没呈现,在现代中国思想中也没有吗?只要有,就必须承认哲学的典范说理方式在中国思想中已有呈现。而将普遍哲学视为构造大中国哲学的能行规则,关心的只是包括形而上学在内的中国思想中一切依逻辑地讲述普遍道理的成分,但并不关心这些成分是原生的还是外来的;并且,虽然古代中国思想中依逻辑地讲述普遍道理的成分并不完善,但构造大中国哲学的意义就在于引入新的成分来完善之,这才能把中国思想中没讲清的道理讲清楚,没讲出的道理讲出来。

理、美学,都只有一种方法论;换言之,不能认为中国哲学的研究与其他哲学二级学科的研究本质不同。所以,即便不论大中国哲学的构造,而仅将中国哲学限定为建制上的哲学二级领域,也能对可行的研究方式作出界定,那就是本文最初提出的:

用哲学的方式研究中国思想。

还要再次强调,在"哲学"的名义下开展研究,无论对象多么不同,但方法论是统一的,亦即"哲学的方式"是无差别的。尤其对中国哲学的研究来说,既然判定标准与能行规则来自普遍哲学,当然可以无差别地应用于哲学研究的其他领域。

三、专业性与科学性

现在,就来具体考虑什么是"哲学的方式"。这个问题当然可从不同角度作答,但与中国哲学方法论有关的,主要是"哲学的方式"对中国思想的研究提出了怎样的要求。以下,将从专业性与科学性这两个方面来谈。

(一)专业性

不难理解,询问关于中国思想的某种研究是不是哲学的研究,首先就是问这种研究是否具有哲学研究所要求的专业性。但要明确的是,这个问题只能在专业分科的背景中提出,比如问:同样一部经典,像《老子》或《论语》,文史哲三个领域都在研究,哲学的研究有何不同?——这就是一个关于专业性的典型问题。而此问题,不难看出,在中国的传统学问中是不存在的,就像一种流行见解所说的,中国的传统学问具有文史哲不分家的特征。但更确切地说,其特征不是不分家,而是根本没有文史哲,因为分科治学完全是现代学术的样式。所以,当询问中国哲学——作为中国思想尤其是古代思想的哲学研究——有何专业性可言时,便会涉及一个更初始的问题,就是要不要以现代学术处理古代思想?

表面上看,这是一道选择题,但实际并不如此简单。我们知道,思想的载体是语言,所以要谈论古代思想,先要学会古代语言。可是,任何古代语言都是通过现代语言学会的,因此谈论古代文本表达的思想,其实质就是在谈论该文本在现代语言中的"翻译"所表达的思想,而现代语言正是现代学术的工作语言(working language)。所以,并不存在要不要以现代学术处理古代思想的选择,而是离开现代学术就无法有意义地谈论古代思想。并且,这绝不是古今隔阂的表现,因为思想是客观的,并不取决于用何种语言来表达;也就是说,用不同的语言谈论同一思想,这是可能的;因此古今隔阂不是理论问题,只是技术问题;即今之于古的距离感往往是古代语言到现代语言的翻译不当造成的。而既然古代文本只能通过现代翻译被理解,则事实反倒是离开现代语言或现代学术的工作语言,才会使今人隔绝于传统。所以说,要不要以现代学术研究古代思想,这不是选择,而是只能如此,所以一定会引出"研究的专业性何在"这个现代学术中才能提出的问题。

那么关于同一部经典,名为"中国哲学"的研究与历史、文学的研究有何不同?固然可有不同回答,但绝不能说没有不同,更不能以中国传统学问具有文史哲不分家的特征为由作此回答。因为这个"特征"不过是中国学问尚处于前现代阶段的标志。今天如果还是这样看,就不仅否定了文史哲学科各自的专业门槛,更否定了分科治学的现代学术。不过也存在一种担忧,就是分科治学会肢解传统学问。的确如此,但这不是缺陷,恰是中国古学进行现代转化,从学问变成学术的进步标志。因为学问的宗旨多种多样,可以经邦济世,也可成己成物,正如中国古人说的"世事洞明皆学问";但学术的宗旨只有一个,就是追求知识。所以现代学术采用"分科治学"的方式,意义不在建制,而在精神,就是要探究专门的、精确的知识。而不论哪个学科,作为现代学术的组成部分,都应统一于求知的精神,并且这已经是一个事实。不过仍有一种说法,是把重求知视为西方哲学的特征,而强调中国思想的根本是安身立命。实际上,做学问还是做学术,安身立命还是探求知识,这不是中西之别,而是人类精神发展的古今之别。因此对于中国古代思想来说,只有超越安身立命的学问层次,达到求知本位的学术层次,才有现代转型可言。当然,这绝不是否定传统学问的价值,而是说,我们对待古代思想时,除了体验之、感悟之、在个人与公共生活中运用之的价值态度之外,还应该有一种知其然并知其所以然的认知态度。虽然这两种态度本身并不冲突,但要强调的是,只有后者才是作为现代学术的中国哲学面对中国思想的基本态度,也就是学术的态度。没有这种态度,关于中国思想的任何论述都只是主观体会,而非客观研究。

谈到研究,如果"中国哲学"就是以"哲学的方式"研究中国思想,则这种研究与文史研究的差别所在,还要回到思想来看。虽然一般地说,哲学是在研究思想,但因为思想只有被语言表达出来,才是可了解、可讨论的;所以在"哲学"的名义下研究思想,不能不考虑表达思想的载体即语言。但语言表达思想,这是非常宽泛的说法。确切地说,是语句表达思想。如果把思想视为语言表达的意思(sense),则应说表达完整意思的最小单位是句子。当然,人们通常认为字词也有完整的意思。但实际上,就像在任何一本字典或词典中看到的,如果字义、词义能被视为完整的,那只是解释字词的语句所表达的意思。所以,要研究文本表达的思想,而不是思想的部分,就只能以句子为单位,不能以字词为单位。换句话说,认字不等于读书。而把认字当读书,正是中国的传统学问尤其是经注之学中常见的倾向。比如《尚书·尧典》的"粤若稽古",本是句首的发语词,犹如"想当年",但汉人注经时"说'粤若稽古'至三万言",又解"尧典""篇目两字之说至十余万言"[1],就是把认字当读书。又如清人解《论语》,把"学而时习之,不亦说乎"每个字都解了一遍,连"乎"都作了注,可就是不说"这句话"讲的是什么[2],好像每个字都认识了,就等于读懂了句子。

但在古代典籍中,每个字都认识却不知道一句话在说什么的例子很多。尤其在面对思想性较强的典籍时,因为认字的本事无用武之地,经生们常常表现出极大的敌意。这里举个最极端的例子,明代的宋濂取《公孙龙子》读之,"白马非马之喻,坚白同异之言"字都认识,可就是读不懂,气得要把书烧掉。[3] 不过,把认字当读书不是中国旧学独有的倾向,西方学问也有。比如欧陆传统中的某些作家,最擅长以词根、词性的变化来暗示不同想法,后来的研究者则痴迷于这种魔术,试图以造词翻译的方式来表现,并产生很多争论——这也是把认字当读书。而此类研究,虽然在时间上属于"现代",却很难说是"现代学术"。这是因为由于缺乏句子的观念,充其量是语文研究,而非思想研究。这两种研究的差别可以这样描述,即语文研究关心的只是语言领域内诸项目的关系,比如关心字词与字词的关系,遂有字源字义、词根词性的讨论,关心文

---

[1] 皮锡瑞:《今文尚书考证》,中华书局1989年版,第3页。
[2] 参见刘宝楠:《论语正义》(上),中华书局1990年版,第2—5页。
[3] 参见宋濂:《诸子辨》,顾颉刚标点,朴社出版1928年版,第30页。

献与文献的关系,遂有版本流传、文献真伪的讨论;但思想研究是语义研究,关心的是语言和它所表达的东西的关系——后者无论是含义还是语句的成真条件,都不在语言领域中。因此同样一部经典,从语文研究的观点看,只能说是文献,从语义研究的观点看,则应说是文本。

文本与文献,就是基于两种研究的区分而有的概念。所谓文本,正是以句子为单位的语义概念,因此文本研究关注的是一个或一组句子表达了怎样的思想;但文献则是以字词为单位的语文概念,因此文献研究关注的不是思想。所以同样一部经典,比如《老子》或《论语》,虽然文史哲都在研究,但要强调的是,哲学的研究乃是将之作为文本加以研究。这种研究,虽然也要援用文献研究的成果——因为虽然读书不等于认字,但却也不能不认识字——但从性质上说,文本研究的对象只是句子表达的思想。是故冠以"中国哲学"名义的研究,其作为现代学术的意义要定向于文本而非文献来看。当然,这不是说文献研究就是前现代的,因为文史学科中的文献学、语言学等,也是高度专业化的现代学术,其实践与成果远非传统文人津津乐道的"小学"可比。

(二) 科学性

由上可知,如果中国哲学研究的专业性要定向于文本研究而非文献研究的话,就要谈及与文本概念密切相关的另一概念——解释(interpretation)。这时,就会涉及中国哲学作为中国思想的哲学研究需要满足的第二项要求,即解释的科学性。但要说明此项要求,先要说明什么是解释。虽然在中国哲学的实质研究中,最基础也最重要的工作就是解释,可一旦要给出解释的概念,就很可能陷入循环论证,比如把文本定义为需要解释的对象,又把解释定义为对文本的说明。但此循环论证,如下所见,只是对解释概念的含混理解造成的。所以首先要知道的,就是关于文本的解释究竟在解释什么。

如上所述,既然文本是一个语义概念,则所谓解释,就应视为关于文本表达了什么样的思想的说明。由此就能化解文本与解释的循环定义,即二者都可被视为通过思想来定义的东西,文本是思想的载体,解释则是对文本思想的说明。但要注意,文本的思想很容易混淆于作者的想法,比如对《论语》某句话的解释,很可能变成对孔子想法的推测。这时,解释就会变得无法评判,因为作者怎么想,除非诉诸通灵巫术,否则无法验证。① 而即便通灵是可能的,也会存在另一种情况,即作者写的话并非其真实所想,就像笛卡尔说的那个蓄意欺骗的怪力乱神。所以在说明解释的对象时,必须把文本表达的思想与作者的想法区别开。比如张三说"天上下雨了",但实际没有下雨,因此张三是在虚构事实——这无论是出于欺骗还是其他动机,属于张三的想法;但不管张三怎么想,"天上下雨了"这句话无疑表达了一个可被判定真假的客观思想,那就是天上下雨了。为了强调思想的客观义,我们还是借用冯友兰的说法,将之称为"道理",即文本表达一个思想,就是说出一个道理。虽然道理可真可假,但只要看到它区别于个人想法的客观性,就能化解文本与解释的循环定义。因为二者都是通过道理来定义的,即文本是道理的载体,解释则是对文本如何讲道理的说明。

以道理为本位,就能进一步看出谈论解释的目的不在解释本身,而是为了谈论文本,即只有承认本文讲出了一个道理,谈论解释才有意义。而强调这一点,是为了说明那种非常盛行的,通过引

---

① 通灵术的举例,参见 Chad Hansen, *Language and Logic in Ancient China*, Ann Arbor: The University of Michigan Press, 1982, pp. 1 - 3。

介欧陆的哲学解释学以构造中国解释学或经典解释学的设想,似乎问题很大。这倒并非通常受到批判的以西解中,而是解释学真正关心的不是文本,只是解释。比如关于某一文本 T 有三种解释 I_1、I_2、I_3。如果问这三种解释哪种成立,可有如下判断:

i_1: I_1 是成立的。
i_2: I_2 是成立的。
i_3: I_3 是成立的。

这些判断也能被视为解释,但严格地说,I_1、I_2、I_3 是对文本的解释,i_1、i_2、i_3 则是对解释的解释;而当继续问 i_1、i_2、i_3 哪个成立时,又会有"'解释的解释'的解释",乃至有:

〈〈解释的解释〉的解释〉的解释
〈〈〈解释的解释〉的解释〉的解释〉的解释
〈〈〈〈解释的解释〉的解释〉的解释〉的解释〉的解释

这显然是一个无穷倒退的过程。因此,某个阶段总会倒逼出什么是解释、解释对人的生活有何意义之类的抽象问题。所谓哲学解释学,如果主要是在回答这类问题,那么很明显,它要谈的不是文本,而是解释。所以引介解释学的资源研究中国思想,对理解文本并无实质帮助,还会把学术焦点从文本转向解释。而文本是思想的载体,则此转向就会弱化探究思想的热情。

应该说,今日中国哲学研究中呈现的文献化和去哲学化特征,就反映了思想研究的兴趣衰减。这个特征,如说是在经注之学日渐成为热点的趋势中最为显著的话,又应注意此趋势的形成正与欧陆解释学风靡汉语学术界的趋势构成呼应。甚至可以说,这正是两种前现代学问具有学理亲和性的表现。但是,中国哲学作为一门现代学术建立之初,思想或道理远比解释或经注更受重视,那才是中国哲学最为哲学的时代。因此还要说到冯友兰,他将绝大部分经注排除在中国哲学史的范畴外,就是要强调中国哲学的"讲哲学",其核心是讲道理。因此用"接着讲"来界定哲学家的工作,就是把古代文本中没讲清的道理讲清楚,没讲出的道理讲出来;但所谓"照着讲",则是指注释家的工作,是因为自己无见于道理,只能转述别人讲道理的语言,此即"翻译"。① 所以不用说,只有以道理为本位,才能肯定作为思想载体的文本的首要地位,也才能有意义地谈论解释。但反过来,若将学术视野从文本移向解释,不仅会削弱思想研究的热情,还会削弱思想作为道理的客观性。因为当人们关心的不再是文本自身在"客观上"说了什么,便容易滋生为不同解释作合理性辩护的倾向。但只要文本传达的道理——其客观性不容否认——就没有不同解释都能成立的情况。

因此就能说,道理的客观性正是解释可被判定的依据;而所谓"可判定",就是指解释的真假可以判定。又因为一切科学皆以求真为宗旨,则承认解释的真假可以判定,就等于承认科学的解释是可能的。比如,关于某个古代文本中的语句 S,被称为"解释"的是另一个用现代语言说出的句子 $I_{(S)}$:

"S"说的是 P

所谓科学的解释,就是无论 S 是真是假,$I_{(S)}$ 必须是真的,也即 $I_{(S)}$ 与

---

① 参见冯友兰:《三松堂全集》(第五卷),第 25 页。

其否定不能同时成立。但以下两种形式中：

[1] 并非"S"说的是 P
[2] "S"说的是非 P

只有[1]才是 $I_{(S)}$ 的否定，[2]仍可被视为对 S 的一种解释。也就是说：

[3] "S"说的是 P
[4] "S"说的是非 P

可以同时成立，并意味着文本表达的道理是一个矛盾。但如果

[5] "S"说的是 P
[6] 并非"S"说的是 P

可以同时成立，则不仅违反矛盾律，更意味着 S 没讲出任何道理，也就否定了解释的概念。所以，强调不同解释不能同时成立，正在于句子表达的思想，无论真假，总是说出了一个道理。而承认这一点，就意味着科学的解释是可能的。

当然，除了道理本身的客观性，还有一些确保科学解释的技术标准。比如，为了避免任意的解释，必须强调语境的限制。这时，就要把相容性视为一个标准，指在解释文本中的某个或某些句子时，应力求符合上下文语境，还有与其他文本构成的更大的语境，乃至解释者所用语言的语境。所以，一个解释越能满足相容性的要求，就越能避免任意；不过，解释除了要考虑语境的相容，还要考

虑语境的差异,因为在实际操作中,我们只能以现代语言来解释古代文本。所以虽然文本的思想是客观的,但现代解释所表达的与古代文本所表达的未见得是同一思想。因此在兼容性之外,层次性也是一个标准,是指一种解释越能区分思想的层次,即分清哪些是解释者说的,哪些是文本说的,其解释越有效力。此外,以现代语言解释古代文本,除了涉及语境的相容与层次外,还要涉及语境的转换。为了表示转换是可能的,必须预设某些前提。有些前提是抽象的,比如无论古今,人同此心、心同此理;有的前提则是具体的,比如文献源流、作者身份、学派归属等;但正因为前提越多,受质疑的风险就越大,可修正的余地则越小,这就引出了节约性标准,是指前提越少的解释越有竞争力。

在兼容性、层次性与节约性之外,还会有衡量一种解释是否科学的其他标准,但这里要强调的是对解释的理解,作为中国哲学研究的基本方式,应该是从科学而非解释学入手,因为真正需要关心的不是解释本身,而是文本说了什么。

四、方法与方法论

于是,关于什么是中国哲学的研究,就能在方法论的层面给出最终回答。这个回答,如上所述,将从中国哲学研究的性质、内涵与要求三个方面给出:

A. 中国哲学的研究分为两种,一是运用某种方法的实质研究;一是在后设层面反思实质研究的方法论研究。后者规定了前者的性质,也就是说,某种实质研究是不是中国哲学的研究,不是方法问题,而是方法论问题,即有待指出的是判定中国哲学的研究是何种研究的标准与何种研究可被实施的规则。

B. 普遍哲学就是这样的判定标准与能行规则。但普遍性只是形式的,即人类思想无分中西,都有依逻辑地讲述普遍道理的形式;据此,就能这样描述中国哲学研究的内涵,其对象是中国思想中依逻辑地讲述普遍道理的成分（S_1）;其目标是把没讲清的道理讲清楚,把没讲出的道理讲出来（S_2）。所以,通过引入普遍哲学的观念,能将中国哲学的研究简洁地界定为:**以哲学的方式研究中国思想。**

C. 不是任何关于中国思想的研究都能满足"哲学的方式",所以"哲学的方式"既是中国哲学研究的内涵,也是要求:首先是要求研究的专业性,这主要体现在文本的语义研究而非文献的语文研究上;进而,则是对专业研究提出科学性的要求,是在证成文本思想作为客观道理的基础上,科学地判定解释的真假。

基于此,就能为最初提及的后设研究与实质研究两不相关的平行状态,提供一种建设性的解决方案,其核心则是将上述方法论装备到中国哲学的实质研究中。但要注意,这不仅是从理论到实践的应用问题,更是方法论与指导实质研究的方法——这两个理论系统之间的衔接问题。所以,最先要说明的是这种衔接的可能性。简单说,虽然对方法论的讨论不能混淆于对方法的讨论,但正如前述,方法论本身也是实质研究应采纳何种方法的能行规则。有鉴于此,设想方法论与方法之间存在对应,甚至能从前者推出后者,就是合理的期待。而要害的问题,是以上方法论叙述被落实于方法层面时,究竟对应于怎样的选择？或可这样说,能在方法论上对中国哲学的研究给出后设的界定（A），即以"哲学的方式"研究中国思想如何讲述普遍道理（B），且此"哲学的方式"是在文本研究上体现专业性，在解释判定上体现科学性（C）——就意味着中国思想的哲学研究首先是对文本的语义研究，因而与之构成对应的方法，正如下述，主要是分析方法，尤其是定向于文本的语义分析。但这里所谓"分析"，不是狭义上描述陈述类型的概念（比如凭借意义为真的陈述），而是以清晰为目标、以论证为手段的研究方式。这时，"哲学的方式"就不仅具有方法论的意义（用以区别什么是、什么不是中国哲学的研究），也具有方法的意义（用以指导中国哲学的研究如何进行）。

现在，就来看看作为方法的"哲学的方式"，为什么是分析。对此问题的回答，可以从方法论与方法的关系来看，也可以不考虑方法论，仅从方法本身来看。比如冯耀明作为以分析方法处理中国思想的坚定拥护者，就是从后一角度立论的：

> 当我们说中国哲学如何不同于西方哲学，而这"如何"是可被理解之时，这就提出了一种可被认知的区分判准，无论这个判准是对是错，这种区以别之的工作恰恰是一种分析的工作。
>
> 即使我们暂且接受西方哲学的主要工作是往外寻找知识这种说法，而又承认中国哲学的基本方向是内向直观圣道，这也不妨碍我们对二者的不同特性作后设的分析。圣学如果是实践的体证，固然是超语言的、超理论的、超分析的，甚至是超逻辑的，因为实践不是实践的学说，功夫不是功夫论，灵修不是灵修的理论。……但要说明及证成此一观点却是"超"不出我们的分析的。
>
> 最后，我们的结论是：如果"中国哲学"是"中国功夫"，分

析的方法是没有插手余地的;如果"中国哲学"是"中国功夫论",分析的方法便是不可缺少的。然而,我们要"中国哲学"成为什么,那只好请大家通过理性的讨论来决定吧!①

对那种认为中西哲学有类型差异,因而分析的方法只是西方哲学独有,不能应用于中国哲学的幼稚论调,以上的确是切中要害的批评。也正因此,这些论述在性质上就主要是面向反对者的辩护。然而,成功的辩护只能说明分析方法是可行的,却不能说明其所以可行的规则和据以判定的标准,除非能从方法论上指出中国哲学的研究应是怎样、不是怎样。但此问题正是以上论述没有涉及的,能看到只有一种期待,就是希望人们能对"'中国哲学'成为什么"进行理性的讨论。但此期待本身就表明了,中国哲学到底需要怎样的研究,是研究"中国功夫"还是"中国功夫论",仍然是方法论上悬而未决的问题。所以,冯耀明对分析方法的辩护就只能被视为关于方法本身的讨论,充其量能说明这种方法(在人们关于"中国哲学"的概念有某种理性讨论的前提下)是可接受的,却不意味这方法"是不可缺少的"——因为一种方法是否"不可缺少",不能从方法本身,只能从方法论的角度得到论证。

因此,笔者虽然也是分析方法的拥护者,但论证的方式与冯著不同,不是就此方法本身的效用或价值来说,而是从方法论的要求来说。如前所述,我们已经在方法论上明确了中国哲学的研究,作为"以哲学的方式研究中国思想",是定向于文本如何讲述普遍道理的语义研究;那就能看到,这种研究面临的方法问题首先就是如何对任一文本语句 S,给出一个形如"'S'说的是 P"的解释语句

---

① 冯耀明:《中国哲学的方法论问题》,第 323—325 页。

I$_{(s)}$。后者中,"S"不是文本语句,而是指称文本语句的语词或名称,P 则是对其含义的说明,因此 I$_{(s)}$ 就具有名词定义的形式:

$$"S" = Df.\ P$$

这意味着,任何解释的提出都必须遵守定义的规则,尤其是不能出现循环定义,即被定义项出现在定义项中的错误。因为定义的目的就是用定义项来清楚地说明被定义项,那么被定义项本身作为不清楚的、需要解释的东西,就决不允许出现在定义项中。是故,如果作出解释就像给出定义一样,就说明把文本表达的东西讲清楚,乃是解释活动的核心操作。而此操作,正可说是方法论上将中国哲学视为语义研究的题中之义,因为正如前述,这项研究的目的就是把中国思想中没讲清楚的道理讲清楚,没讲出来的道理讲出来。因此,只要方法论上明确了中国哲学的研究应该怎样,就不仅能肯定以追求清晰性为宗旨的分析或语义分析是可行的,也能确认牺牲清晰性的操作是不可行的。比如对《老子》"道法自然"的解释,很多论者以《老子河上公章句》的"道性自然,无所法也"为据,就是不可行的,因为这正属于用"道"解释"道"、用"自然"解释"自然"的循环定义;再比如,研究儒家"四书"的人经常依据朱熹的《四书章句集注》来作解释,这也不可行,因为《四书章句集注》对研究者而言不是解释,而是本身就有待解释的文本,所以并不比"四书"更清楚。

但解释的清晰,或说是其定义形式的清晰,不只是语言表述的清楚。虽然近几十年来欧陆哲学的汉语研究中,尤其是现象学与存在主义的汉语研究中,将哲学等于翻译和语文研究的做法已经生产了大量的"学术黑话",以至许多研究连"说清楚"的底线都达不到,但我们仍然要坚持稍高一点的标准,就是论证的清晰。尤其当解释语句被转换为定义形式时,其清晰与否就与论证相关。这

一点,可以追溯到逻辑学的创立者亚里士多德那里,他说:

> 提出一个定义,是为了让说出的语词被理解。而使事物被理解,并不是凭借任意的语词,而是靠在先的和更清楚的语词,**就像在证明中所作的那样。**

如果在定义中用"在先的和更清楚的语词"说明被定义项,这种方式"像在证明中所作的那样",就意味着用清楚的东西说明不清楚的东西,这本身就是论证。所以把解释语句理解为名词定义时,对清晰性的追求应落实于论证来说。那么,在文本解释中引入以清晰为宗旨、以论证为手段的分析方法,就是正当的。而这也尤其与之前关于中国哲学方法论的表述相一致,那就是,如果中国哲学的研究是"讲道理",就只能以论证为手段。

只不过,因为没有对传统学问与现代学术的分判,所以体验、感悟等至今仍被视为研究中国哲学的方法。我们认为,这是方法论所不允许的。因为方法论上已经明确的是,中国哲学不是传统学问,而是全新的现代学术,不负载求知之外的功能,比如安身立命、成己成物等实践功能;那么至今还在倡导的,中国哲学重体验、重感悟的那些陈词滥调,就其往往出于实践的诉求,而非以求知为本位来说,就不能视为关于研究方法的严肃主张。所以,如果在方法论层面讲的,以专业的文本研究和科学的解释判定来说明中国思想如何讲道理,这正是中国哲学研究具有"哲学的方式"的表现,就能肯定:以清晰为目标、以论证为手段的语义分析,正是此"哲学的方式"在方法层面的对应物。而只要能确认"哲学的方式"作为方法论的意义与作为方法的意义存在对应,就意味着把方法论的表述装备到中国哲学的实质研究中,以打破两个领域互不相干的平行状态,这是可能的。

基于这些讨论,就能对中国哲学的未来形态作出合理期待,那就是,如果"以哲学的方式研究中国思想"正是通过语义分析对中国思想如何讲述普遍道理进行专业的、科学的研究,就有理由期待,其落脚点是构建一门以"讲道理"为核心的中国哲学。而其宗旨,就是前述方法论表述之 S_2 所揭示的,当然也是冯友兰所谓"接着讲"的精义,即:

[1] 把古代文本中没讲清楚的道理讲清楚。
[2] 把古代文本中没讲出来的道理讲出来。

这一宗旨,本书则称之为道理重构。但所谓"重构",不是无中生有的"制造"。因为道理——作为文本表达的思想——既是客观的,就不存在有无之分,只有讲清楚、没讲清楚与讲出来、没讲出来之分。至于通常所谓"有道理""没道理",实际说的只是被讲出来的道理成不成立的意思。是故,"重构"只能理解为以现代语言,尤其是现代学术的语言,重新表述中国古代思想中已涉及或未涉及的道理。而其目的,就是使那些道理成为今天可理解的,因而是有生命力的道理。那么说到这里,就又回到中国哲学作为一门现代学术的意义上了,正如冯友兰早就看到的,只有定向于"讲道理",才有"现代化的中国哲学"可言。[①] 而本书各章节的讨论,就是试图把上述"哲学的方式"所指示的讲道理的方法论和由此决定的"从语义分析到道理重构"的方法,贯彻到中国哲学的实质研究中,并以此呈现中国哲学作为一门现代学术的形态。

---

① 参见冯友兰:《中国现代哲学史》,第 200 页。

这些讨论,在范围上主要涉及早期中国思想,一方面与笔者的研究兴趣有关;另一方面,也旨在以距今久远的思想来检验从语义分析到道理重构这种现代学术的研究是否比传统学问在把握中国思想时更有优势。至于内容,本书主要涉及早期中国思想的四个主要论域,即道物、德性、伦常与名理。在道物论域中,基本问题是如何理解对人的"控制"与化解人与人的"争议",通过语义分析,将呈现早期道家尤其是老庄文本中讲述的道理;在德性论域中,基本问题是如何理解个人"成德"与谈论"人性"的意义,通过语义分析,将呈现儒家尤其是孔、孟、荀文本中讲述的道理;在伦常论域中,基本问题是如何理解"言行"的正当性与"秩序"的必要性,通过语义分析,将呈现战国诸子尤其是黄老学文本讲述的道理;在名理论域中,基本问题是如何恰当地"命名"与合理地"思维",通过语义分析,将看到名家及战国、秦汉的相关文本讲述的道理。但是,本书围绕以上四个论域的讨论不只是专题性的研究,更是一种例示性的研究。意在表明,作为现代学术的中国哲学,其现代性不仅表现在具体的观点或主张上,更表现在得出观点或提出主张的方式上。因此,建立一种分析和言说古典中国思想的现代方式[①],将是未来中国哲学研究面临的主要任务。

[①] 基于此,笔者专门论述了中国哲学是一个方式概念(以哲学的方式研究中国思想)而非对象概念(中国思想中的哲学)的意义。参见李巍:"合法性还是专业性:中国哲学作为'方式'",《江海学刊》2019年第2期。

第一编

控制与争议
道物论域中的语义分析与道理重构

第一章 德治悖论与功利思维
——老子"无为"观念新探

早期中国思想的叙述中,重功利通常是被当作墨家学说的标志特征。实际上,老子的功利倾向毫不亚于墨家,只是表现上不如后者显著,所以不太受到关注。大概除了章太炎讲过老子"怵于利害,胆为之怯"①的话外,人们一般并不把老子视为功利主义者。然而确切说来,墨家表现的只是功利思维的一种形式,就是面对当下或短期的利害,通过成本—效益的计算决定如何行动。②但在明智的行动者眼中,除了短期利害,还有长远得失。针对两种情况的功利考虑,原则并不相同。就短期来看,利害因素相对确定,在何种程度上避害,就能在何种程度上获利,所以指向短期的功利考虑,应以利益的最大化为原则。但长远来看,利害因素会发生转化,可能出现当下获利越多、未来受损越多的情况。这时,功利考虑的焦点就必须从短期的收益最大转向长期的损失最小。也就是说,面向长远的功利考虑应以节约成本而非扩大所得为原则。这种功利考虑,如下所述,正是老子重功利的主要表现,其宗旨就是要提供一套维系政权的行动指南。

---

① 章太炎:《国学概论》,中华书局 2009 年版,第 107 页。
② G. Vankeerberghen, "Choosing Balance: Weighing (*Quan* 权) as a Metaphor for Action in Early Chinese Text", *Early China 30*, pp. 2005 – 2006.

所以,老子经常提醒执政者要懂得节制("知足""知止",第32、33、44、46章),尤其要明白得到越多便失去越多的风险("甚爱必大费,多藏必厚亡",第44章)。这些,正是把统治视为长期博弈的建议,对短期博弈则并不适用。因为短期来看,获利绝不等于受损,没有得到越多、失去越多的问题;至于强调节制,也并不能对行动者在紧迫场合中的利害抉择提供实际的指导。然而长远来看,情况完全不同。正如老子从天道的高度揭示的,利害得失在长时段中会趋于守恒("天之道,损有余而补不足",第77章);则告诫执政者懂得节制并规避得到越多、失去越多的风险,就是强调统治作为长期博弈,成功的关键不是积聚统治资源("圣人不积",第81章),而是降低统治成本("治人事天莫若啬",第59章),这正体现了长远的功利考虑以节约成本(而非扩大收益)为原则的特征。

是故,老子专门论述了高成本统治的风险,可概括为控制越强,抵触越大,越治越乱(第38、57章)。因之要维系统治,柔弱胜刚强反倒是说得通的逻辑(第36、76、78章),那就是:执政者只有以谦卑示弱的姿态减少控制,才能节约统治成本,确保国祚绵延("有国之母,可以长久",第59章)。而这就是老子倡导"无为"的核心精神。虽然以往论者已经看到"无为"绝非无所作为,但其确切含义始终没有得到正面界定。认为"无为"实际上是一个功利主张,是基于长远的功利考虑而倡导一种节约性统治,正是本文建议的理解。但要特别说明的是,这一功利主张的提出与老子对德治的历史事实,尤其是西周"敬德"之治的反思相关。如上述控制越强,抵触越大,越治越乱的情况,在某种意义上就是西周德治面临的悖论。而作为功利主张的"无为",就是化解此"德治悖论"的道家方案。

一、控制问题

当然,"无为"不只是老子的主张,儒家也讲。并且在道家谱系内,"无为"观念也有不同面向的展开。因此首先要说明的,就是老子"无为"观念的独特意涵。如上,倘使他对"无为"的倡导正与德治问题有关,最应注意的就是今本第38章①即德经首章的叙述:

[1]上德不德,是以有德。[2]下德不失德,是以无德。[3]上德无为而无以为。[4]上仁为之而无以为。[5]上义为之而有以为。[6]上礼为之而莫之应,则攘臂而扔之。[7]夫礼者,忠信之薄,而乱之首。[8]前识者,道之华,而愚之始。

上引文中,与"无为"的含义关联最大的就是"上德""下德"和"前识"三个概念。[1]—[3]主要讲"上德",并提出与之相反的"下德";[4]—[7]论"仁""义""礼",是对"下德"的具体展开;[8]则专论"前识",现分述如下:

(一)上德

"上德"即上等德行,是描述道之德的术语。要理解其内涵,必须从"上德不德"之"不德"谈起。我们知道,《老子》中类似描述道之德的表述,除了"上德",还有"常德"与"玄德"。尤其比照第10章、第51章对"玄德"的界定,即所谓"生而**不有**,为而**不恃**,长而**不宰**",可知"上德"之"不德"正对应于"玄德"之"不有""不恃""不宰";换言之,"不德"就是这些"不X"短语的概括性表达。那么,如

---

① 引用今本《老子》,将依据简帛本修订某些关键字句。

果说"玄德"之"不有""不恃""不宰"指的是道对万物只有成就却不控制的姿态①,则"上德不德"也能对应地解释为上等的德行(即道之德)是不控制,如亚瑟·韦利(Arthur Waley)说的道对万物"不显露自己拥有力量"②。

将"不德"解释为不控制,除了基于"上德"与"玄德"的对应,或许还能以"德""得"相通为依据(见《管子·心术下》《韩非子·解老》),即令"不德"训为"不得",就可在不占有、不取得的意思上解释为"不控制"。但实际上,"德""得"相通只是后起的用法。德经首章的"不德"能被解释为不控制,应如下文所示,是通常意义的"德"在老子眼中本身就蕴含着控制的力量;或者说,他是从世俗道德对人的影响中看到了控制。因此所谓"不德",强调的就是"上德"并非控制性的"德";与此相反,不放弃控制,也即"不失德",就是"下德"的特征。基于两种"德"的划分,引文[1]—[2]的意思应当是:"上德"者(道)不事掌控,所以有真正的"德";"下德"者不放弃掌控,故没有真正的"德"。

据此,可以说德经首章最关注的便是控制问题。因之在论述上,就会从[1]的"上德不德"引出[3]的"上德无为"。尤其就古汉语中"不"字连接动词、"无"字连接名词的一般特点来看,"不德"这个动词短语——作为"不有""不恃""不宰"的概括——其名词性的表达就是"无为"。所以"无为"仍应理解为不控制,并能翻译成"没有控制性的作为"。此外,如果老子"道法自然"的主张能被解释为

---

① 李巍:"'名''德'相应:《老子》道经首章的新解读",载《道家文化研究》第31辑,中华书局2017年版。
② Arthur Waley, *The Way and Its Power*: *Lao Tzu's Tao Te Ching and Its Place in Chinese Thought*, New York: Grove Press, 1958, p. 189.

道效法或不干涉万物的"自然"①,那么也能很快看出,[1]—[3]把不控制(也即"不德"或"无为")说成道的"上德",就是基于这个思想。

(二)下德

作为"上德"对立面的"下德",从语脉上看,正是引文[4]—[7]中依次谈及并逐渐表露否定态度的"仁""义""礼"。它们本是世俗生活中最受肯定的"德",却被老子归为下等,这还要从"控制"的角度加以理解。而无论就历史还是理论来说,可能性较大的解释应该是,这些德目受到世人尤其是执政者的推崇("上仁""上义""上礼"),除了完善个人品行的目的,还有一个重要考虑,就是要把道德的影响转化成治理的力量。这时,对"德"的强调,尤其是对榜样示范的推崇,就既能正面地看成出于教化他人的期待,也能负面地看成出于控制他人的诉求。应该说,老子主要采纳后一视角,因此把执政者用以化成天下的"仁""义""礼"归为"下德",就能从否定控制即肯定"无为"的角度加以理解。

有趣的是,儒家恰是把"仁""义""礼"为核心的德治,也就是孔子说的"为政以德"(《论语·为政》),看作"无为"的表现,比如:

> 子曰:"**无为而治者**,其舜也与?**夫何为哉?恭己正南面而已矣。**"(《论语·卫灵公》)
>
> 孔子观于东流之水。子贡问于孔子曰:"君子之所以见大水必观焉者,是何?"孔子曰:"**夫水遍与诸生而无为也,似德。**"(《荀子·宥坐》)

---

① 参见王中江:"道与事物的自然:《老子》'道法自然'实义考论",《哲学研究》2010年第8期;李巍:"《道德经》中的'大'",《中山大学学报》(社会科学版)2015年第3期。

以上呈现的是对"无为"的另一种理解,不是否定控制,而是强调执政者只要做好道德表率——此外无需做什么("何为哉")——就能治理天下。这说明,"无为而治"其实就是"为政以德"的描述语,是以"无为"强调任何治理都比不上德治的效果,也就是强调"德"的影响最有"治"的力量。所以,描述德治效力的"无为"概念非但不是不控制,反倒表达了鲜明的控制诉求。因之,[4]—[7]阐述"仁""义""礼"的治理效用时,始终只言"为之"("上仁为之""上义为之""上礼为之"),就能解释为那种描述德治效力的"无为",在老子眼中不是真正的"无为"。

当然,引文[4]—[7]还传达了更重要的信息,就是以"仁"为起点的德治不仅存在控制,更是控制力度不断递增的治理模式,即:

A."仁"的感化

B."义"的教导

C."礼"的约束

D."法"的惩戒

如上,从"仁"治开始,执政者只是自身求"仁"("为之"),没再做其他的意愿("无以为");但从"为仁由己"到"天下归仁"(《论语·颜渊》),道德感化已能说是一种控制,只是比较微弱。进而,当感化不足为治时,就可引入规范或"义"的教导加强控制。此时,执政者不仅有教导的行动("为之"),更有教导的动机("有以为"),那就是"君子之仕也,行其义也"(《论语·微子》)的责任感与使命感;再进而,当规范亦不足治时,又能引入礼俗规矩加强控制。后者不只是教导,更是"非礼勿视,非礼勿听,非礼勿言,非礼勿动"(《论语·颜渊》)的约束。但约束的结果是"上礼为之而莫之应",即控制越强、抵触越大,所以"礼"的出现本身就标志着"乱之始"。那么从"礼"的约束走到"法"的惩戒,就是必然的了。只是,德经首章没有提及"法"治及其效果,但第 57 章说的"天下多忌讳,而民弥叛,……法令滋彰,盗贼多有",可知控制越强、天下越乱的问题仍然存在。

所以,引文[4]—[7]真正谈论的,就是以仁德感化为起点的德治,本质上是一种不断追求控制并因此越治越乱的治理模式。因此再次说明,用以描述德治效力的"无为",即执政者在做好道德表率之外不必再做什么,不是真正意义的"无为"。而这,就是上引德经文句[8]("前识者,道之华,而愚之始")的意思。

(三) 前识

但要理解[8],先要注意引文[3]—[5]中反复出现的"以为",作为表示行动意图的动词短语,其名词形式就是[8]所说的"前识",指有所掌控的动机或控制欲。至于"前识"被指为"愚之始",则可说是执政者被其控制欲("前识")所蒙蔽,陷入自找麻烦的愚蠢境地。如《庄子·在宥》所见老聃之言:

昔者黄帝**始以仁义撄人之心**,尧、舜于是乎股无胈,胫无毛,以养天下之形,**愁其五藏以为仁义,矜其血气以规法度。然犹有不胜也**。尧于是放欢兜于崇山,投三苗于三峗,流共工于幽都,**此不胜天下也夫**,施及三王而天下大骇矣。

这虽是虚构言论,但与德经首章类似,也是认为从"仁义"至"法度"有一个控制越强、天下越乱的逻辑;同时更清楚地表明,执政者"愁其五藏""矜其血气"却还"不胜天下",这种自找麻烦的愚蠢境地就

"始"于"撄人之心"的控制欲。

现在的问题,是作为控制欲的"前识"如何产生?引文[5]谈及执政者的"有以为",即在仁德感化后,又产生用道义规范指导世人的责任感,大概就是"前识"或控制欲形成的标志。但实际上,仁德感化中"前识"已然萌发。因为[4]所谈及的"上仁"者的"无以为",绝非没有控制欲,而是相信仁德感化足以为治,这才没有再做其他的意愿。因此就能看出,"上仁"之"无以为"([4])与"上德"之"无以为"([3])只是表述相似,内涵根本不同。后一种"无以为",作为真正没有控制欲的表现,就是道所表现的"无欲"状态,即:

> 常**无欲**,以观其眇(小)。(第1章)
> 常**无欲**,可名于小。(第34章)

这里,"无欲"和"小(眇)"的关联的出现只能解释为道以"小"角色自居,正因为恒常没有控制万物的欲求("无欲")。

那么"上仁"者的"无以为",以其具有控制欲来说,就是与道或"上德"者的"无以为"("无欲")名同实异的东西,此即"道之华"。所谓"华",如《庄子·齐物论》之"言隐于荣华",就是指表面的虚饰。而倘使对"仁"的推崇只是貌似"无以为"而实则有"前识"(控制欲),那么相对于道所表现的"上德无为",儒家那种"为政以德"的"无为"就只能被视为似是而非的"无为"概念。

二、德治悖论

德经首章倡导"无为",就其旨在否定一切掌控行为及动机来说,似乎就是针对儒家的德治理念。但因为儒家主张"为政以德",

实际是继承了周人将"德"置于政治生活之中心的"敬德"理念,所以也有理由推测德经首章的论述是针对西周。况且通常来说,儒家对德治无法实施的解释,不是德经首章所说的某种德行影响不足,便诉诸更有效的控制,而是强调执政者应"反求诸己"(《孟子·离娄上》);相比之下,西周德治却有重掌控的鲜明特征(详见下文)。这或许正因为儒家的德治更多的只是理论,可以描绘得温情柔软;但西周的德治却是事实,没有强力控制,就不可能把"德"的影响在事实上转化为"治"的力量。

那么回到德经首章,就其论述始终围绕控制问题来看,有理由认为老子对"无为"的倡导主要与对西周德治的观察有关。至于《史记》等早期文献关于老子曾任西周史官且"居周久之,见周之衰,乃遂去"(《史记·老子韩非列传》)的记载,若非完全捏造,也能视为支持此项推论的依据。所以,下文将把讨论的视角转向西周,先说明"敬德"之治有怎样的控制特征,进而指出老子主张"无为",在何种意义上能说是对西周的反思。

(一) 控制特征

关于西周德治重掌控的特征,顾立雅(H. G. Creel)对王室"控制技术"(technics of control)的阐述值得关注。[①] 他认为,周天子不仅事实上控制了广阔的疆土,更设置了一系列不同的技术手段,包括定期的省方制度、非定期的军事探险以及设置监察官等,确保其控制力不失。而相对秦汉以后因强化君主专制导致内廷专权、架空天子的情况,西周诸王"基本是把帝国的缰绳牢牢抓在手中,

---

① 参见 H. G. Creel, *The Origins of Statecraft in China* (Vol. 1): *The West Chou Empire*, Chicago: The University of Chicago Press, 1970, pp. 388 - 416; *Shen Pu-Hai: A Chinese Political Philosopher of the Fourth Century B. C.*, Chicago: The University of Chicago Press, 1974, pp. 48 - 49。

其与日后的帝国管理的特征不同,讲究的是**天子始终与国家的各组成部分保持亲自接触**"①。这个说法,能使人立刻想到周人倡导"敬德"之治时对"勤"的推崇,比如《尚书》所见的"**勤劳王家**"(《尚书·金縢》)、"文武**勤**教"(《尚书·洛诰》)、"**勤**用明德"(《尚书·梓材》)等。对执政者提出"勤"的要求,正是把"敬德"看作一种大有为之治,这已经折射出西周德治的控制诉求。

但此诉求除了体现在"勤"的理念中,更体现在周人对"刚"的推崇中,后者表明德治不仅有控制的诉求,而且是主张强硬的控制。如《尚书·洪范》论为政"**三德**"之"**刚克**",就是对在下位者("沉潜")和不服从者("强弗友")采取强硬立场。当然从《尚书·洪范》篇的表述看,这只是与"柔克"相辅相成的政德之一。但史墙盘叙述周王"㓝(刚)鯀用肈(治)周邦"的文字,足以表明"刚"才是周的基本国策。

其次,与重"刚"的理念构成对应的,还有周人尚"武"的精神,前者关涉掌控的程度,后者则关涉掌控的方式。当然,掌控之治不等于暴政,所以周人不仅在重"刚"的同时济之以"柔",也在尚"武"的同时辅之以"文"。但不管怎么说,"武"才是强化掌控的根本手段。正如《逸周书·周书序》以文武之道刻画西周崛起的叙述中,可以清楚看到,文王推崇"**文德**",是在"**谋武**"克商的准备阶段,鉴于"民之多变"而欲聚拢人心;但至武王克商时及成功后,中心任务始终是对殷人和少数民族"**申喻武义**"。而从史实来看,西周作为军政权的特征直至覆灭都没有褪去。

最后则应指出,西周德治的控制性特征,无论程度上的重

---

① H. G. Creel, *The Origins of Statecraft in China* (vol. 1): *The West Chou Empire*, p. 389.

"刚",还是方式上的尚"武",都是为了强化执政者的"威",这是重手掌控的目的所在。比如西周大盂鼎所见"**敬䨣德㽞,……畏天畏(威)**",传世文献中说的"**德威**惟畏,德明惟明"(《尚书·吕刑》)或"**德威**惟威,德明惟明"(《墨子·尚贤中》《礼记·表记》),都是试图以"天威"担保执政者权威,并将此权威落实为推行德治的"德威"。

因此西周德治重掌控的表现,除了顾立雅说的"控制技术",更有执政理念上推崇的:

  A. 勤:积极作为。
  B. 刚:立场强硬。
  C. 武:军事震慑。
  D. 威:强化权威。

这些理念的形成,从西周早期应对内忧外患的紧迫任务看,无疑是自然的,也是必要的。但长期来看,控制诉求的强化定会使统治成本不断升高,并可能因为成本的损耗令政权陷入困境。李峰将西周的灭亡归于幽王时期王室因为错误的形势估计而挑起对申国的战争①,就很能说明问题。因为控制强、成本高的统治,往往会在成本损耗接近峰值时由某些偶发事件导致崩溃。

(二)统治成本

不过与战争相比,统治集团内部的权力博弈才是损耗统治成本的决定因素。仍就西周的覆灭来说,虽然《史记·周本纪》语焉

---

① 李峰:《西周的灭亡:中国早期国家的地理和政治危机》,徐峰译,上海古籍出版社 2007 年版,第 233—263 页。

不详,但不难想见,申侯联合少数民族推翻西周之前,幽王与王后、太子等代表的申国势力的斗争已经透支了整个王室的统治资源。所以《国语·郑语》中,史伯对担任周室大司徒的郑桓公讲述著名的"和同之辨"时,就是从幽王掌控权力的极端诉求("去和而取同")中看出了西周覆灭的征兆——而作此预见的逻辑,正可说是控制越强则成本越高("以同裨同"),成本越高则灭亡越快("同则不继")。

应该说,史伯预见西周覆灭的逻辑与德经首章揭示的越治越乱的逻辑,并无本质不同。因之就能推测,《史记》所述老子的"见周之衰"是和史伯相似的观察;或者也可以说,史伯对西周命运的预见反映了一种老子式的担忧。但若比对史伯的言论与德经首章,会发现一个差别,就是后者的叙述不涉及具体的人物、事件,有的只是一种结构性刻画,即从"仁"的感化、"义"的指导到"礼"的约束,执政者只要处身于德治的框架内,就总会面临控制越强,抵触越大,越治理越混乱的悖论。这说明在老子眼中,此类悖论不是特定个人或时势造成,而是德治本身的结构性悖论。其实质,就是统治成本的有限性决定了强化控制的诉求与维系政权的目的在原则上不能兼容,所以执政者越想把"德"的影响变现为"治"的力量,就越加速政权的崩溃。

这时就应指出,老子对"无为"的倡导正与化解上述"德治悖论"的尝试有关,因为以否定控制为确切含义的"无为",其核心精神就是节约统治成本,如所谓:

为学日益,**为道日损。损之又损,以至于无为**。(第48章)
治人事天莫若啬。夫唯啬,是谓早服;早服谓之重积德;重积德则无不克;无不克则莫知其极;莫知其极,可以有国;有

国之母,可以长久;是谓深根固柢,**长生久视之道**。(第59章)

如上,"无为"被说成"为道日损"且"损之又损"的结果,就是对掌控行为与掌控欲的不断减损。而应用在"治人事天"的实际过程中,具体的表现就是"啬",是通过节约统治成本来维系政权"长久"的方式。那么反过来说,控制越强、成本越高的统治越不"长久",就是来自"长生久视之道"的根本指导,也是老子反思西周德治的基本心得。

因为事实上,如何"长久"也是周人关切的根本问题。如《诗经》中的"文王孙子,**本支百世**"(《诗经·文王》)、"**君子万年**,保其家邦"(《诗经·瞻彼洛矣》),表达的就是周人对政权"长久"的期盼;再观察《尚书》所记周公告诫成王的话,也可知不能"长久"正是周人的最大忧患,是谓:

> 我不可不监于有夏,亦不可不监于有殷。**我不敢**知曰,有夏服天命,**惟有历年;我不敢**知曰,**不其延**。惟不敬厥德,乃早坠厥命。我不敢知曰,有殷受天命,**惟有历年;我不敢**知曰,**不其延**。……肆惟王其**疾敬德**?……**上下勤恤**,其曰我受天命,丕若**有夏历年**,式勿替**有殷历年**。(《尚书·召诰》)

应该说,老子关注"长久",其问题意识与周人对"历年"的担忧一样;则他提出基于"无为"的"长生久视之道"——作为与周人"勤用明德"的大有为之治截然相反的治理模式——就能说是出于对西周的反思。而其宗旨,正是将节约统治成本视为决定政权命运的关键。

三、功利思维

因此,可以说老子对"无为"的倡导,包含了某种计算成本—效益的功利考虑。所以要进一步理解"无为"的内涵,就必须将讨论的视角再转向老子的功利思维。之前提及,老子的重功利与墨家不同,后者计算的是当下利害,前者考虑的则是长久得失。这两种功利思维的差别,可从墨家的这个经典论述谈起:

> 于所体之中,而**权轻重**之谓**权**。权,非为是也,亦非为非也。**权,正也**。断指以存腕,**利之中取大,害之中取小也。害之中取小也,非取害也,取利也**。其所取者,人之所执也。遇盗人,而断指以免身,利也;其遇盗人,害也。断指与断腕,**利于天下相若,无择也**;死生利若,一无择也。(《墨子·大取》)

由上,对利害因素的比重进行权衡("权"),并由此作出选择("取"),正是墨者从事功利考虑的核心。而此类考虑,就其遵循利益最大化的原则("利之中取大,害之中取小")来说,主要针对的是短期或特定场合中的利益博弈。因为在此类场合中,利害因素及其比重通常是确定不易的,所以最大限度地避免损失,就等于最大限度地增加收益。

但对长期博弈来说,是否还能坚持收益最大化的原则,这是老子思考的问题。具体言之,则涉及两个方面:一是长远来看,得失变化的趋势为何?一是基于此趋势,合理的功利计算为何?老子对这些问题的阐述,就是支撑其"无为"观念的功利考虑。其目的,是设想一种节约性的统治模式,作为执政者的行动指南。

（一）得失守恒

判断老子的功利思维主要针对长时段的利害得失，可从他的这个主张谈起：

> 名与身孰亲？身与货孰多？得与亡孰病？是故**甚爱必大费，多藏必厚亡**。知足不辱，知止不殆，可以**长久**。（第44章）

"甚爱必大费，多藏必厚亡"，若看作应对眼下利害问题的建议，恐无实际意义。因为在特定场合中，得失绝不等同，那么宣称得到越多便失去越多，对当下面对的利害选择来说，不是一个有效的指导。所以，"甚爱必大费，多藏定厚亡"一定是着眼于"长久"的判断；并能看到，从"甚爱"到"大费"、从"多藏"到"厚亡"，长时段中利害关系的基本特征就是得失总体趋于守恒。因而所谓"知足""知止"，绝不仅是针对个人修养的建议，更是基于得失守恒的功利主张，即倘使长期博弈总是得到越多、失去越多，那么合理的考虑当然不是如何扩大收益（"知止"），而是如何保全成本（"知足"）。

这种"长久"来看的得失守恒，老子更从天道的高度展开论述：

> 天之道，其犹张弓与？高者抑之，下者举之；有余者损之，不足者补之。天之道，损有余而补不足。……是以圣人为而不恃，功成而不处。（第77章）
>
> 持而盈之，**不如其已**；揣而锐之，**不可长保**；金玉满堂，**莫之能守**；富贵而骄，自遗其咎。**功遂身退天之道**。（第9章）
>
> 勇于敢则杀，勇于不敢则活。**此两者，或利或害**？天之所恶，孰知其故？是以圣人犹难之。**天之道，不争而善胜**，……

繟然而善谋。(第73章)

圣人不积,既以为人己愈有,既以与人己愈多。**天之道,利而不害**;圣人之道,为而不争。(第81章)

不难看出,老子在"道"外又讲个"天之道",就是要把得失守恒提升到规律的高度。据此,行动者就能对长时段中究竟是不顾一切地争夺资源,还是避免追求利益最大化——这两种选择的"或利或害"——作出判断,即与其得到越多、失去越多("持而盈之,不如其已;揣而锐之,不可长保;金玉满堂,莫之能守"),不如选择"不积""不争"和"功遂身退"。

能作出"或利或害"的判断,说明行动者已经洞见了"天之道"的规律性,也就是得失守恒的恒常性,如所谓:

万物并作,吾以观复。**天道员员**,各复归其根。归根曰静,是谓复命。复命曰**常**,知常曰**明**。不**知常,妄作**凶。(第16章)

虽然出土文献证实《老子》绝大部分"常"字本作"恒",是一个程度副词。但此章的"常"并不作"恒",而是有特定意谓,指天道循环("天道员员")的规律性。而此循环,不仅是"万物并作"到"归根曰静"的生灭循环,更是"天之道,损有余以补不足"的得失循环,后者尤其与人事相关。故所谓"知常",就能说是对得失守恒之恒常性的"知"。无此认知("不知常"),就会因为非理智的功利选择陷入危难("妄作凶")。因此"知常曰明",就是洞悉得失趋势的选择明智。

（二）功利计算

这种明智选择只能来自对长远得失的功利计算。但这种计算，在政治语境中可能混淆于驾驭他人的权谋算计，如老子所谓：

> **将欲歙之，必固张之；将欲弱之，必固强之；将欲废之，必固兴之；将欲夺之，必固与之**，是谓微明。（第 36 章）

看起来，"微明"就是深谙权谋、精于算计的表现。但仔细观察老子的叙述，不难看出，这种"将欲"如何则"必固"如何之"明"，并非针对他人，而是针对自己，是执政者对自身不宜逞强的理智评估。所以，老子对"微明"的另一表述就是"见小曰明"（第 52 章），指以小角色自居的明智，类似的说法还有**不自见，故明**（第 22 章）、**自见者不明**（第 24 章）、**自知者明**（第 33 章）等。这时就能更清楚地看到，"明"所表征的明智不是权谋算计，而是基于功利计算的自我评估，即从得失守恒的长久趋势看，没有人能常居优势，所以在选择上与其恃强凌人，不如谦卑下人。

由此，就能理解老子所论柔弱胜刚强的逻辑：

> 人之生也柔弱，其死也坚强。万物草木之生也柔脆，其死也枯槁。故坚强者死之徒，柔弱者生之徒。……**强大处下，柔弱处上**。（第 76 章）

> 天下莫柔弱于水，而攻坚强者莫之能胜，其无以易之。弱之胜强，柔之胜刚，天下莫不知，莫能行。是以圣人云：**受国之垢，是谓社稷主；受国不祥，是谓天下王**。正言若反。（第 78 章）

因为事实上，弱就是弱，强就是强，柔弱无论如何也胜不了刚强；所以必须指出，老子眼中"柔弱"的人非但并不"柔弱"，相反还是强者，尤其是掌控政权的"社稷主""天下王"。那么主张"弱"能胜"强"，其实就是要求这些事实上的强者懂得示弱（"受国之垢""受国不祥"）——这还是从得失守恒的"天之道"来看，既然有得必有失，则越强势地集聚资源，就会越迅速地转向衰弱；是以在功利计算上，示弱（"勇于不敢"）一定比逞强（"勇于敢"）更合理，也更有利。

但不难看出，柔弱胜刚强只是一个比喻，真正描述的则是"无为"的效果，即所谓：

为无为，则**无不治**。（第 3 章）
无为而**无不为**。（第 48 章）

在周人眼中，"祗勤于德，夙夜不逮"（《尚书·周官》）尚不足以长保国祚，"无为"反而"无不治""无不为"，完全不可想象。但老子这样说，并非夸张，仍是出于功利考虑，即只要承认政权的维系是以得失守恒为趋势的长期博弈，那么在功利计算上，就只有"无为"才能达到"无不治""无不为"的目的。因为统治成本终归有限，所以执政者只有降低控制，尤其是减损把控各种统治资源的欲望（"圣人不积"），才能确保"长生久视"。故所谓"无为"，最确切地说，就是基于上述功利计算提出的以节约成本为核心的统治方式（"治人事天莫若啬"）。而所谓"无不为""无不治"，就是强调低成本的统治效果最好，正如第 57 章说的"我**无为**而民**自化**，我**好静**而民**自正**，我**无事**而民**自富**，我**无欲**而民**自朴**"。

但人们或许会问，执政者不事掌控，百姓真能"自化""自正""自富""自朴"吗？就像儒家孟子，他主张为政之本在"民事不可缓",就是认为执政者在"制民之产"上不作为,民众必定"放辟邪侈,无不为己"(《孟子·滕文公上》)。但实际上,老子关心的"无为"的效果,并不主要考虑这种治理方式是否会对民众有利,而在于是否会对执政者的"长生久视"有利。所以他对"无为"效果的描述,又是通过与控制性的"为"相比较,说明哪种方式更"利于"执政者,即所谓:

为者败之,执者失之。是以**圣人无为故无败**;无执故无失。民之从事,常于几成而败之。慎终如始,则无败事,是以圣人欲不欲,不贵难得之货;学不学,复众人之所过,**以辅万物之自然**,而不敢为。(第64章)

这里对"为"的否定与对"无为"的肯定,完全是从效果上的"败"与"不败"着眼。而关注效果(utility),正是功利思维的基本特征。所以就能看出,"辅万物之自然而不敢为"的说辞,与前引"我无为而民自化"的说辞一样,根本立意并不在保全万物和百姓的"自然",而是要强调节约性统治对执政者最有利。

说到这里,就能得出结论:"无为"实际上是一个功利主张,并且是老子提供给执政者用以维系政权的行动指南。这一指南,除了在德经首章被标榜为上等的"德",最终则被提升到"道"的高度外,比如之前谈及的"长生久视之道",还有更明确的说法是"道常无为。侯王若能守之,万物将自化"(第37章)。此一"提升"的意义在于,"德"是描述具体行为的概念,所以被标榜为"上德"的"无为",无论表述为"上德不德",还是"玄德"之"不有""不恃""不宰",都还是节约性统治的具体措施;但"道"并非描述具体行为的概念,而是描述具有普遍性的行为模式的概念。因此,被提升到"道"的高度的"无为",就能说是节约性统治的一般模式。这表明,老子对统治成本与政权命运的关系已经有某种知识性甚至原理性的洞见。作为功利主张的"无为",就是对此洞见的高度概括。

第二章 生成还是指导
——老子论"无"的新探究

认为《老子》书的"无"不只是日常的"有无"之"无",更涉及作为万物抽象根源的生成论的"无",是古今解老者的通见。作此解释的依据,固然可以举出许多,但首先是传世本第40章的"有生于无"。这句话,在注释或关涉《老子》的早期文本中已被视为支持抽象解释的关键证据,因此会用"无形""无名""无声""无味"等词汇来刻画众"有"所出之"无"的抽象性。① 而这个"无",同样在传统解释中,是被当作"道"的同义语,即作为万物根源的"道",也能在"无名"(第1、37、41章)"不可名"(第14章)或"不知其名"(第25章)的意义上被说成一个实体性的"无"。② 并且,因为"道"是老子明确论述的生成

---

① 关于"无"之抽象性的刻画,详见《老子河上公章句·德经·去用》,《老子指归》卷二、卷三,《黄帝四经·经法·道法》,《淮南子·原道训》。此外,要充分理解"无"的抽象意谓,还要考虑字源问题,尤其是"无"与"亡""無"的关系,参见庞朴:"说'无'",载《一分为三——中国传统思想考释》,海天出版社1995年版,第270—284页;王中江:"有无之辨",载《道家学说的观念史研究》,中华书局2015年版,第103—108页。

② 如《尹文子·大道上》所谓"大道不称,众有必名,生于不称",就是将"有生于无"的"无"视为"不称"者,并将这"不称"者说成是"道"。因此,"道"就在"不称"或"无名"的意义上被看作一种"无"。这种思路,在王弼对《老子》首章的解释中最突出,所谓"凡有皆始于无,故未形无名之时则为万物之始"(《老子道德经注·一章》),正是以"无名"为中介,将作为"万物之始"的"道"等同于"有生于无"的"无"。当然,如果采用司马光、王安石对今本首章的断句,可更直接地断定"道"就是"无"。当然在先秦,"道"通常也被直接说成是"无",如《管子·心术上》之"虚无无形谓之道",《列子·天瑞》之"《黄帝书》曰:'形动不生形而生影,声动不生声而生响,无动不生无而生有。'……道终乎本无始,进乎本不久。有生则复于不生,有形则复于无形。"只是在《老子》中,并没有直接断言"道"是"无"的语句。肯定这一点,主要是基于"道"作为超言绝相之存在的推论,因此解释者经常提及的就是老子关于"无名""不可名"的论述。

根源(参见第 42 章),则越能肯定"道"是"无",就越能说明"有"为何会"生于无"。可见,传统关于"无"的抽象解释,虽然主张不尽相同,但基本能说是以"道"即"无"为前提,以"有生于无"为依据的解释。在现代老子学研究中,由于出土文献的引入,传统的抽象解释的确面临一些疑问。但总的说来,这种解释非但没有削弱,反而还被强化。① 这大概正因为现代老子学首先是纳入哲学史学科的研究,而哲学通常被看作探索抽象事物的学问,所以要揭示老子思想的哲学内涵,就必须关注文本中的抽象表达(如"大""一"等)。这其中,最具抽象性的莫过于"无",它当然是最有哲学意味的概念。②

但即便如此,抽象解释仍有需要反思的空间。尤其是,它可能会引导读者在理解老子"无"观念时过于偏重生成问题,却忽略了本来更为重要的规范问题。这就是本文意欲证成的,老子真正关注的与其说是作为万物根源的生成之"无",不如说是关于政权如何"长久"的指导之"无"。因此,除了抽象解释外,提出某种非抽象的,或说是唯名论性质的解释,对于理解老子的"无"观念,也是一种有益的尝试。当然,这并非要否定传统观点的合理性,而是要揭

---

① 比如,比对出土和传世文献,可知道经首章更应以"无名""有名""常无欲""常有欲"断句,这至少从字面上消除了能被解释为抽象根源的"无";再有,第 40 章的"有生于无"在郭店简中写作"天下之物生于又(有),生于亡(无)",并列式的表达似乎也弱化了"无"的根源意谓。但实际上,这些问题并不要紧。因为即便首章没有单独讲"无",但所谓"无名",就其意指没有名称或不可命名之物来说,与"无"的抽象意谓毫无差别;至于第 40 章,虽然在竹简中作"生于有,生于无",李若晖及相关论者认为这仍应按"有生于无"理解(参见武汉大学简帛研究中心、荆门市博物馆编著:《楚地出土战国简册合集》(一),文物出版社 2011 年版,第 12 页;武汉大学中国文化研究院编:《郭店楚简国际学术研讨会论文集》,湖北人民出版社 2000 年版,第 520—521 页。

② 参见张岱年:《中国古典哲学概念范畴要论》,中国社会科学出版社 1989 年版,第 72—73 页;任继愈:《老子绎读》,国家图书馆出版社 2015 年版,第 4 页;陈鼓应:《老子注译及评介》,中华书局 1984 年版,第 57 页;刘笑敢:《老子古今》(上),中国社会科学出版社 2006 年版,第 422—423 页。

示老子论"无"的更多面向。

一、"无"与"道"

如前述,认为"道"本身就是一种"无",这只能就"道"作为超言绝相的事物来说。问题是,老子说的"无名""不可名"或"吾不知其名",果真就是对"道"的超言绝相的描述吗? 如果是,则"无名"等表述中的"名"必须是名称,这才能在"道"无名称、不可命名的意义上,将之等同于抽象的"无"。但此前提是否牢固,要看对"名"本身的理解。就先秦典籍来说,名称之"名"只是一种,此外还有名位、名分、功名、名号、名声之"名"①,前者可说是指称对象的"名",后一类则都是指导言行的"名",代表着特定的价值准则与行为规范。纵观先秦"名"思想的发展,相对于指称性的"名"直到战国中后期才引起重视,指导性的"名"始终都是被关注的焦点。② 如荀子将正名的目的界定为"上以明贵贱,下以别同异"(《荀子·正名》),这"上""下"之分作为一种价值分判,就是以指导性("明贵贱")的"名"比指称性("别同异")的"名"更重要。回溯到孔子,正名几乎只是针对指导性的"名"来说,即需要校正的不主要是名称对事物的指称,而是名位、名分等对言行的指导,这才有"名不正,则言不

---

① 如《左传·庄公十八年》之"名位不同,礼亦异数";《商君书·定分》之"故圣人必为法令置官也,置吏也,为天下师,所以定名分也";《韩非子·八经》之"设法度以齐民,信赏罚以尽民能,明诽誉以劝沮,名号、赏罚、法令三隅,故大臣有行则尊君,百姓有功则利上";《荀子·议兵》之"彼贵我名声,美我德行,欲为我民";《荀子·天论》之"礼义不加于国家,则功名不白"。这其中,"名位"之"名"又是根本,其他则是有"名位"者所具有的"名号""名声"与"功名"。

② 类似的,曹峰则区分了两种"名家",一是"政论型名家",一是"知识型名家",并认为前者更重要。参见曹峰:"对名家及名学的重新认识",《社会科学》2013年第11期。

顺;言不顺,则事不成"(《论语·子路》)的推论。而此类指导性的"名",在《老子》书中也常出现,如所谓"功成而不名有"(第34章)、"名与身孰亲"(第44章)、"不见而名,不为而成"(第47章)等,正是就具有指导功能的名位、功名来说的。因此对老子所谓"无名""不可名"与"不知其名"的解释,除了能从指称性的"名"出发,也可试从指导性的"名"来考虑。

先说"无名",仅就这个表达在《老子》书中的特定呈现看,就不只是"没有名称"这么简单。如所谓:

> 无名天地之始,……故常无欲,以观其妙(眇/小)。① (第1章)
> 道常无名,朴虽小,天下莫能臣也。(第32章)
> 无名之朴,夫亦将无欲。(第37章)

"无名"总与"无欲"和"小"关联出现,其含义必有和此二者相关之处。所谓"无欲",对"道"来说,不是没有任何欲求,而是没有掌控万物的欲求;所谓"小",则是对"无欲"的进一步界定,如所谓:

> 大道泛兮,其可左右。万物恃之以生而不辞,功成不名有。衣养万物而不为主,常无欲,可名于小;万物归焉,而不为主,可名为大。(第34章)

这就是把"道"没有掌控万物的欲望,界定为以小角色自居的姿态。

---

① 今本首章的"常无欲,以观其妙",帛书与北大简俱做"眇",整理者多读为"妙",实应如本字看。"眇"义为"小",如《庄子·德充符》之"眇乎小哉",《荀子·王制》之"仁眇天下,义眇天下,威眇天下",则"常无欲,以观其眇"即"常无欲,可名于小"之义。当然,如仍作"妙"读,亦可训为"小",参见陈梦家:《老子分释》,中华书局2016年版,第25页。

是故,在含义上与"无欲"或"小"相关的"无名",与其说是没有名称(指称之"名"),毋宁说是"功成不名有",即没有或不要主宰万物的名位与功名(指导之"名"),也就是低调谦卑、默默无名。正如太史公父子所谓:

> 道家无为,……光耀天下,复反(返)无名。(《史记·太史公自序》)
>
> 老子修道德,其学以自隐无名为务。(《史记·老子韩非列传》)

这都是在"默默无名"的意思上讲"无名"。不过,老子的"无名"主要是形容"道"的"衣养万物而不为主"——这既是动机上的"无欲"掌控,也是姿态上的自名于"小"。

由此再看"不可名",见诸第14章的这个表达,恐怕仍然不是对名称之"名"来说。因为正如前述,"道"不可命名,只能在超言绝相的抽象意义上讲。但正如第14章所谓:

> 视之不见,名曰夷;听之不闻,名曰希;搏之不得,名曰微。此三者不可致诘,故混而为一。其上不皦,其下不昧。绳绳不可名,复归于无物。是谓无状之状,无物之象,是谓惚恍。

这恰恰是以"道"之抽象仍然可"名"。相反"不可名"的,不是其抽象,而是"道"所表现既无上限("其上不皦")、亦无下限("其下不昧")、绵延不绝("绳绳")的功德作用。这意味着,"夷""希""微"之"名"以及"不可名"之"名",不是名称(指称之"名"),而是名号(指导之"名")。名号就其可被称谓来说,有与名称相似之处。但本质差别在于,名号不主要作指称之用，而是评价之用，如《逸周书·谥法解》所谓："谥者，行之迹也；号者，功之表也；……是以大行受大名，细行受细名，行出于己，名生于人。"因此，名号之"名"还是指导性的"名"，即与某种名位或功名相匹配的，并且是有约定表达的名声。故上引第14章实际是说："道"的精微玄妙（"视之不见""听之不闻""搏之不得"），仍然可用"夷""希""微"的名号称颂；但其彻上彻下、绵延不绝的功德，没有名号可以匹配，这才是"不可名"的意思。

此外，如果将"不可名"视为"无名"的同义语，可知老子所谓"无名"，除了是无名位、无功名，也有无名号之义。如今本第41章的"道隐无名"，应如帛书作"道褒无名"，就是以"道"的功德盛大（"褒"），没有名号可以称颂。这也是先秦典籍中的常见用法，如所谓"民无能名曰神"（《逸周书·谥法解》）、"唯天为大，唯尧则之。荡荡乎，民无能名焉"（《论语·泰伯》）。循此，可知第25章的"吾不知其名"，并非不知道命名"道"的名称，而是不知道称颂其功德的名号，所以勉强用"大"表示：

> 有物（状）混成，先天地生。寂兮寥兮，独立不改，周行而不殆，可以为天下母。吾不知其名，字之曰道，强为之名曰大。

"大"与"夷""希""微"一样，仍是名号。至于"道"的名称，即指称这个对象的语词，实际就是"道亦其字"的"字"。正因为"道"这个"字"仅是标记或指称"有状混成"者的符号，却没有"功之表"的作用，这才要"名曰大"。但所以是"强为之名"，因为"道"的功德实"不可名"，因此即便称"大"，也依旧"无名"。这再次印证了"无名"的两层意思，一是就名位、功名来说，"道"以其"小"（姿态谦卑）而"无名"（不要主宰万物的名位、功名）；一是就名号、名声来说，"道"

以其"大"(功德盛大)而"无名"(没有名号可以称颂)。

但不管怎么说,按以上解读的老子所谓"无名""不可名"与"吾不知其名",并不是对"道"的超言绝相的描述。当然,老子的确是将"道"看作一种抽象事物,但此抽象事物是否已被抽象成作为"无"的存在,是大可怀疑的。如前述,"道"虽然"视之不见""听之不闻""搏之不得",却仍然能够"名曰夷""名曰希""名曰微"——这足以说明,作为抽象者的"道",在老子眼中还没有抽象成一个实体性的"无"。事实上,观察《老子》书单独言"无"的例子,如"有无相生"的"无"(第2章)、"当其无,有室之用"(第11章)的"无",都是特征或属性之"无",并没有实体义。并且,也不能因为老子将"无"用作名词①,就认为它能表示实体。因为一个语词的词性是语法规则决定的,其指称则是语义规则决定的,两种规则并不等同,所以"无"是不是名词,并不能说明它指什么。这时,要验证老子究竟有没有论及实体性的"无",关键要看他所谓"道"——作为最可能被等同于"无"的实体——究竟能不能被说成一种"无"。此前所述,就是说明把"道"视为超言绝相的"无",文本依据并不充分。

二、"无"与"德"

不过,第14章"绳绳不可名"之后,明确以"复归于无物。是谓无状之状,无物之象,是谓恍惚"来形容"道",难道还不是一种实体性的"无"吗?其实,以"无物""无状""恍惚"等描述非确定性的语词为据,也无法论证"道"本身就是"无"。非但不能,反倒有利于说明"道"不等于"无",即所谓"无"并非实体,而是属性,是作为"道"

---

① 参见刘笑敢:《老子古今》(上),第423页。

之特征的"德"。因为单就表达看,"无物之象""无状之状"以及第41章的"大象无形",被说成"无 X"的东西仍然是一种"状"或"象",而不是"无"。因此所谓"无物""无状""无形",明显是事物属性或特征上的"无"。"道"有这种"无"的特征,并不意味其本身就是实体性的"无"。当然,老子也将"道"说成"恍惚"之物。类似的描述,还有第 21 章的:

> 道之为物,唯恍唯忽。忽兮恍兮,其中有象;恍兮忽兮,其中有物。窈兮冥兮,其中有精;其精甚真,其中有信。

据此,还不能说明"道"是一种"无"吗?或许可以,但这样看,又该如何解释老子所谓"道之为物"的"物"和前引第 25 章"有状混成"的"状"?这个"物"或"状",也即第 14 章"无物之象""无状之状"的"象"和"状"①,毕竟不等于"无物""无状"。所以,即便将"恍惚"等描述词视为"无"的同义语,也不应用来指谓"道"本身,而应指谓其属性,即"道之为物"在样态上的"无定"。但此样态"无定"所反映的,也不主要是"道"的抽象性,而是对万物的包容"无限"。正如上引文所示,"忽兮恍兮""恍兮忽兮""窈兮冥兮"描述的,就是"道"的"其中有象""其中有物""其中有精""其中有信"的包容性。这种包容性,也可说是"道"作为"有状混成"的"状","大象无形"的"象",包容了一切可能的"状"和"象"。

因此关于"道"的特征之"无",除了有样态上的"无定"之"无",更有应有包容性的"无限"之"无"。而且,也只有包容"无限",才会

---

① 参见裘锡圭:《裘锡圭学术文集 2·简牍帛书卷》,复旦大学出版社 2015 年版,第 298 页。

有样态"无定"。正如"大象无形",就是作为包容一切形象的"象",不呈现特定的形状;再如"大方无隅"(第41章)"大制不(无)割"(第28章),这类"大X无Y"形式的语句,都能如此解释。因此最终的,第25章以"大"称"道",就其"功之表"来说,不是一般性的称颂,而是在称颂"道"对万物的"无限"包容。① 这种"无限"包容,如果看作一种"无"的话,并非作为实体的"道"本身,而是作为属性的"道"之"德"。如所谓"孔德之容,唯道是从"(第21章),"孔德"即"大德","容"则取包容义,即"有容德乃大"(《尚书·君陈》)之"容"。② 因此老子以"大"称"道"的实质,就是以"容德"附属于"道"。笔者亦曾指出③,此一"容德"涉及三个层次,即:

1. "道"潜藏了万物的一切可能。
2. "道"总揽了万物的一切生成。
3. "道"保全了万物的一切价值。

最后一点最为重要。且正就此点来说,"道"之"容德"表现为"无",又应进一步解释为"无名"之"无"。因为从第34章说的"常无欲,可名为小;万物归焉,而不为主,可名为大"来看,"道"以"小"角色自居——这种默默"无名"的姿态——表现的就是对万物在价值上的无限包容(故曰"大")。可见,"无名"正是"道"之"德"能被说成

---

① 参见李巍:《道德经》中的'大'"。
② 于省吾以"容庸古字通。……孔德之庸,惟道是从。言大德之用,惟道是从也。河上公以容为容受之容,与下句惟道是从,义不相贯矣"(于省吾:《双剑誃诸子新证》(下),中华书局2009年版,第1212页)。但参照上引《尚书·君陈》语,可知河上公本的解释是正确的,以"容德"归属于"道"即"惟道是从",并非"义不相贯"。
③ 参见李巍:《道德经》中的'大'"。

一种"无"的重要意味。

但要证成这一点,需要关注两个对应:一是早期中国思想中"名"与"德"的对应,另一是《老子》道经首章之"名"与德经首章之"德"的对应。先说名德相应,这是先秦名思想中比名实相应更古老也更重要的观念。名实相应是针对指称之"名"来说,名德相应则是对指导之"名"来说。如三代信仰中有"玄德升闻,乃命以位"(《尚书·舜典》)的说法,"位"即名位,而能否得"位"或得"名",就取决于当事人的"德",故《礼记·中庸》亦有"大德必得其位""必得其名"的说法。此种"名""德"相应的观念,在《老子》书中也能看到,尤其是道经首章对"名"的论述与德经首章对"德"的论述,就存在某种对应关系。① 这里,主要就前者所谓"无名"与后者所谓"不德"来谈。德经首章说:

> 上德不德,是以有德。下德不失德,是以无德。上德无为而无以为。上仁为之而无以为。上义为之而有以为。上礼为之而莫之应,则攘臂而扔之。

"上德不德,是以有德",意谓"上德"者(即"道")不以世俗德行为"德",因此有真正的"德"。故所谓"不德",就是对世俗德行的否定,即将之判为"下德"。所以如此看,大概正因为通常被肯定的道德影响力,在老子眼中却是负面的掌控力量。比如"仁"的感化,这已经是一种掌控,只是比较微弱,即推崇仁爱的人("上仁")只要自身践行("为之")而别无他求("无以为"),就能使"天下归仁"(《论语·颜渊》);"义"的掌控则变强,不再是感化,而是教化,即推崇义

---

① 参见李巍:"'名''德'相应:《老子》道经首章的新解读"。

道的人("上义")不仅自身遵守("为之"),还有推之天下即所谓"君子之仕也,行其义也"(《论语·微子》)的责任感("有以为");最后,"礼"的掌控最强,所谓"非礼勿视,非礼勿听,非礼勿言,非礼勿动"(《论语·颜渊》),已经是一种约束。但约束越强、抵触越大,这就叫"上礼为之而莫之应"。可见,老子将"仁""义""礼"判为"下德",就是在越掌控、越难治的意义上说。因此所谓"不德",就是否定具有掌控作用的世俗之"德"。

那么,如何理解德经首章"不德"与道经首章"无名"的关系呢?关键要知道,"德"的影响正是以"名"为载体实现的,如孔子所谓"君子之德风,小人之德草,草上之风,必偃"(《论语·颜渊》),这个"君子"不只是有德者,更是有位者。因而"德"的风化,正是建立在"名"(名位)的基础上;又如《左传·襄公二十四年》记郑子产与范宣子书言"令名,德之舆也,……思以明德,则令名载而行之",是把"名"(名声)比喻为"德"之车,则所谓德治,就是"名"的传播有多远,"德"的影响就有多大。但正因为这种世俗肯定的道德影响力,在老子眼中是一种负面的掌控力量,则否定世俗推崇的"德",势必要放弃世俗尊奉的"名",这就呈现了"不德"与"无名"的逻辑对应。由此,"道"之"德"能被视为一种"无",就是"上德不德"(否定世俗德行)所反映的"无名"(放弃世俗名位、功名)的姿态。当然,除了"上德不德","生而不有,为而不恃,长而不宰,是谓玄德"(第10、51章)也是老子对"道"之"德"的描述。如果将"玄德"之"不有""不恃""不宰"看作"上德不德"的具体表现,自然也能与"无名"构成对应。是故可以说,"无名"正是对"不德"或"不有""不恃""不宰"这些"不X"表达的名词性概括。

但除了"无名","无为"也是这样一种名词性概括。因为德经首章中,"上德不德"又被表述成"上德无为",则与"不德"对应的

"无名"亦可替换成"无为"。而"无名"与"无为",就其都与"上德"相关来说,正是互为表里的一对表达,即不取世俗尊奉的名位、功名("无名"),就是不对人民庶物有掌控的作为("无为")。故正如第32章讲"道常无名",第37章则讲"道常无为",后者帛书本又写作"道恒无名"。论者对此莫衷一是,其实没有看到,"无名""无为"非但没有本质差别,反而在"交换使用"中呈现了含义的同构。① 而从前引司马谈所谓"道家无为,……复反(返)无名"以及《庄子·则阳》说的"道不私,故无名,无名故无为"来看,也能发现"无名"与"无为"的含义同构。因此,"道"之"德"作为一种"无",除了能说是"无名"之"无",也应说是"无为"之"无"。不过,德经首章谈"无为",不只是没有掌控的作为,更是没有掌控的意愿,是谓"无为而无以为"。这个"无以为",就是老子所谓"无欲"的同义语。如前引道经首章和第34章所示,由"道"的"常无欲"而"观其眇",就是看到它"可名于小"的谦卑姿态,所以"无欲"不是一般意义的清心寡欲,而是没有掌控欲。在这个意义上,"道"的属性之"无"又能界定为"无欲"(或"无以为")之"无"。

说到这里,应能对"无"概念在老子思想中如何"出场",有了些许体会。基于"无"指"德"(属性)而非"道"(实体)的判断,可知

---

① 以第37章作"无为"或"亡为"读的论者,理由之一是今本第32章已言"道常无名",已经"突出道的'无名'特性",则"此章不应与之完全重复"。参见古棣、周英:《老子通·上部·老子校诂》,吉林人民出版社1991年版,第112页。这显然默认了"无名"与"无为"不同,所以按"无为"看才能避免重复。但强调应作"无名"的论者,也同样默认二者不同,只是认为此章要讲的是"无名之道",而非"无为无不为"。参见李水海:《帛书老子校笺译评》(下册),陕西人民出版社2014年版,第928页。要之,以往论者将"无名""无为"当作不同概念,正因为将"无名"理解为"没有名称"。但依据前述,"无名"实为无名位、无名号,以小角色自居的姿态。则以之描述"道"的特征,就是要表现"道"对万物没有任何干涉,这也就是"无为"的意思。

"无"概念的提炼,必须从"上德不德"或"玄德"之"不有""不恃""不宰"出发,将这些动词性表达转化为名词性的"无名""无欲"或"无为而无以为"。至于"无",就是对这些名词性表达的进一步概括,即:

1. 不X:不德、不有、不恃、不宰。
2. 无X:无名、无欲、无为而无以为。
3. 无。

但是,"无"并非只是一个语法缩略词,毋宁说它是老子对"道"之"德"的非掌控特征("无为""无以为"或"无名""无欲")给出的一个纲领性表述。

三、"无"与"有"

由上可知,作为抽象解释前提的"道"是"无",并非直观上的那么合理。现在要说的是,支撑这种解释的重要依据,即第40章的"有生于无",也不必定看作生成论的命题。因为考虑到"无"概念的提炼,很可能是从动词性的"不X"出发(进而转化为名词性的"无X",再到"无")。那么对"有生于无"的解释,首先就能理解为"上德不德,是以有德",即"上德"之"有德"是出于其"不德",亦即"道"成就万物的功德("有德"),是出于不掌控万物的姿态("不德")。此外,因为"玄德"也是对"道"之"德"的描述,则"有德"出于"不德",也能说是"道"使万物"生""为""长"的功德,是出于"不有""不恃""不宰"的姿态。但不管怎么说,"生"不必定解释为生成,而能看作因果上的引发、导致,如"唯逆生祸,唯顺生福"(中山王方壶)

之"生"。

进而,注意到"无"概念的提炼是从动词表达"不 X"走到名词表达"无 X",则将"有生于无"解释为"道"的"有 X"("有德"或"生""为""长")出于"不 X"("不德"或"不有""不恃""不宰"),又能进一步解释为"有 X"出于"无 X"。比如"有名"出于"无名"。以道经首章为例,这两者正可说是"常名"的特征。"常名"不同于世俗尊奉的"名",后者是被"命与"或敕封("可名"或"可命"①)的名位、功名。② 但因为"官无常贵,而民无终贱"(《墨子·尚贤上》),自然不能恒久不失。那么,"常名"作为恒久的名位、功名,必定区别于一切世俗生活中的"可名(命)"之"名",是只有"道"才享有的终极的"名"。但正因为"道"有"常名"不是占有任何世俗之"名",则以世俗标准衡量,"常名"反而是默默"无名"。可老子的观点是,断不能轻视这貌似"无名"的"小"角色("道"),因为它才是真正的"万物之始";并正因为居于"万物之始",所能充当"万物之母"。由此谈及"有名",就是把"道"有"常名"界定为具有作为"万物之母"的名位、功名。可见,"无名""有名"正是对"常名"的两种描述,"无名"是将"常名"区别于一切世俗之"名"(即"道"有"常名",不是具有任何世俗名位、功名,故曰"无名"),"有名"则是说这超越世俗标准的"常名"是什么(即作为万物之母亲、母体的名位、功名)。

---

① 传世本的"名可名",北大简作"名可命",相关差异参见曹峰:《老子》首章与'名'相关问题的重新审视——以北大汉简《老子》的问世为契机,《哲学研究》2011年第4期。

② 《左传·文公十八年》"公命与之邑",《公羊传·襄公二十九年》"先君之命与","命与"即敕封、赐予。《老子》第51章"莫之命"的"命",帛书作"爵",就是此义。

如此看，"无名""有名"不是先后关系，也非并列关系①，只能是因果关系，即正因为"道"不取任何世俗"命与"的非恒久之"名"（"无名"），所以能具有真正恒久的"名"（"有名"或"有常名"）。是故可以设想，因为"无名"所以"有名"，就是"有生于无"的意谓之一。不过，主张"无名""有名"是因果关系，只是基于道经首章的推论，是否还有更充分的依据呢？这要再回到前述"名""德"相应的问题上。那就是，如果将道经首章的"道"之"常名"对应于德经首章的"道"之"上德"（第 28 章则称"常德"），则可知，"常名"的两种特征即"无名""有名"正对应于"上德"的两种特征即"不德""有德"：

表1："常名"与"上德"的对应关系

"常名"（道之名）	"上德"（道之德）
"无名"（没有世俗之"名"）	"不德"（否定世俗之"德"）
"有名"（具有真正的"名"）	"有德"（具有真正的"德"）

按"上德不德，是以有德"，"是以"二字正表明"不德""有德"是一因果关系，则与之对应的"无名""有名"也该如是，即也可说"常名无名，是以有名"。正如第 32 章所示：

道常无名。朴虽小，天下莫能臣也。侯王若能守之，万物将

---

① 作先后关系理解，古注已然，近人蒋锡昌则明确强调"'无名''有名'纯以宇宙演进之时期言"。参见蒋锡昌：《老子校诂》，商务印书馆 1937 年版，第 5 页。但老子明言"道常无名"，则"无名"并非某个阶段。刘笑敢有见于此，遂提出并列关系说，认为道经首章"无名""有名"云云，"讲的是道的'无名''有名'两个并列方面，即是说道作为万物之'之始''之母'既有'无名'的特点，又有'有名'的特点"。参见刘笑敢："简帛本《老子》的思想与学术价值——以北大汉简为契机的新考察"，《国学学刊》2014 年第 2 期。但所谓"并列"实在是太宽泛的说法，一是并列者不必定具有关系；另一是，即便构成并列关系，也不意味并列者没有表现上的先后。

自宾。天地相合,以降甘露,民莫之令而自均。始制有名,名亦既有,夫亦将知止,知止所以不殆。

前文论及,"道"之"无名"有两层意思,一是姿态上的"小"而"无名"(无名位、无功名),一是功德上的"大"而"无名"。此处要强调的,是这两层意思也构成因果关系,如第 34 章的"以其终不自为大,故能成其大",就是指以"小"而"无名"的姿态("不自为大")成就"大"而"无名"的功德。由此再看上引"始制有名"一语,其实就是"大"而"无名"的另一表达,即"道"的无以称颂的大功德,就是令万物各得名位、各成功名。而令万物"有名",也正是"道"作为"万物之母"的"有名"的表现。但不论何种"有名",就其都是出于"道"以"小"自居的"无名"姿态来说,正可见"无名""有名"的因果关系。而此关系能用"有生于无"表示,又因为上引文明言"名亦既有",则"无名"即"无"。

顺藤摸瓜,既然能用"有名"出于"无名"解释"有生于无",自然也能用道经首章的"有欲""无欲"来解释。因为正如前述,"无名"或不取世俗的名位、功名,这种以"小"自居的姿态反映的就是"道"恒常没有掌控万物的欲求("常无欲,以观其眇");而"有名",无论是"道"具有作为"万物之母"的"常名",还是令万物各得其所的"始制有名",反映的就是"道"恒常只有成就万物的欲求("常有欲,以观其徼/所徼")。是故,只要"无名""有名"构成因果关系,"无欲""有欲"亦必然如此,即正因为"道"恒常没有掌控万物的欲求,所以恒常只有成就万物的欲求。不过,也有人认为老子是主张"无欲"否定"有欲"的。① 但实际上,老子所谓"无欲",尤其对"道"来说,不

---

① 参见王安石:《王安石老子注辑佚会钞》,罗家湘辑校,华东师范大学出版社 2013 年版,第 17 页;陈鼓应:《老子注译及评介》,第 59 页。

是没有任何欲求,而是没有过分的欲求。① 如前引之"始制有名,名亦既有,夫亦将知止","知止"所强调的就是"道"只要万物各得其所("始制有名"),却绝不会从成就万物走向掌控万物。这也就是"玄德"所表现的"道"对万物的"生""为""长",始终只在"不有""不恃""不宰"的限度内。因此从"知止"来看,"道"对万物的"常无欲",恰恰揭示出一种至诚至公的"常有欲"。因而,"有生于无"也能进一步解释为"有欲"生于"无欲"。

最后,因为已经指出道经首章的"无名""无欲",正是德经首章"无为而无以为"的同义语,则"有生于无"亦能解释为"道"对万物的"有为"是出于"无为而无以为"。后者也就是老子通常说的"无为",只是德经首章的复杂表述,揭示了这种"无为"既针对行动、也针对动机。至于前者,即出乎"无为"的"有为",并不是老子通常批判的"有为",如"为者败之,执者失之"(第29章)的"为"或"不知常,妄作凶"(第16章)的"妄作",而是"无为"在结果或效果上的"有为",亦即"道常无为而无不为"(第37章)的"无不为"。不过,第37章的"无不为"并不见于帛书和郭店楚简,所以有论者认为它并非老子的主张,而是出于黄老或庄子学派的添加。② 但问题是,正如今本第3章的"为无为,则无不治"(帛书作"弗为而已,则无不治矣",北大简作"弗为,则无不治矣"),第48章的"无为而无不为"(郭店楚简作"亡为而亡不为"),虽然是针对"圣人"与"为道者"来

---

① 吕惠卿所谓"方其无欲也,……可名于小矣。方其有欲也,则万物并作而芸芸,……故曰万物皆往归焉而不为主,可名于大矣"(吕惠卿:《老子吕惠卿注》,张钰翰点校,华东师范大学出版社2015年版,第2页),正是把"常有欲"看作"道"成就万物的欲求,故老子绝非一概否定"有欲",古人已有见之。

② 参见高明:《帛书老子校注》,中华书局1996年版,第425页;郑良树:《老子新论》,上海古籍出版社2011年版,第154—155页;李水海:《帛书老子校笺译评》(下册),第927—928页。

说,却足以证明老子谈及了作为"无为"之效果的"有为"。并且,如果"圣人"与"为道者"的"无为"会有"无不治""无不为"的效果,他们所依循的"道"岂不更应如此?所以,虽然第37章"道常无为"后的"无不为"可能来自后加,却并不违背老学宗旨。因此将"有生于无"解释为"道"之"有为"出于"无为",原则上没有问题,只是必须限定这"有为"乃是"无为"在结果或效果上的"为"。而此意义的"有为"一定是非掌控的,因为它所从出的"无为"正是对掌控行为及其动机的双重否定("无为而无以为")。

由上述可见,从"无"是"德"(特性)而非"道"(实体)的前提出发,不必定把"有生于无"看作生成论的命题,而能说是老子对"道"以不掌控的方式来成就万物的概括,即:

有德	出于	不德
生、为、长	出于	不有、不恃、不宰
有 X	出于	不 X
↓		
有名	出于	无名
有欲	出于	无欲
有为(无不为)	出于	无为(而无以为)
有 X	出于	无 X
↓		
有	生于	无

但如此解释"有生于无",又该如何解释老子紧接着说的"天下万物生于有"呢?坚持抽象解释的论者[①],不仅是将"无"解释为"道",也将"有"解释为"道",即"有生于无"是无形之"道"转化为有形之"道",继而说"天下万物生于有",就是生于这有形之"道"。而此过

---

① 参见陈鼓应:《老子注译及评介》,第226、235—236页;刘笑敢:《老子古今》(上),第419—420、439页。

程,亦被类比于第42章的"道生一,一生二,二生三,三生万物"来理解。但是,如果"无"是"德"而非"道",也就能相应地将"有"区别于"道",即不再解释为有形之"道",而是理解为"道"之"有德""有名"("名亦既有")、"有欲"和"有为"("无不为")。这样看,"天下万物生于有"同样不是讲生成,而是指"道"以"有"的方式成就万物。但这种"有"绝非掌控性的"有",相反正是以"不有""不恃""不宰""不德"或"无名""无欲""无为"而"有",这就叫"有生于无"。

四、"无"与"侯王"

再回到"无"的抽象解释上,可以说,认为老子有见于作为生成根源的实体性的"无",不仅前提未稳,依据也不十分牢靠。故正如本文最初提及的,应该把解释老子"无"观念的重心从生成问题转到价值问题上,即指出老子最关注的不是生成之"无",而是指导之"无"。后者主要是对当权者来说,即老子论"道"的主要目的,就是期盼"侯王若能守之,万物将自宾"(第32章)。"守之"的关键,无疑就是遵循"道"之"德",即效法"上德无为而无以为",以同样"无"的方式治理百姓。正如第57章所示,这一方面就是与"上德无为"相应的对当权者在行动上要求的"我无为""我无事",另一方面是与"无以为"相应的在动机上要求的"我好静""我无欲"。可见老子论"无",不仅有作为"道"之德行的"无"("无为而无以为"或"无名""无欲"),也有作为"侯王"德行的"无"("我无为""我无欲")。因此,贯彻"无"的指导,也就是将"道"之"无"落实为"侯王"之"无"。怎样落实呢?老子说的"为无为,事无事"(第63章)以及"欲不欲,……学不学,……以辅万物之自然而不敢为"(第64章),正透露出"侯王"之"无"的实现,还是以否定掌控行为及欲求为中心。

因此,老子也强调"为学日益,为道日损,损之又损(之)①,以至于无为"(第48章)。从先秦"阴阳、儒、墨、名、法、道德,此务为治者也"(《史记·太史公自序》)的基本倾向看,"为学日益"但"为道日损"的,应该就是对人民庶物有所掌控的行动和欲求。而这,又主要是减损对名利的占有,故说:

> 名与身孰亲?身与货孰多?得与亡孰病?是故甚爱必大费,多藏必厚亡。知足不辱,知止不殆,可以长久。(第44章)

这里,"知止"不再只是前述"道"对万物只成就但不掌控的态度(即"常无欲"),更是对侯王的一种要求,即效法"道"之"无",首先是减损名利心。但又不同于儒家"养心莫善于寡欲"(《孟子·尽心下》)的修养功夫,而是基于"甚爱必大费,多藏必厚亡"的利害权衡。因此对"道"之"无"的效法,目标就被设定为避免侮辱与危险,以求"可以长久"。而从下文看,老子最关心的就是政权的"长久",即所谓:

> 治人事天莫若啬。夫唯啬,是谓早服;早服谓之重积德;重积德则无不克;无不克则莫知其极;莫知其极,可以有国;有国之母,可以长久;是谓深根固柢,长生久视之道。(第59章)

对"侯王"的"治人事天"提出"啬"的要求,正是以"有国之母,可以

---

① 曹峰特别强调"损之又损",按北大简作"损之又损之"讲,更为清楚。"损"即减损功夫,"之"则是"损"的对象,指代"为学日益"的东西,如"仁""义""礼"。参见曹峰:"'玄之又玄之'和'损之又损之'——北大汉简《老子》研究的一个问题",《中国哲学史》2013年第3期。

长久"为目标。但"啬"不是一般意义的"爱惜"(《老子河上公章句·守道》),也不是心术上讲的"爱其精神,啬其智识"(《韩非子·解老》),而仍应从"为道日损"的角度理解,就是把掌控人民庶物的行动与欲求降到最低。由此引出"重积德"的建议,就是让当权者重视和积蓄"道"所体现的"无"之"德"。这说明,"无"的指导主要是对政权如何"长久"的指导。

值得注意的是,如何"长久",恰恰也是周人最关心的问题,正如周公对成王的告诫:

> 我不可不监于有夏,亦不可不监于有殷。我不敢知曰,有夏服天命,惟有历年;我不敢知曰,不其延。惟不敬厥德,乃早坠厥命。我不敢知曰,有殷受天命,惟有历年;我不敢知曰,不其延。惟不敬厥德,乃早坠厥命。今王嗣受厥命,我亦惟兹二国命,嗣若功。……上下勤恤,其曰我受天命,丕若有夏历年,式勿替有殷历年,欲王以小民受天永命。(《尚书·召诰》)

周人忧患天命,核心就是"历年"。若老子"居周久之,见周之衰,乃遂去"(《史记·老子韩非列传》),则其崇尚"长久",必与周人相关。不仅如此,周人"祈天永命"靠的是"德"("疾敬德");老子论述"有国之母,可以长久",也是讲"德"("重积德")。因之,理解老子以"无"论"德"的用意,必须参考周人的观念。而其核心,就是双方对"德"的不同理解。① 如前述,早期中国将"德"看作"得其名""得其

---

① 对此,郑开已就周人重"明德"与老子重"玄德"展开对比,可参见郑开:"玄德论——关于老子政治哲学和伦理学的解读与阐释",《商丘师范学院学报》2013年第1期。

位"的根据,是能对天下人产生正面影响的东西,在老子眼中却是负面的掌控性因素。在德经首章中,这看似是针对儒家来说,但儒家相信"德"的影响力("仁"的感化、"义"的教化和"礼"的约束),尤其是强调"为政以德"(《论语·为政》),根源就在周人的"疾敬德"。而勤政有为,正是"疾敬德"的题中应有之义,如所谓:

> 勤用明德。(《尚书·梓材》)
> 夙夜罔或不勤,不矜细行,终累大德。(《尚书·旅獒》)
> 惟公德明光于上下,勤施于四方,……文武勤教,予冲子夙夜毖祀。(《尚书·洛诰》)

对"勤"的倡导,最能表现周人所"敬"的是一种大有为之"德"。

但在老子看来,勤政有为之"德"却明显是被当作掌控人民庶物的"下德"。而这,不仅是对周人的挑战,也是对常识的挑战。因为不仅是在周人眼中,就是一般看来,越要维系政权的"长久",就越应该"夙夜罔或不勤",哪还有无为无事反得"受天永命"的道理呢?那么,老子的依据又是什么呢?按以下论述:

> 强梁者不得其死,吾将以为教父。(第42章)
> 人之生也柔弱,其死也坚强。万物草木之生也柔脆,其死也枯槁。故坚强者死之徒,柔弱者生之徒。是以兵强则不胜,木强则共。强大处下,柔弱处上。(第76章)
> 天下莫柔弱于水,而攻坚强者莫之能胜,其无以易之。弱之胜强,柔之胜刚,天下莫不知,莫能行。是以圣人云:受国之垢,是谓社稷主;受国不祥,是谓天下王。正言若反。(第78章)

据此,如果说强硬者死、柔弱者生是自然与人间的基本定则,则老子从周人"勤用明德"的大有为之治中,看到的就是"强"而不"久"的危险。正如第 57 章的"天下多忌讳,而民弥贫;……法令滋彰,盗贼多有",就是以强力的掌控与禁止越多,造成的麻烦和危险也越大。这与德经首章强调的从"仁"治到"礼"治,掌控越强、抵触越大的逻辑完全一致。不过,老子所谓"守柔曰强"(第 52 章)或"柔弱胜刚强"(第 36 章),并不是对"柔弱"的过分夸张,即并不是真的主张弱能胜强,而毋宁说他眼中有待"守柔"的人本身并不"柔弱",反倒可能是现实生活中能影响人民庶物的权力阶层。因此,"守柔"或崇尚"柔弱",实际是让强者懂得示弱,以维系"长生久视"的建议。而这,很可能是针对周人来说的。

当然,不能说周人的"德"治完全就是"刚强"之治。如《尚书·洪范》所见:

三德:一曰正直,二曰刚克,三曰柔克。平康,正直;强弗友,刚克;燮友,柔克;沉潜,刚克;高明,柔克。惟辟作福,惟辟作威,惟辟玉食。臣无有作福、作威、玉食。臣之有作福、作威、玉食,其害于而家,凶于而国。人用侧颇僻,民用僭忒。

上论为政"三德",是周人对殷商治理经验的继承与总结。其中,除了对有德者是以"正直"的方式对待外,对多数人的统治则或刚或柔。这包括,对政治盟友或地位高的人,要以"柔克"待之;对不服从和地位低的人,则以"刚克"制之。但在西周统治者眼中,说是要以"柔克"待之的"燮友"和"高明"之人,在维系君主权威的根本方面,仍是需要"刚克"的对象。如铭文所记成王告诫臣下不可享乐,要朝夕勤政的命辞,"汝勿伪余,乃辟一人""刑禀于文王政德,若文王令二三正""敬雝德,……畏天威"(西周大盂鼎),这种居高临下的威吓口气,堪称"惟辟作福,惟辟作威,惟辟玉食。臣无有作福、作威、玉食"的生动写照。可见周人的为政"三德",实以"刚克"为本,仍如铭文所记:

> 㲀圉(刚强威武)武王,遹征四方。……害圣成王,左右𣪘毅,剛(刚强)𩏼(强御)用譬(开始)勲(治理)周邦。(史墙盘)

这正是把"刚克"看作周先王的立国之本。而标榜先王"剛𩏼用譬勲周邦",固然与周政权伐东夷、征鬼方的紧迫任务有关,但与其说是战时的权宜之计,不如说是周人的一贯诉求,即常态政治生活也离不开刚硬权威,亦即"建用皇极"时要求的"无偏无陂,遵王之义;无有作好,遵王之道;无有作恶,尊王之路"(《尚书·洪范》)。

从以上背景看,老子倡导"柔""弱",可能就是出于对周人重"剛"但"刚克"不能"长久"的反思。此时,作为概念的"无"被提炼出来就绝非偶然,因为正如前述,它实际上是老子对"道"之"德"所呈现的非掌控特征("无名""无欲""无为而无以为")的纲领性表述。因此,让当权者以"守柔""示弱"的方式"长生久视",就是在遵循"无"的指导。这种指导性的"无",才是老子论"无"的核心,亦即"无"首先是"德"的同位语,是指向行动的规范概念。至于把"无"等同于"道",用以表示抽象的生成根源,这主要是老子之后才被引入道家思想的说理方式。比如:

> 夫道者,惟无所有者也;有之为有,恃无以生。(何晏:《道论》《无名论》)
>
> 天下之物,皆以有为生。有之所始,以无为本。(王弼:

《老子注》第40章）

魏晋道家的这些论述，就是把"无"视为"道"的同位语；而以"无"论"道"的目的，就是用生成性的"无"来表现根源性的"道"。但是，正如前述所见，这并不是《老子》本文中显著呈现的内容。因此传统关于"无"的抽象解释，可能存在的问题就是过度夸大了"无"的生成义，反倒弱化甚至掩盖了更重要的指导义。

第三章　立场问题与齐物主旨
——庄子的"因是"说

《庄子·齐物论》屡言"因是",这个现象不仅没有引起关注,甚至在不少人眼中,"因是"几乎算不上是一个概念,而仅为便利行文的语法缩略词①,它除了在不同语境中有不同意思,如"因自然而是"②、"因夫是非"③、"随从实在"④、"依循其理论系统"⑤等,其自身只能空洞地表示"因焉者也"⑥或"任之而已"⑦。很明显,这种见解完全取消了将"因是"作为问题研究的可能性,更别说由此触及庄子思想的深邃幽微之处了。

然细读《庄子·齐物论》围绕"因是"的讲话,可知它非但不是空洞的语法辞令,还应被视为该篇的基本主张,承载着庄子对各种观点、言论背后之立场的思考。而他所以重视立场问题,则正是为了对战国以降学派论战(尤其儒墨辩难)日益激化的局面作出回应,以彻底避免争议的发生。故相对于论辩者的具体主张,庄子更

---

① 王叔岷:《庄子校诠》(上册),台湾"中央研究院"历史语言研究所1988年版,第60页。
② 蒋锡昌:《庄子哲学》,上海书店出版社1992年版,第130页。
③ 钟泰:《庄子发微》,上海古籍出版社1988年版,第39页。
④ 吴光明:《庄子》,东大图书股份有限公司1992年版,第196页。
⑤ 高柏园:《庄子内七篇思想研究》,文津出版社1992年版,第91页。
⑥ 王夫之:《庄子解》,中华书局1964年版,第18页。
⑦ 张默生:《庄子新释》,新世界出版社2007年版,第69页。

关注他们因循的立场。所谓"因是",即主张一切观点、言论皆为因循特定立场的产物。具体言之,则包含三个层次:首先是主张立场的限定不可摆脱,此即"因是"的必然义;进而是主张立场的选择不是唯一,此即"因是"之多元义;最后则是主张立场的封界并非绝对,此即"因是"之开放义。《庄子·齐物论》中,这三义环环相扣,构成一种立场理论。其宗旨,是通过反思"人有立场"这个普遍事态,来揭示争议的根源与应对的办法;其实质,则是以道论("以道观之")的观点化解物论("以物观之")的分歧,表明最理想的"因是"即因循于"道"。

可见,以往被忽视的庄子"因是"说,内里其实大有文章。通过研究,更能看到它除了关涉《庄子·齐物论》的许多具体论述,更是统摄该篇各项议题的基本主旨。这样说,虽然并不符合《庄子·齐物论》主旨是"齐"的传统印象,但绝非标新立异。因为从某种意义看,"齐"的思想就是以解决立场纠纷为鹄的,并能从"因是"的立场理论中引申出来。而鉴于"齐"这个表达及相关表达均不见于《庄子·齐物论》正文,"因是"说很可能就是被名为"齐"的思想中最切近庄子心灵的内容,也就是对"立场问题"的思考。

一、"是"与立场

现在,就让我们具体探讨庄子论"因是"的立场理论,并从对"是"的理解谈起。为什么呢?因为人们将"因是"简单地处理为一个语法辞令,以至看不到庄子还有对立场问题的思考,很大程度上就在于仅从语法角度来理解"是",尤其是将之等同于另一个古汉语代词——"此"。比如,《庄子·齐物论》在最初谈及"因是"的段落中提出"彼是方生之说"。在不少人看来,那不过就是"彼[此]方生之说",是一个宣称平级事物(彼个体、此个体)相对成立的主张。① 但事实上,这种将"是"等同"此",遂视为语法代词的处理,很值得商榷。因为现代哲学的发展已经表明,仅从语法角度来理解语言是不够的,因为这仅涉及语言项目之间的关系(比如一个表达式指代另一个表达式),而更重要的是语义,即语言和它所表达的东西——当然是非语言项目——之间的关系(比如一个表达式指称一个事物)。因此,"是"与"此"在语法上相同,并不意味它们在语义上也相同。也就是说,两者作为代词,虽然能"指代"相同类型的表达(语言项目),但作为指示词,却未必能"指称"相同类型的事物(非语言项目)。

这一点,考诸古汉语的一般情况就能明了。在古汉语中,常见以"此"指称具体个体的例子,如"匹夫无罪,怀璧其罪,吾焉用此"(《左传·桓公十年》)或"饮此则有后于鲁国"(《左传·庄公三十二年》),这些"此"就相当于今天说的"这个",表个体。"是"则不然,如下例:

> 维叶莫莫,是刈是濩。(《诗经·葛覃》)
> 淑人君子,正是国人。(《诗经·鸤鸠》)
> 若弃德不让,是废先君之举也。(《左传·隐公三年》)
> 今男女同贽,是无别也。(《左传·庄公二十四年》)
> 陨石于宋五,是月,六鹢退飞过宋都。(《左传·僖公十六年》)

---

① 参见张默生:《庄子新释》,第70页;劳思光:《新编中国哲学史》(一卷),广西师范大学出版社2005年版,第20页;刘笑敢:《庄子哲学及其演变》,中国社会科学出版社1987年版,第188页。

> 今之孝者,是谓能养。……不知为不知,是知也。(《论语·为政》)
>
> 富与贵,是人之所欲也。(《论语·里仁》)

这些"是"指称了状态("维叶莫莫""富与贵")、情况("陨石于宋五""男女同赘")、类别("淑人君子""今之孝者")、品行("弃德不让""不知为不知"),却并不指称个体。而状态、情况、种类、品行等,也就是事物的性质。所以,如果说"此"代表着事物作为"这个"(this)的个体意义,就应说"是"代表着事物表现为"这样"(such)的性质意义。① 那么,表性质还是表个体,就能看作"是"与"此"在语义上的差别所在。

因此,单从语法上肯定"是"即"此",大概是不当的。而忽视二者的语义差别,更会给解释庄子造成不必要的困扰。因为《庄子·齐物论》在提出"彼是方生之说"后,马上说"彼亦一是非,此亦一是非",已经明确提及"彼"与"此"的对待。那么,如果认为"是"即"此",那庄子时言"彼是",时言"彼此",就是用语随意的表现;再者,该句还提及了"是非"对待,若将"彼是"之"是"等同于"此",则显然与"是非"之"是"不同,这又是用语歧义的表现。人们或许认为,庄子其人"卮言日出"(《庄子·寓言》),不必对其用语的随意和歧义大惊小怪。但二者同时表现在短短一段话中,是否太过巧合呢?恐怕并非庄子之失,而是研究者尚未提供合理解释,既能将"彼是"与"彼此"区分开(不至认为文献用语随意),又能使"是非"之"是"与"彼是"之"是"相一致(不至认为文献用语歧义)。要提供

---

① 在先秦,表性质的"是",也就是一事物的"寔"或"实"。参见 E. G. 蒲立本:《古汉语语法纲要》,孙景涛译,语文出版社 2006 年版,第 100 页。

这种解释,必须注意上述"是"与"此"在古汉语中的语义差别。既然"是"表性质或内涵,非表个体或外延,就可知"彼是"非"彼此",不是个体之对待(如彼马对此马),而是个体与性质或外延与内涵的对待(如某白马之于白性、之于马类)。以此看,庄子既言"彼是",又言"彼此",绝非用语随意的表现。并且,以"彼是"的"是"表内涵,也能与"是非"之"是"相一致,因为"是非"主要就是两种相反内涵的对待,故又可知庄子的用语没有歧义。

但准确说来,庄子言"是"与古汉语的一般情形还有不同,他不单以"是"指事物的性质或内涵,更以之表示某种性质或内涵得以被把握的根源。如《庄子·齐物论》所谓:"夫随其成心而师之,谁独且无师乎? 奚必知代而心自取者有之? 愚者与有焉。未成乎心而有是非,是今日适越而昔至也。"这里,庄子谈论"是非"——也即彼此相反的"是"——其重点并不在某种性质或内涵本身,而是"有是非"的根源,即"成心"。按陈汉生(Chad Hansen)所说,"成心"相当于解释学意义的偏见(prejudice),也就是人们在从事观察与言说前已先行具有的立场。① 倘此说不误,则文献强调"是非"出乎"成心",就意味着对特定的人、事、物之情状(即性质或内涵)的判定,取决于判断者已有的立场。因之,人们主张某种"是",或主张相反的"是"(即"非"),就不仅是在描述客体的性质或内涵,更是在表达主体的立场。正如比对《庄子·齐物论》说的"非彼无我,非我无所取"和"彼出于是,是亦因彼",就能清楚看到与"彼"相对的"是"属于"我"的范畴,故指称着观察或言说"彼"之情状的立场。那么,再来看"彼是方生之说",就可知它不是在讲"彼此"个体的关系,也不

---

① Chad Hansen, *A Daoist Theory of Chinese Thought: A Philosophical Interpretation*, Oxford:Oxford University Press, 1992, pp. 275 – 276.

主要涉及个体与性质（或外延与内涵）的关系，而是描述主客关系的"彼我方生之说"，即主张事物（"彼"）的情状和人们据以把握事物的立场（"是"/"我"）相互依存、密不可分（"方生"）。

以此，不难肯定庄子眼中的一切对象性把握都是因循特定立场的产物，故"因是"绝非空洞的语法辞令，而是关涉立场问题的哲学主张。持此主张，已然表明庄子对立场问题的重视，正如陈汉生说："庄子的风格显示了他作为最初之视角哲学家的身份，想象出的对话舞台使他免于作出任何超视角的结论。"① 这实际是把强调"视角"（perspective）或立场的限定，看作庄子哲学的一项宗旨。但遗憾的是，陈汉生对此宗旨的阐述始终未能扣住"因是"来谈，这说明他虽然有见于立场问题的重要，却仍未见"因是"即庄子反思立场问题的基本主张。相比之下，池田知久似乎更能切中要害，他认为"因是"就是"在自己胸中有'是'的价值……在某种情况下依据那个'是'提出某种东西，仅此而已"②。这已然提示了"因是"是一个针对立场问题的主张。但池田氏的失误在于，他并不认为这项主张有何重要，所以只在注释中给出以上评论，并强调"仅此而已"，仿佛真就没有值得探究的东西了。然事实上，这个被忽视的庄子"因是"说，内里大有文章。

二、"因是"的必然义

回到《庄子·齐物论》本文，能看到"因是"说的提出，正始于强

---

① Chad Hansen, *A Daoist Theory of Chinese Thought: A Philosophical Interpretation*, p. 266.

② 池田知久：《道家思想的新研究——以〈庄子〉为中心》，王启发、曹峰译，中州古籍出版社 2009 年版，第 195 页。

调立场的限定不可摆脱,故有"因是"之必然义可言,即:

> 物无非彼,物无非是。自彼则不见,自知则知之。故曰彼出于是,是亦因彼,彼是方生之说也。虽然,方生方死,方死方生;方可方不可,方不可方可。因是因非,因非因是,是以圣人不由,而照之于天,亦因是也。

所谓"物无非彼,物无非是",这大概是在某一认知情境中,强调事物莫不就是"那个",莫不就是"这样"——"彼"或"那个",指向了事物的个体或外延意义;"是"或"这样",则指向了事物的性质或内涵意义。但正如前所述,以"是"表客体之情状(性质或内涵),实际是在表达主体的立场。所以客体情状的"这样"("是"),就并非其自身所现("自彼则不见"),而是主体从其立场的先见出发才得以认识的("自知则知之")。那么,认为客体有怎样的情状,就取决于主体有怎样的立场("彼出于是"),而主体的立场也正是凭借描述客体的情状才得以表现出来("是亦因彼"),这就是"彼是方生之说"(即客体是怎样的"彼"与主体的立场之"是"相互依存、密不可分)。因之,一切对象性的把握,也即所谓"物论",都将是特定立场的产物。故而,某种物论一旦由 A 立场产生,则势必在非 A 的立场下消失("方生方死");一旦在 A 立场下消失,则势必由非 A 的立场产生("方死方生");一旦由 A 立场肯定,则势必由非 A 的立场否定("方可方不可");一旦由 A 立场否定,则势必由非 A 的立场肯定("方不可方可")。因此,既然一种"物论"是产生还是消失,被肯定还是被否定,悉由特定立场决定,则立场的限定势必不可摆脱。故庄子说:"因是因非,因非因是,是以圣人不由,而照之于天,亦因是也。"这正是强调:即便圣人以"天"为参照,仿佛能摆脱特定立场的限定(故曰"不由"),但其实还在因循某种立场("亦因是也"),是故"因是"之必然,正在于立场的限定不可摆脱。

但此处所见立场的限定,还仅涉及对"彼"物的把握。观庄子的其他论述,更涉及对"万物"的理解。故不仅特定物论必然"因是",普遍物论亦然,如《庄子·齐物论》下文所言:

> 天地与我并生,而万物与我为一。既已为一矣,且得有言乎?既已谓之一矣,且得无言乎?一与言为二,二与一为三。自此以往,巧历不能得,而况其凡乎!故自无适有,以至于三,而况自有适有乎!无适焉,因是已。

这正是通过揭示人们对最普遍的范畴既不能言又不能默的两难,来彰显"因是"的必然。先来看这个两难如何产生。那就是,庄子以其对语言层次的敏感,已经直觉到一个表达本身并不属于它所表达之物的范畴(就像"三角形"这个表达本身并不属于三角事物的范畴一样)。因此,当断定"万物与我为一"时,可知这断定句本身尚不在它所断定的"一"之总体中。但根据断定,这个"一"本应无所不包,是最普遍的范畴。那么,既然已经有至大无外的"一",就不能再有对它的言说("既已为一矣,且得有言乎")。但既然已经称之为"(至大无外的)一",实际已经有所言说("既已谓之一矣,且得无言乎"),因而就有"谓之一"的语句在此大"一"之外。那么,要把握最普遍的范畴,就只好将表述此"一"的"言"也叠加到此"一"的总体中,是谓"一与言为二"。"二"指涉叠加形成的新总体,但它仍不是最普遍的范畴,因为但凡将之断言为至大无外的总体,就总有"谓之一"的断言本身在此总体之外,于是还要有"二与一为三"的叠加。但这种叠加显然会导致无穷的语义上升(semantic ascent),因为只要断言有最普遍的范畴S,就总能断言一个更大的范畴S',它是由S和断定S的语句叠加而成。这说明,人们永远也不能对最普遍的范畴有所言说。但不做任何言说,就不能对此范畴有任何思虑(甚至不能断定它不可言说),这正是一个既不能言,又不能默的两难!

然对此窘境,庄子却以一言解之,那就是"无适焉,因是矣"。"无适焉"意谓要避免两难,就不要去追求至大无外的"一";"因是矣"则是指出放弃的理由,那就是:对普遍范畴有怎样的把握,这取决于因循了怎样的立场。而只要有立场的限定,就不可能彻底摆脱特殊视角的束缚,把握到绝对的普遍。可见,庄子在此还是要强调"因是"的必然,即关于普遍性的物论同样不能摆脱立场的限定。正如《庄子·齐物论》所谓"天地一指""万物一马",正是因循"指"或"马"的立场(即"以指喻""以马喻"),来理解"天地一"如何、"万物一"如何的普遍性;《庄子·德充符》所谓"自其异者视之,肝胆楚越也;自其同者视之,万物皆一也",又意谓"万物皆一"的普遍性仅是从求"同"的立场来看。而倘使求"异",则此普遍之"一"当即瓦解(故说"肝胆楚越")。可见"自"何种立场"视之",诚具有决定意义,正如《庄子·秋水》明言:

> 因其所大而大之,则万物莫不大;因其所小而小之,则万物莫不小。……因其所有而有之,则万物莫不有;因其所无而无之,则万物莫不无。……因其所然而然之,则万物莫不然;因其所非而非之,则万物莫不非。

因循了不同立场,对"万物"的普遍特征就有不同的判断,正说明普遍物论仅为"因是"的产物。

由上，既然关于"彼"的特定物论与关于"万物"的普遍物论都必然"因是"，则可知"因是"正是庄子眼中物论得以形成的基本方式。

三、"因是"的多元义

从前引"物无非彼"一段论述往下看，又可知"因是"除了是必然的，也是多元的，即所谓：

> 彼亦一是非，此亦一是非。果且有彼是乎哉？果且无彼是乎哉？彼是莫得其偶，谓之道枢。枢始得其环中，以应无穷，是亦一无穷，非亦一无穷也。故曰莫若以明。（《庄子·齐物论》）

所谓"彼亦一是非，此亦一是非"，正是强调对同一事物（如"彼"或"此"），可以从不同甚至相反的立场（即"是非"）来把握。这个情况，在《墨经》中被界定为最基本的论辩形式即"争彼"，并强调对立者必有一方正确。但庄子却质问："果且有彼是乎哉？果且无彼是乎哉？"就提示了对"彼"物的把握，究竟应该以哪一种"是"为立场，是难以确定的。为什么呢？正因为"彼是莫得其偶"，即没有哪一种"是"能代表绝对正确的立场，而能唯一匹配（"偶"）于"彼"物的情状，也就是说，从认知立场（"是"）到认知对象（"彼"）的映射不是"一对一"，而是"多对一"，所以总能从不同立场来看事物，此即"因是"之多元义。

那么，所谓"彼是莫得其偶"，就应看作对"彼是方生之说"的推进。"方生"强调"彼"之情状与"是"之立场的一体两面，目的是揭示立场的限定不可摆脱,故有"因是"之必然;"莫得其偶"则是由否定"彼""是"一一对应,来强调立场的选择并非唯一,故有"因是"之多元义。在南郭子綦与颜成子游的著名对话中,南郭氏表现出"丧其耦"的状态,就能作为"彼是莫得其偶"的例子,传达出"因是"的多元义。只不过,以往将"丧其耦"解释为超越物我对待,尚不足以表明这一点。因为根据南郭所谓"吾丧我"的说法,"丧其耦"的"耦"("偶")与其说是物我对待,不如说是"吾"与"我"的对待:"吾"即南郭其人自身,也就是某个具体存在的"彼";"我"则为南郭氏的自我意识,亦能被看作代表"彼"人自身意义的"是"。据此看,"丧其耦"就能解释为南郭其人不再以他的具体存在("彼"/"吾")与某种自我意识("是"/"我")构成唯一的匹配关系("彼是莫得其偶"),因而,他对自身的领会就不再因循"我"这个单一的立场,而能有多元的"因是"。这正如《庄子·齐物论》中"三籁"之譬所示:"地籁"的演奏因循了自然的立场("众窍"),"人籁"的演奏因循了人为的立场("比竹"),它们都代表着单一的"因是",就像人们固守着"我"这个单一立场那样。相比之下,"天籁"正是在比喻放弃特定自我意识("丧我")的境界。这种演奏"吹万不同"却不知"怒者其谁邪",就是舍弃了特定的演奏立场,去因循不同载体的不同特质("使其自己也,咸其自取"),故最能体现"因是"的多元特征。

然而,承认立场选择的多元性,也就等于瓦解了物论的意义确定性。正如《庄子·齐物论》所谓:"言者有言,其所言者特未定也。果有言邪?其未尝有言邪?其以为异于鷇音,亦有辩乎,其无辩乎?"实际就是说,从倡导某种物论的立场看,此物论言之有物,不同于无意义的鸟叫;但从不倡导这种物论的立场看,此物论也可能言之无物,与鸟叫声无别。因此,正是由于立场选择不同,使得一种物论是否有意义成为"未定"。但庄子并不对此感到担忧,相反,他更把探究物论意义"未定"的根源看作体"道"的重要契机,那就是强调:并非只有单一立场匹配于认知对象("彼是莫得其偶")——此即物论"未定"之根源——这正是"道"的核心内涵所在("谓之道枢")。是故庄子承认立场选择的多元性(及随之而来的物论的不确定性),就应说是以"道"为依据。依据于"道"的理由,就是前引文接着说的"枢始得其环中,以应无穷"。所谓"环",比喻有"无穷"立场环绕同一事物的情形,其实也就是对"彼是莫得其偶"(即并非只有单一立场能匹配于认知对象)的形象比喻。因此说"枢始得其环中",就应是强调"道"的核心内涵("道枢")正是从立场选择的无限可能中被领会到的。那么,要妥善地应对这无限可能("以应无穷"),也即正确地看待"因是"的多元义,当然应该以"道"为依据。而这,恰恰表明庄子对立场问题的思考已经从物论提升至道论。

但人们或许会问,即便以"道"为依据,这仍然是一种立场。如果立场选择是多元的,庄子怎能坚持并倡导此一立场呢？这的确是一个尖锐的问题,但也不难回答。关键是要看到,庄子主张立场的"无穷"、选择的多元,这都是针对物论得以产生的立场来说。而他以"道"为依据提出这种主张,却并不是站在物论的立场上,而是站在道论的立场上,即《庄子·秋水》所谓"以道观之,物无贵贱;以物观之,自贵而相贱"。"以道观之"就是道论的立场;"以物观之"则为物论的立场。这两种立场的差别在于对"物"之"贵贱"评价不同,实际就是对物论的价值看法不同。从后一种立场看,每一物论都仅仅肯定自身的价值,因而有强烈的排他性。但从前一种立场看,则可知每一种物论并无价值上的高下之分——这只能因为相对于"以道观之"的高大视野,每一种"以物观之"都仅是理解事物的一种可能。故庄子主张立场选择是多元的,其实就是从"以道观之"的立场,强调"以物观之"的立场是多元的。而这当然意味着道论的立场本身并不在物论的立场选择中。正如"环"象征了后者的无限选择,但从"环中"把握"道枢",却并不是这些选择之一。因此即便宣称"以道观之"是唯一正确的立场,也绝不会否定立场选择的多元性,因为那仅是就"以物观之"的立场来说。

可见,庄子虽是在阐述如何看事物的立场问题,但其着眼点却并不在"物",而是在"道"。故前引文最后提出的"莫若以明",就正是对"道"的洞察。这种洞察可以是对"道"的体悟①,也可以是对"道"的知解②,但必须落实于一点,就是将认知对象("彼")与认知立场("是")的多元匹配("莫得其偶")视为"道"的核心内涵("谓之道枢")。因此对"因是"之多元义的肯定,也就是对"道"的理解负责。当然,这绝不意味庄子不关心"物"。相反,他正是有见于每一种物论在立场上"自贵而相贱",势必产生无休止的争议,故从"道"的高度寻求解决。而这如果是以立场选择的多元性为前提,自然不会否认立场的差异。正如《庄子·齐物论》"啮缺问乎王倪"的对话中,庄子借王倪之口宣称他不知"物之所同是",并举出人与动物关于"正处""正色""正味"的理解不可沟通,就是承认物种自然立场的差异。不仅如此,庄子也承认道德立场的差异,故又借王倪之口主张"自我观之,仁义之端,是非之涂(途),樊然殽乱,吾恶能知其辩(辨)"。就是把人们对仁义根源及其实现途径的理解当作因循各自道德立场("自我观之")的产物。这些理解"樊然殽乱""恶能知其辩",正提示了道德立场的差异不可消除。那么,怎样解决

---

① 劳思光:《新编中国哲学史》(一卷),第199页。
② 池田知久:《道家思想的新研究——以〈庄子〉为中心》,王启发、曹峰译,第174页。

争议呢？无疑就是通过"以道观之"，洞见每一种物论在立场的选择上都仅是理解事物的一种可能，以其价值均等，故能多元并存。

四、"因是"的开放义

不过，这仍不是庄子解决物论争议的最终方案。因为即便人们知道自己的立场仅是多元的选择之一，却还能在兴趣或偏好的名义下固守不放，因而即便不否定其他立场，也可以视若不见。这说明要避免争议的发生，除了要倡导立场选择的多元性，还必须打破固守本己立场的封闭性，这就引出了"因是"的开放义。如《庄子·齐物论》所言：

> 可乎可，不可乎不可。道行之而成，物谓之而然。……恶乎然？然于然；恶乎不然？不然于不然。物固有所然，物固有所可。无物不然，无物不可。故为是举莛与楹，厉与西施，恢恑憰怪，道通为一。其分也，成也；其成也，毁也。凡物无成与毁，复通为一。唯达者知通为一，为是不用寓诸庸。庸也者，用也；用也者，通也；通也者，得也。适得而几矣，因是已。……狙公赋芧，曰："朝三而暮四。"众狙皆怒。曰："然则朝四而暮三。"众狙皆悦。名实未亏，而喜怒为用，亦因是也。是以圣人和之以是非，而休乎天钧，是之谓两行。

关于"物"，从"可"的角度说"可"、从"然"的角度说"然"、从"不可"的角度说"不可"、从"不然"的角度说"不然"，这正是以立场的差异来表现物论的分歧。但分歧与其说是立场不同造成，不如说是立场封闭所致。正如文献指出，"莛"小"楹"大、"厉"丑"西施"美，以及各种诡异陌生的区分,都是"为是"的结果。"为是"即偏好某种立场之"是",因此正是立场封闭的表现。而庄子强调"道通为一",就是要求通过"以道观之"来打破不同立场的封界。当然,基于立场选择的多元性,这"通为一"与其说是把所有立场化约为一,不如说是在承认立场差异的前提下强调变通,也即从本己立场变通到异己立场,乃至使一切异己立场皆能潜在地与本己立场为"一"。是故,"通为一"就是对变通立场之开放性的要求。正如文献所示,"知通为一"的"达者"不再偏好某种立场("为是不用"),而是安于常态("寓诸庸"),即根据效用("庸也者,用也")来变通地("用也者,通也")采纳最适合达成目标的立场("通也者,得也")。此种"适得而几"的立场选择无疑就是开放的"因是"。正如"狙公赋芧",虽然从"朝三暮四"变为"朝四暮三",分配的总数一样("名实未亏"),但"先多后少"的分配立场显然比"先少后多"的分配立场更适合控制猿猴的情绪("喜怒为用"),故从前者变通为后者,也是以"适得"为目标的开放"因是"。

而如果"因是"是开放的,自然与"为是"相反,正如葛瑞汉(A. C. Graham)所说:"在庄子那里,论辩中的思想者并没有真正的分歧:他们从不同的立场(standpoint)将世界简洁地划分为它和其他。当一个哲学家坚持他的断言,虽然情况已经变化,却还针对其他反对意见而坚持其绝对的有效性,就犯了'为是'的错误。但如果他能理解反对的哲学意见都平等地有效和无效,因而根据变化的情况改变其判断,就是在实践'因是'。"[①]不过,庄子区分"因是"与"为是",还不仅涉及"哲学意见",更涉及一切基于

---

① A. C. Graham, *Studies in Chinese Philosophy and Philosophical Literature*, New York: State University of New York Press, 1990, pp. 110 - 111.

偏好的成就。正因为有立场的区隔("其分也"),才会有成就的出现("成也")。但"其成也,毁也",此即《庄子·齐物论》所谓:"道之所以亏,爱之所以成。……唯其好之也,以异于彼,其好之也,欲以明之彼。……是故滑疑之耀,圣人之所图(鄙)也。为是不用而寓诸庸,此之谓以明。"就是说:在偏好的立场上有所成就,同时也是对大道的意义有所损毁。是故仅因为偏好的成就("唯其好之")远超世人("异于彼"),就极力让人知晓自己的专长("欲以明之彼"),不过是引人怀疑的炫耀("滑疑之耀")。显然,这正是从"道"的高度将"为是"当作立场封闭的表现,故再次强调"为是不用而寓诸庸",即与其偏好特定立场而标榜某种成就,不如因循常态,即根据实际情况而有所变通,这也被称为"以明"。而鉴于"以明"是对"道"的认识,可知庄子对"因是"之开放义的论述,仍是从道论的层次展开。

那么对于避免物论争议的目的来说,"以道观之"就不仅是洞见不同立场多元共存的可能,更是从"道"的高度打破立场的封界,如《庄子·齐物论》所说:

> 夫道未始有封,言未始有常,为是而有畛也。请言其畛:有左,有右,有伦,有义,有分,有辩,有竞,有争,此之谓八德。……故分也者,有不分也;辩也者,有不辩也。曰:何也?圣人怀之,众人辩之以相示也。故曰:辩也者,有不见也。……孰知不言之辩,不道之道?若有能知,此之谓天府。注焉而不满,酌焉而不竭,而不知其所由来,此之谓葆光。

此处以"八德"概括一切物论所依据的立场,并以其壁垒封界出于"为是"("为是而有畛")。而要主张的,就是从"道"的高度打破"为是"之"畛",也就是以道论的眼光洞见不同立场本无绝对封界("道未始有封""分也者,有不分也"),不同立场的言论亦非永久对立("言未始有常""辩也者,有不辩也")。只不过,庄子认为此一真相仅为"圣人怀之",俗众则因为沉溺于辩而"有不见也"。但这与其说是主张惟有圣人才能打破立场区隔,不如说是以圣人为体"道"的理想人格,强调立场的开放必须从对"道"的领会中获得,那就是将"道"内化为"注焉而不满,酌焉而不竭"的虚怀之心("天府"),故不再对特定立场存在偏好,也不再以特定成就显示锋芒,是谓"葆光"。

"葆光"就是把一切"为是"的"滑疑之耀"都收敛、埋藏起来,以达成"因是"的开放实践。但这种开放的"因是",庄子除以"葆光"为喻,也有正面界定,那就是前引论"道通为一"的文字最后强调的"圣人和之以是非,而休乎天钧,是之谓两行"。所谓"天钧",即天之转轮,应该还是指"道枢"所在的"环"。以此,圣人的"因是"便包容了"环"所代表的"无穷"立场,既接受"是"的"无穷"立场,也接受"非"的"无穷"立场,是谓"两行"。而这,就是庄子设想的避免物论争议的根本方式。如《庄子·齐物论》所说:

> 既使我与若辩矣,若胜我,我不若胜,若果是也?我果非也邪?我胜若,若不吾胜,我果是也?而果非也邪?其或是也,其或非也邪?其俱是也,其俱非也邪?我与若不能相知也,则人固受其黮暗,吾谁使正之?……曰:是不是,然不然。是若果是也,则是之异乎不是也亦无辩;然若果然也,则然之异乎不然也亦无辩。

"辩"是物论争议的集中表现。但在庄子看来,争议不可能以仲裁的方式解决("吾谁使正之"),因为所有参与论辩的人都不能摆脱自身立场的限定,故无论辩难双方还是第三方,都会因为"有立场"而"受其黮暗"("因是"之必然);并且,每种立场都仅是看事物的一种可能,并无价值上的"果是""果非"("因是"之多元),这使得论辩者和仲裁者都只能封闭在各自立场中"不能相知"。这样看来,避免争议的办法只有一个,那就是打破本己立场的封界,去明察异己立场的内涵与合理性,故曰"是不是,然不然",这正是"两行"的实践。

庄子主张以"两行"避免物论的争议,尤其是针对战国以降儒墨对峙的僵局来说的。如司马迁谓庄子"剽剥儒墨"(《史记·老子韩非列传》),大概正是有见于《庄子·齐物论》所谓"道隐于小成,言隐于荣华。故有儒墨之是非,以是其所非,而非其所是。欲是其所非而非其所是,则莫若以明"。由上述,不难推知"道"之所以"隐于小成",乃是"道未始有封"的真相会因为标榜特定成就而被偏好的藩篱所掩蔽;"言"之所以"隐于荣华",则是"言未始有常"的事实会因为粉饰特定见解而被论辩的壁垒所遮挡。很明显,这都是立场封闭的表现。庄子以此为"儒墨之是非"的根源,势必将双方对峙的僵局描述为在各自立场上肯定对方否定的("是其所非")、否定对方肯定的("非其所是")。而他设想的破局之策,就是与其"是其所非而非其所是",不如"以明",即在因循本己立场时,也能明察异己立场的内涵与合理性。换言之,就是对"两行"的价值有所"明"。

在这个意义上,"以明"就是践行开放"因是"的基本态度。但既然"以明"本质上是对"道"的领会,则由"以明"而"因是",实际就是因循于"道"。正如《庄子·齐物论》末尾强调:"和之以天倪,因之以蔓延,所以穷年也。忘年忘义,振于无竟(境),故寓诸无竟

(境)。"此"和之以天倪",即以天磨的研磨粉碎不同立场的封界①;"因之以蔓延",则表示打破封界后,"因是"呈现出游弋无定的开放性("蔓延"),故能超越不同立场在时间("忘年")与价值("忘义")上的分殊,以"振于无竟"或"无疆界之境"——显然就是"未始有封"的"道"的领域。因此,包容一切立场的开放"因是"(即"因之以蔓延"),实际就是去因循大道的"未始有封"之境("寓诸无竟")。而这,应该就是最理想的"因是",当然也就是"以道观之"的题中之义。

五、"因是"与"齐"

至此,就基本说明了庄子的"因是"说。揆其要,是主张一切观察与言说皆为因循特定立场的产物,且立场的限定不可摆脱("因是"的必然义),立场的选择不是唯一("因是"的多元义),立场的封界亦非绝对("因是"的开放义)。也已指出,这个立场理论正是庄子对战国以降日益激化之学派论辩的回应——但并不是要支持谁、反对谁,而是从"以道观之"的高度审视"以物观之"的立场,寻绎避免争议的可能(故对庄子来说,最理想的"因是"莫过因循于"道")。

那么,"因是"说之于《庄子·齐物论》有怎样的重要性呢? 由前论,可知它不仅与该篇大半篇幅相关,更能将各项基本议题统摄起来,如"因是"之必然义统摄了"成心""彼是方生""万物与我为一"等议题;多元义统摄了"丧我""三籁""彼是莫得其偶""道枢"等

---

① "天倪",《经典释文·庄子音义上》引班固语为"天研"。"研",《说文》释为"䃺",即磨盘。

议题;开放义则统摄了"两行""以明""无竟""道通为一"等议题。据此,认为探讨"因是"之立场问题即《庄子·齐物论》的主旨所在,应不为过。

但这样看,显然与人们头脑中的传统印象不符。一般认为,《庄子·齐物论》主旨是"齐",并有"齐物""齐论"二义①;通过陈少明的研究,又可知还有更重要的"齐物我",构成"'齐物'三义"。②将《庄子·齐物论》主旨描述为"齐",显然要比说成"因是"要全面得多。可即便如此,仍有理由相信后一种主旨的概括是必要的。因为"齐"的思想纵然丰富,却少不了对立场问题的思考,正如陈少明早已指出:"《齐物论》的思想意味深长,表现上则是波澜起伏。……然中心环节或者论辩的动机,则起于各种物论的是是非非的纷扰。"③这"物论的是是非非的纷扰",说到底就是来自立场的"纷扰"。既然"'齐物'三义"是从解决此"纷扰"出发而"层层推进",不就是一套针对立场问题的诊疗方案吗?因此,将《庄子·齐物论》的主旨归于"因是"说,至少不会违背"齐"思想。

而事实上,不仅不违背,还能令我们对"齐"的理解更深入。先就"齐物"与"齐论"来说。前者申论万物平等,核心是破除事物差异的客观性;后者主张众见无异,核心是消解言论是非的确定性。④但要论证"差异"的"非客观","是非"的"不确定",不可不涉及"因是"的必然义与多元义,因为只有承认对事物的观察必然

---

① 参见陈鼓应:《庄子今注今译》,中华书局1983年版,第32页。
② 参见陈少明:《〈齐物论〉及其影响》,北京大学出版社2004年版,第13—24、66—76页。
③ 陈少明:《〈齐物论〉及其影响》,第17—18页。
④ 参见张默生:《庄子新释》,第61页;劳思光:《新编中国哲学史》(一卷),第198页。

受到主观立场的限定,才能肯定事物所显的差异并非客观所与;也只有承认谈论事物的立场不只有唯一选择,才能宣称言辞的内容没有绝对是非。再就"齐物我"来说,这个主张作为"庄子哲学的最终结论"和"理想人生的最高境界"①,其核心当然是破除主客二分,追求物我泯合。而要说明这一点,亦不可绕开"因是"的开放义。因为只有因循一切可能立场,才能令主体最大限度地"贴近"客体,也才能通过打破"我"这个立场的封界,消解与"物"的对立。这些,足以说明"齐"思想最核心的内容,正是"因是"所代表的立场理论。

那么反过来说,从"因是"引申出"齐",就是可能的。或者至少是,对后者的理解应该以前者为基础。而这样做的意义,也不仅是为了从"因是"的角度更深入地理解"齐"(即洞见其内核即立场理论),更因为"齐"这个表达本身,及一切相关的合成表达如"齐物""齐论""齐物我"等,未尝见于《庄子·齐物论》正文。这虽然并不意味该篇没有"齐"的思想,或者不能将其思想解释为"齐"。但为稳妥起见,最好从"因是"谈起,因为它毕竟是文献固有的说法,自然最能代表被名为"齐"的那种思想中最切近庄子心灵的东西。所以,完全有理由把"因是"看作《庄子·齐物论》主旨的"另一种概括"。而这,不仅在理论上是可能的,在操作上也殊为必要。因为《庄子·齐物论》本文虽不言"齐",但以"齐"讲《庄子·齐物论》的传统却源远流长。这当然最能表明这种诠释实践为理解《庄子·齐物论》思想开辟了何其广大的空间,但另一方面,一种充分的阅读除了要"致广大",也应该"尽精微"。是故,在"齐"这个内涵丰富的概括之外,提供某种含义上更为紧缩的概括,以便更具体、更直

---

① 陈少明:《〈齐物论〉及其影响》,第66页。

白地说明《庄子·齐物论》讲什么，亦属必要。而本文认为，"因是"正是这样一个紧缩概括。虽然其内涵要根据文本重构，但此概括本身与其说是来自读者的追加，不如说是作者的明示，否则庄子屡次谈及"因是"，就只能被看作无意之举了。

第二编

成德与人性
德性论域中的语义分析与道理重构

第一章 从"敬德"到"仁义"
——孔子对西周思想的转化

虽然孔子对中国文化有开创之功,但思想史的常识是,任何开创性的贡献本质上都是对此前思想资源的创造性转化,孔子亦不例外。就像在《论语》及出土简牍上所见的,作为殷遗民的他不仅盛赞周文,更有取法周礼的实际行动①,可见周的影响正是孔子思想不可割裂的历史面向。可经学时代对"孔子成《春秋》"(《孟子·滕文公下》)的颂扬,一定程度上已经把人们观察孔子的目光从其思想与西周诗书传统的关联,转移到了与相对后起的春秋学传统(乃至公羊学这个小传统)的关联上,这就有弱化孔子的思想渊源甚至割裂其历史面向的问题。尤其当《春秋》被说成"应天作新王之事"(《春秋繁露·三代改制质文》)的书时,鼓吹"孔子成《春秋》",等于把他从文化上的开创人物塑造成了教主式的开端人物,也才会形成"天不生仲尼,万古长如夜"(《朱子语类》卷九十三)这种原教旨性质的评价。

但在 21 世纪的今天,基于现代学术的立场,认为一切思想皆有历史,才是进入传统时应有的客观态度。所以被某些经学教条遮蔽了或至少是弱化了的孔子思想的历史面向,理应给与充分展示。而以下所述,除会涉及孔子与周的渊源,更要借此揭示其思想

---

① 参见阜阳双古堆 1 号章题木牍 46、八角廊汉简《儒家者言》等。

形成的脉络。所以本文特别关注这个问题,就是对推崇西周的孔子来说,为什么周人谈论较少的"仁"和"义",反倒在其思想中占据了中心位置?研究的结论是,孔子对"仁义"的倡导与反思周人以"敬德"为核心的思想基调密切相关。因此可以说,从"敬德"到"仁义"(确切说是从"敬"到"仁"、从"德"到"义")正是孔子成立学说的线索之一。

一、"命"与"德"

徐复观对"敬德"观念本质上是一种忧患意识的阐述,已经打开了理解周人思想的"入口"。① 但他认为这种"以'敬'为其动力"的"忧患意识"有"道德的性格"②,恐有拔高之嫌。因为即便像他说的,周人的"敬"不同于宗教的"虔敬",不是"把一切问题的责任交给于神",而是要"自己担当起问题的责任"③;但不可忽视的是,周人讲"敬德",但所"敬"的不止是"德",甚至不主要是"德"。比如周公告诫成王的话:

> 我不可不监于有夏,亦不可不监于有殷。我不敢知曰,有夏服天命,惟有历年;我不敢知曰,不其延。惟**不敬厥德,乃早坠厥命**。我不敢知曰,有殷受天命,惟有历年;我不敢知曰,不其延。惟**不敬厥德,乃早坠厥命**。今王嗣受厥命,我亦惟兹二国命,嗣若功。……肆惟王其**疾敬德**?王**其德之用**,祈天永

---

① 徐复观:《中国人性论史》(先秦卷),上海三联书店2001年版,第18—21页。
② 徐复观:《中国人性论史》(先秦卷),第21页。
③ 徐复观:《中国人性论史》(先秦卷),第20页。

命。……上下勤恤,其曰我受天命,丕若有夏历年,式勿替有殷历年,欲**王以小民受天永命**。(《尚书·召诰》)

周公认为夏商的败亡是由于"不敬厥德",并因此告诫成王只有"疾敬德"才能延续国祚,这固然是在肯定"德"的重要,却并非在强调"德"本身的独立价值,而是因为担心"不敬厥德,乃早坠厥命",所以主要是把"德"视为防止政权丢失的手段("德之用")。

这个意义上,"敬德"反映的忧患意识就主要是对政权的患得患失,是一种功利性的担忧。而此担忧,在周王朝的缔造者身上表现得尤其明显。比如:

维此文王,**小心翼翼。昭事上帝**,聿怀多福。**厥德不回**,以受方国。(《诗经·大明》)

不(丕)显考文王,**事(使)喜上帝**。(西周天亡簋)

维王克殷国,君诸侯,乃征厥献民,九牧之师见王于殷郊。王乃升汾之阜以望商邑,永叹曰:"呜呼!**不淑兑(充)天对**。遂命一日。维显畏,弗忘!"王至于周,自鹿至于丘中,**具明不寝**。王小子御,告叔旦,叔旦亟奔即王,曰:"**久忧劳,问害不寝**?"曰:"安!予告汝。"王曰:"呜呼!旦,……维天建殷,厥征天(夫)民名三百六十夫,弗顾亦不宾威(灭),用戾于今。呜呼!**予忧兹难**,近饱于恤,辰是不室,**我未定天保。何寝能欲**?"(《逸周书·度邑解》)

文王的"小心翼翼"固能说是"敬德"或不违背"德"("厥德不回")的表现,但这样做只是出于迎合上天("昭事上帝""事喜上帝")以建立政权的功利目的。再看武王,他夙夜难寐、忧思重重,怕的就是重蹈殷人覆辙，因为不以善德配天（"不淑兑天对"）而丢了江山，这当然还是患得患失的功利考虑。所以周人的"敬德"，正如前引周公所谓"王其**德**之用，祈天永命"，主要关注的还是功利性的"德之用"。

不过，认为周人以"敬德"为核心的忧患意识不主要是"道德的性格"，除了因为它包含功利诉求，更因为这种忧患意识尚未摆脱宗教思维。因为在国祚决于天命的基本信念下，对政权患得患失（功利意识），就会对上天敬畏服从（宗教思维）。比如"**敬雕德坙（经），……畏天畏（威）**"（西周大盂鼎）、"兹在**德**，**敬**在周，其维天命，王其**敬**命"（《逸周书·大开武解》），这类说法足以表明"敬德"之"敬"主要不是对"德"本身的敬重，而是对至上神的敬畏服从，是谓"**钦若**昊天"（《尚书·尧典》）或"**敬**顺昊天"（《史记·五帝本纪》）。所以，即便如徐复观所说，"敬"是一种担当责任的意识，但之所以如此，其实还是因为敬畏上天，担忧坠命，而非出于价值自觉。倘使后者正是道德实践的前提之一，就很难说"敬德"观念有多强的道德性格。

这一点，也能从周人言"敬"的另一意味中得到确认。比如"**敬夙夜勿瀍（废）朕令**"（西周师酉簋）、"**敬**夙夕用事"（西周元年师史簋）、"**敬**用五事"（《尚书·洪范》），这类说法中的"敬"除了表示敬畏，更主要是认真努力的意思。表面上，这确乎有忠于责任的道德意味，如后来儒家所谓"忠敬"（《礼记·缁衣》），但问题是周人眼中"敬"的认真义与敬畏义是一致的，也就是说，既肯定听天由命（敬畏之"敬"），又倡导自主努力（认真之"敬"）。这如果不是矛盾，只能假定勉励德行必获得天命支持。如前引《尚书·召诰》的"不敬厥德，乃早坠厥命"，就是以否定的方式强调"德""命"一致；《礼记·中庸》的"**大德**者必**受命**"，则是后来形成的正面概括。但不管怎么表述,只要"敬德"是为了"受命"("德""命"一致),就一定会把"德"附属于"命"而遮蔽"德"本身的价值。也正因此,"德"才会被视为"用"来"祈天永命"的手段。

这种功利思维的形成,与殷周之际天命观的变化相关。我们知道,武王克商不仅是推翻了政权,更动摇了天命无条件支持殷商的信仰,是谓"天命靡常"(《诗经·文王》)。但以"天命靡常"否定"大邦殷之命"时,也会令周政权"受命"的理由成为问题。这时,周人对"德""命"一致的强调,就是要说明自己"受命"的依据,比如:

> 周公若曰:"君奭!……在家不知天命不易,**天难谌**,乃其坠命,弗克经历。嗣前人,恭明德,在今予小子旦非克有正,迪惟前人光施于我冲子。"又曰:"**天不可信,我道惟宁王德延,天不庸释于文王受命。**"(《尚书·君奭》)

很明显,以延续文王之"德"为核心的"恭明德",不仅是"敬"文王之"德",更是鉴于"天不可信",即不会无条件地支持任何政权,才会要求通过延续文王的"德"("王德延")确保天不收回成"命"("天不庸释于文王受命")。这再次表明周人所"敬"之"德",作为"受命"的依据,主要是维系政权的手段,"德"本身的独立价值则尚未表现出来。

那就应该说,周人"敬德"的忧患意识只是在某些方面类似,但并非真正具有道德性格。澄清此义,才能进一步讨论孔子对周的态度。一方面,他固然赞赏周人对"德"的重视;但另一方面,则旨在克服以"敬德"求"受命"的功利思维。比如,孔子说的"其未得之也,**患得之**;既得之,**患失之**。苟患失之,**无所不至矣**"(《论语·阳货》),就很可能是针对周人那种忧患意识的批评,认为功利上的患得患失会使人不顾底线。那么反过来说，真正值得忧患的就只是自身德行，如所谓"**德之不修**，**学之不讲**，闻义**不能徙**，不善**不能改**，**是吾忧也**"(《论语·述而》)——这与周人"敬德"的忧患意识不同，完全没有"德之用"的功利考虑，而是把"德"本身当作非常重要的东西来加以对待。

二、"德"与"义"

现在，就来具体谈孔子对周的态度。原则上，他当然是以周为典范，才会主张"**周监于二代**，**郁郁乎文哉**，**吾从周**"(《论语·八佾》)。而所谓"从周"，不仅是对周文的设计即"礼乐"来说，更是对周文的内涵即"德"来说。因为"**周监于二代**"绝不是宽泛的赞扬，正是《尚书·召诰》中周公倡导的"**不可不监于有夏**，**亦不可不监于有殷**"。所以有理由推测，周人有鉴于"二代"败亡在于"德"的缺失("不敬厥德，乃坠厥命")，所以将"敬德"置于政治生活的中心，正是孔子最欣赏之处，也是他意欲"从周"的动机所在。

从这个角度看，《论语·为政》说的"**为政以德**，譬如北辰，居其所而众星共之"，以及"道之以政，齐之以刑，民免而无耻；**道之以德**，**齐之以礼**，**有耻且格**"，都可视为因循周人"德"治精神的讲话。尤其以"德"引导民众的想法，本身就是周人最强调的方面，比如"爽惟**民迪吉康**，我时其惟殷**先哲王德**"(《尚书·康诰》)，就是说以"先哲王德"引导民众("民迪")。不过，周人讲的主要是引导民生，而孔子所谓"道之以德"则有塑造民众品行的内容("有耻且格")。这时，"德"就呈现出了行为规范的意味。比如，孔子曾提出"礼云礼云，**玉帛云乎哉**？乐云乐云，**钟鼓云乎哉**？"(《论语·阳货》)的问题，就是强调礼乐的意义不在仪式，而在其背后的规范。仪式与规范的对应,就是"礼"与"德"的表里对应:前者是表面的,因为仪式只能规整行动("齐之");后者则是内在的,因为规范可以指导行为("道之")。而在孔子看来,不仅要区分仪式的内外两面,更要肯定内面因素才是遵守仪式的意义所在。所以他有个基本理念,就是仪式可以变,但规范不能变。正如在评论礼帽沿革与庭拜程序时(见《论语·子罕》),孔子承认从麻帽子到黑丝巾,仪式由奢到俭,可以"从众";但在"拜上"还是"拜下"的问题上,则坚持"虽违众,吾从下",因为问题无关仪式,而是其背后以下事上的规范不可变。

值得注意的是,作为仪式内涵的"德",孔子更常表示为"义"。比如说"君子**义以为质**,礼以行之"(《论语·卫灵公》),就是把"礼"与"德"的表里对应,明确界定为"礼"与"义"的表里对应。再如他回答"子张问崇德"的问题时,所谓"主忠信,**徙义,崇德**也"(《论语·颜渊》),也是把推崇"礼"所蕴含的"德"("崇德"),解释为遵循"义"的指导("徙义")。可见在某些语境中,"义"几乎就是"德"的同义语。而此现象值得注意,正因为在周人那里"德"与"义"尚有差别,如《逸周书·周书序》所见:

文王立,西距昆夷,北备猃狁,**谋武**以昭威怀,作《武称》。**武以禁暴,文以绥德**,大圣允兼,作《允文》。……文王有疾,告武王以**民之多变**,作《文儆》。文王告武王以序**德之行**,作《文传》。……武王将起师伐商,癝有商儆,作《癝儆》。周将伐商,顺天革命,**申谕武义**,以训乎民,作《武顺》《武穆》二篇。……武王秉天下,**论德施**□**而**□**位以官**,作《考德》。武王命商王之诸侯绥定厥邦,**申义告之**,作《商誓》。

由上,"德"关涉文治的凝聚力,"义"则关乎用武的正当性,而"文

"德""武义"描述的就是周政权崛起的历史轨迹。其中,文王之治作为"谋武"克商的准备,是因"民之多变"才以"文德"团结人心;但从武王"顺天革命"到"秉天下"后,虽然也讲"文德",但"申喻武义"才是国策。这一点,也能从金文中的"䵾圄武王,**遹征四方**。……宪圣成王,……**剧**(刚)**鲧用肇廍周邦**"(西周史墙盘)得到印证。而从史实来看,西周作为军政权的特征,直至其灭亡都没有褪去。所以,周人描述政治凝聚力的"德",其实是建立在运用暴力的"义"的基础上。乃至于"文德"之治也会因为渗透了"武义"的精神而显得杀气腾腾。比如"敬德",除了"怀保小民"(《尚书·无逸》),还有更重要的一面就是"**敬明乃罚**,……用其**义刑义杀**"(《尚书·康诰》)。

但孔子所谓"义",虽与周人讲的"武义"之"义"在形式上都是表达正当性的概念,内涵却有极大不同。《论语·颜渊》篇季氏问政一节是最能反映差异的案例。其中,季孙所谓"**杀无道,以就有道**",就因袭了周人"武义禁暴"和"敬明乃罚"的执政理念。但孔子明确强调"子为政,**焉用杀**",可知周人推崇的"武义"与"义刑义杀",在其眼中并不算真正的"义"。这一点,也可从《荀子·宥坐》的记载得到印证:

> 孔子为鲁司寇,有父子讼者,孔子拘之,三月不别。其父请止,孔子舍之。季孙闻之,不说,曰:"是老也欺予。语予曰:为国家必以孝。今**杀一人以戮不孝**!又舍之。"冉子以告。孔子慨然叹曰:"呜呼!**上失之,下杀之,其可乎**?不教其民,而听其狱,杀不辜也。……《书》曰:'**义刑义杀**,……'言先**教**也。"

如上,季孙所谓"杀一人以戮不孝",应该就是《论语》"杀无道,以就有道"的另一说法,而且更符合周人以"不孝不友"为"元恶大憝"故要求"义刑义杀"的理念(见《尚书·康诰》)。但孔子认为"义刑义杀"是"言先教",显然是主张把暴力的使用降到最低。这再次表明,他可能根本就不承认暴力领域有"义"可言。只是孟子重提汤武放伐的正当性时(见《孟子·梁惠王下》),才让人感到儒家也会标榜"武义"。

此时,如果看到孔子所谓"义"与周人"义"观念的最大差别就是排斥暴力,则能进一步发现,他以"崇德"为"徙义"的理念,会动摇周人"敬德"观念蕴含的"德""命"一致("大德者必受命")的信念。因为倘使周人推崇的"文德",其实质乃是"武义",则"德""命"一致说到底就是"义""命"一致,也即运用暴力的正当性来自天命。如《尚书·康诰》所谓**天乃大命文王,殪戎殷**",就是把天之"大命"视为征伐殷商的正当性根源。但在孔子,如果并不承认暴力领域有"义"可言,势必分离"义"与"武"——也就是说,"义"不再是诉诸天命支持的狭窄的"武义"概念,而是普遍的是非规范。这时,就能在天命之外肯定"义"有因其自身的独立性。因为要求人们遵循作为普遍规范的"义"("徙义"),这首先就意味着"义"本身就是独立的标准。故与周人倡导"德(武义)""命"一致的观念不同,孔子讲的是"义""命"相分:

公伯寮诉子路于季孙。子服景伯以告,……子曰:"**道之将行也与?命也。道之将废也与?命也。公伯寮其如命何!**"(《论语·宪问》)

子路曰:"不仕无义。长幼之节,不可废也;君臣之义,如之何其废之?欲洁其身,而乱大伦。**君子之仕也,行其义也。道之不行,已知之矣。**"(《论语·微子》)

正如劳思光指出的,"义"决定是非,"命"则决定成败,"孔子尽力完成其责任时,固非就'成败'着眼。明知'道之不行',仍须'行其义',此即使'义命之分'大显"①。很明显,"义命之分"就是在强调"义"本身的独立性,也即不以成败("命"或天命决定)论是非("义"或规范决定)。而这如果不是凭空的觉悟,那很可能是针对周人来说。即所谓"分",实际是要打破周人"德""命"一致的信念,使"敬德"只对"德"本身的意义负责,而不含"祈天永命"的功利诉求。

三、"敬"与"仁"

那么,孔子对周人"敬德"观念的反思,就其强调"德"本身的意义来说,就关涉到看待"德"的态度问题。所以,这种反思不止针对"敬德"之"德",还要回溯到"敬",因为字面上就能看出,"敬"所表达是对"德"的一种态度。因此正如《论语》所见,孔子也常谈"敬",这一方面固然因循了周人主"敬"的传统;但另一方面,他所讲的"敬"又与周人不同,并非对外在神力的敬畏,而是对道义规范发自本心的敬重。

这种自发的"敬",根据肩水金关汉简《论语》所见的"子曰:'**自爱,仁之至也;自敬,知之至也**'"(73EJT31∶139/T31),正可以"自敬"表示。但这个词不见于传世本即鲁《论语》中,若金关简《论语》与海昏侯墓新出《论语》一样,都属于齐《论语》的版本系统,"自敬"可能只是后者才有的表述。不过,周人已有此说,如武王对殷遗民的训诫是:

---

① 劳思光:《新编中国哲学史》(一卷),第101页。

> 予其往追□纣,遂趣集之于上帝,天王其有命尔,百姓献民其有缀芳,夫**自敬**其有斯天命,不令尔百姓无告,西土疾勤,其斯有何重,天维用重勤,兴起我罪勤,我无克乃一心,尔多子,**其人自敬**,助天永休于我西土。(《逸周书·商誓解》)

看起来,周人所谓"自敬"也有自发敬重的意谓。但总的说来,还是"敬重"的意思轻,"敬畏"的意思重。即所谓"其人自敬",还是因为敬畏天命在周("自敬其有斯天命"),才会认真履行"助天永休于我西土"的职责。可对孔子来说,既然遵守"义"的规范无关于"命"之成败(义命之分),则"自敬"就不是由敬畏天命而重视"义",而只能是对"义"本身的自觉。

自觉显然属于智识范畴,所以就能理解上引文中"自敬"为何被说成"知之至也"。类似想法,在《荀子·子道》记叙孔子与其弟子的对话中也能看到:

> 子路入,子曰:"由!知者若何?仁者若何?"子路对曰:"知者使人知己,仁者使人爱己。"……子贡入,子曰:"赐!知者若何?仁者若何?"子贡对曰:"知者知人,仁者爱人。"……颜渊入,子曰:"回!知者若何?仁者若何?"颜渊对曰:"**知者自知,仁者自爱**。"

如果"知者自知,仁者自爱"正是前引金关简《论语》"自爱,仁之至也;自敬,知之至也"的另一种表达,那么比照一下"**自敬**,知之至也"和"知者**自知**",就不难推断出"自知"表现的就是"自敬"作为对规范发自本心的敬重,实质是一种理性自觉。而孔子对此自觉的揭示,无论表示为"自敬"还是"自知",就其是对"德"的内在态度来说,大概正与小苍芳彦在《左传》等文献中发现的西周以降"德的内面化"的思想倾向有关。① 但也要看到,"自敬""自知"作为对"德"的内在态度,毕竟只是态度,不是规范能被奉行的决定因素。比如在实际生活中,人们有时明知怎样行动是对的或正当的,却因为自身的软弱做不到,可见仅有自觉还不够。然而,孔子所以强调"自敬""自知"的重要性,大概就像倪德卫(D. S. Nivision)指出的,真正担忧的不是人们知道对错却做不到(the weakness of will),而是根本觉得对错无所谓,也就是对任何规范都表现出与己无关的冷漠(acedia)。② 这时,强调遵守规范依赖出于自觉地敬重("自敬""自知"),就指出了克服冷漠的关键。

但问题并未结束,因为要揭示"自觉地敬重"的实质,还要涉及"仁"的观念。正如前引文中,孔子对"敬"与"知"的谈论总是与"仁"对举,并且相对于"自敬""自知","仁"被说成"自爱"。此外,除了《荀子·子道》篇中有"自知""自爱"的对举,扬雄《法言·君子》则有"自敬""自爱"的对举("自爱,仁之至也。自敬,礼之至也")。这些情况,都表明对"自敬""自知"之自觉义的探索,必须以"自爱"之"仁"为参照。可是,一旦引入"仁"的观念,问题就会相当复杂。最突出的,是传世本《论语》对"仁"的界定,以《论语·颜渊》篇的"樊迟问仁"为例,讲的是"**爱人**"而非"自爱",后来则有"**仁者爱人**"这个广泛流行的说法。所以,一旦涉及对"仁"的理解,首先要处理的就是"自爱"与"爱人"的关系。这个问题,在以往论者围

---

① 小苍芳彦:"《左传》中的'霸'与'德'——'德'概念的形成与发展",载刘俊文编:《日本学者研究中国史论著选译》(第七卷·思想宗教),许洋主等译,中华书局1993年版。

② D. S. Nivison, *The Ways of Confucianism: Investigations in Chinese Philosophy*, edt. by Bryan W. Van Norden, La Salle: Open Court, 1996, p. 96.

绕郭店简身心合一之"息"（古"仁"字）的研究中已是焦点，并基于对战国"息"字构型与字义的不同理解，给出了不同回答。① 但既然"自爱""爱人"本身就是《论语》中的说法，则依据《论语》本文探讨二者，岂不比取道战国文字的猜想更有说服力？

比如"爱人"，《论语》中最能表现其内涵的莫过于被概括为"忠恕之道"的"己所不欲，勿施于人"（《论语·颜渊》《论语·卫灵公》）和"夫仁者，己欲立而立人，己欲达而达人。**能近取譬**，可谓**仁之方**也已"（《论语·雍也》）。据此看，"爱人"至少有两面，一是不强迫别人，一是能成就别人。但不论哪种"爱人"，从求"仁"的方法上说，都是从近的、易做的开始，推广到远的、不易做的地方，这就叫"能近取譬"。而其典范，大概就是后来儒家讲的：

老**吾老**，以及人之老；幼**吾幼**，以及人之幼。（《孟子·梁惠王上》）

夫**孝**，……推而放诸东海而准，推而放诸西海而准，推而放诸南海而准，推而放诸北海而准。（《礼记·祭义》）

然而不应忽视，这都是以"亲"为起点的"能近取譬"。孔子讲的"能近取譬"，仅就上引文看，并非从"亲"出发，而是从"己欲立""己欲达"和"己所不欲"的"己"出发。所以在逻辑上，"爱人"作为推"己"及"人"的"爱"就只能出于"自爱"。因之金关简《论语》中的"自爱者，仁之至也"，非但不与传世本讲的"爱人"之"仁"存在冲突，更表

---

① 参见白奚：" '仁'字古文考辩"，《中国哲学史》2000年第3期；梁涛："郭店竹简 '息'字与孔子仁学"，《哲学研究》2005年第5期；王中江："身心合一之'仁'与儒家德性伦理——郭店竹简'息'字及儒家仁爱的构成"，《中国哲学史》2006年第1期；刘翔：《中国传统价值观诠释学》，华东师范大学出版社2010年版。

明"能近取譬"的"仁之方"就是从爱自己出发。

可什么叫作爱自己,这个问题不好回答。当然可以说,孔子讲的"自爱"不是一味自利,比如墨子批判的"子**自爱**,不爱父,故亏父以**自利**"(《墨子·兼爱上》)。但是,也不能说"自爱"完全没有关照私利的成分。所以,能否理解"自爱",就在于能否说出它与绝对的"自利"有何区别。在孔子那里,这个区别在某种意义上已被指明,就是绝对的"自利"在概念上就与推己及人的"仁之方"相悖,"自爱"则可推扩为"爱人"。因此任何关心自己的考虑,只要能被推及他人,就能被视为"自爱"。但给出这种解释,前提是我们已经了解从"自爱"到"爱人"是一种怎样的推扩。这时,或可给出某种诉诸情感的论证,比如引入同情心来说明爱自己与爱他人的蕴含关系。① 但倘使儒家的同情概念在孟子那里才真正成立②,则孔子眼中从"自爱"到"爱人"的推扩也能有另一解释,其性质不是诉诸情感,而是诉诸理智,是把"自爱"解释为拿自己当"人"看,即重视自己作为"人"的价值;把"爱人"解释为拿他人当"人"看,即重视他人作为"人"的价值,因此最终地,"自爱""爱人"就能在认同"人"本身的价值这个意义上统一起来。

我们认为,如此解释更合孔子立场,因为他最基本的问题意识就体现在对"人"的思考中。比如听到隐士的"辟世"论时,孔子感叹"鸟兽不可与同群,**吾非斯人之徒与而谁与**?天下有道,丘不与易也"(《论语·微子》),正可见其使命感是来自对"人"的关切。而此关切,就是通过"道"的推行,也就是"行其义",使人成为人所应

---

① 参见王中江:《简帛文明与古代思想世界》,北京大学出版社2011年版,第210—239页。
② 参见本编第二章。

是的样子,正如:

> 子路问**成人**。子曰:"若臧武仲之知,公绰之不欲,卞庄子之勇,冉求之艺,文之以礼乐,亦**可以为成人**矣。"曰:"今之成人者何必然?见利思义,见危授命,久要不忘平生之言,亦**可以为成人**矣。"(《论语·宪问》)

很清楚,无论古人追求的卓越品行,还是今人至少要守住的行为底线,首先是"成人"的要求。那么更确切地说,"自爱"就是看重"成人"之于自身的价值,"爱人"则是看重"成人"之于他人的价值。因此,孔子对"仁"的两种界定就在"成人"的价值认同上统一起来。

现在,基于对"仁"的初步解释,就能回答之前的疑问:"自敬""自知"所表征的遵循道义规范的自觉如何可能?因为一切规范显然只有相对于"人"才有意义,也即"人"的观念不立,规范无从谈起。那么询问遵守规范的自觉如何可能,其实就是在询问"成人"的意愿。而此意愿,显然只能来自对"人"本身的认同。也就是说,"自敬""自知"作为"成人"的自觉意愿,必须以"自爱"即认同"成人"之于自己的价值为前提。说得更直白些,就是"敬"(具有"成人"的意愿)的基础乃是"仁"(认同"成人"的价值)。

四、"仁"与"德"

既如此,如果说"敬"是对"德"的一种态度,就应说"仁"是更为根本的态度。但这样说,与通常理解的"仁"是最高的"德",意思并不相同。比如津田左右吉认为的:"'仁'可以说是《论语》中孔子道德思想的**根本概念**与**中心思想**,但将'仁'与'智'**相对而论**,甚或与

'智''勇'并列,则让人感到'仁'的价值被贬低了。"①得出这样的结论,显然是把"仁"视为诸"德"之一(当然是最高的"德")。但若说"仁"所表征是对"德"的态度,则首先意味着"仁"本身不是"德",也不存在与诸德目孰高孰低的问题。换句话说,"仁"作为对"人"的价值认同,与出于这种认同才有意义的"德",不在同一层次。

但正因此,要想对"仁"的内涵有更充分的揭示,就会显得比较困难。因为认同只是每人自己的认同,"仁"所表征的认同也是如此。正如孔子特别强调的"**我欲仁**,斯仁至矣"(《论语·述而》)和"**为仁由己**,而由人乎哉"(《论语·颜渊》),某种意义上就是把"仁"所要求的价值认同归属于个人意愿或动机的领域。但这一来,某人是否具有"仁"的认同,也即是否看重人之为人的价值,就会难以判断。比如当人询问孔子其某位弟子是否合于"仁"时,他总是说"**不知**其仁"(《论语·公冶长》)、"仁则吾**不知**"(《论语·宪问》)。这个"不知",不是通常理解的对"仁"的标准高不可及的暗示,而是真的"不知"。因为是否认同既然只是每人自己的认同,则其认同与否,他人如何知道?但即便如此,也仅能说"仁"所表征的价值认同,就每个特殊个体的心理状态而言是不可知的;却并不意味这种认同没有理论上的明确特征,所以仅是一种神秘体验。

就《论语》来看,"仁"所表征的价值认同至少包括两个特征,一是自愿的而非功利的,一是理智的而非激情的。比如,冉求一方面宣称他认同孔子的"道"——当然就是以"仁"为核心的"成人"之"道"——但又无力遵循时,孔子说他"今女画"(《论语·雍也》),就是指在尚未践行时就开始对结果进行功利性地评估。这已经提示

---

① 津田左右吉:《论语与孔子思想》,曹景惠译注,联经出版事业公司2015年版,第211页。

了"成人"的价值认同具有不计功利的特征。再比如,孔子强调"放于利而行,**多怨**"(《论语·里仁》),又认为"求仁而得仁,又**何怨**"(《论语·述而》),并且是"**在邦无怨,在家无怨**"(《论语·颜渊》),这也能表明"求仁"出于自愿,没有功利考虑。不过,不计功利也可能是理想主义的一时冲动,并在遭遇挫折时放弃追求。所以在孔子还指出,"仁者"不仅"无怨",而且"不忧"(《论语·宪问》《论语·子罕》)。后者尤其意味着"仁"所表征的认同还有一个特征,就是并非出于激情,而是能够长期守持的理性态度。这当然有艰苦的一面,比如说"君子**无终食之间违仁**,造次必于是,颠沛必于是"(《论语·里仁》)。但另一面,也能体会到"仁者**安仁**"(《论语·里仁》)的乐趣。比如"其心三月不违仁"的颜回,孔子说他"一箪食,一瓢饮,在陋巷,**人不堪其忧,回也不改其乐**"(《论语·雍也》),正可谓"仁者安仁"的写照。

因此就能说,"仁"所表征的价值认同,虽然在心理层面难以判断,但绝非神秘体验,而是有理论上可加分析的特征。那么,相信公认晦涩的"仁"概念最终能被解释清楚,就是一种合理期待。而上文的刻画,正是朝向清晰性目标的初步探索,可概括为:

[1]"仁"不是"德",而是比"敬"更根本的对待"德"的态度。

[2] 这种态度,作为"敬"的基础,也即能自觉遵循规范("自敬""自知")的前提,指的是对"成人"之于自己和他人的价值有所认同("自爱""爱人")。

[3] 这种认同,作为他人的心理状态固不可知("不知其仁"),但却有明确的理论特征,比如出于自愿而非功利("仁者无怨")、出于理性而非激情("仁者不忧")。

但回头想想,人们为什么觉得"仁"很晦涩呢?来自心理层面的干扰是一个重要方面。正如津田左右吉说的,将"仁"视为心理概念时,其道德内涵很难被确切刻画出来①;赫伯特·芬格莱特(Herbert Fingarette)则从相反的方面指出,如果不把"仁"视为心理概念,诠释问题会更加突出。②但根本上,纠结于"仁"是不是心理概念,反映的是解释者尚未在心理体验外找到解释的坐标,尤其是历史坐标。所以,也有人也尝试从"仁"与甲骨文的"夷""化"等字的字源关联上探讨"仁"观念在殷人亲亲传统中的渊源。③然而,姑且不论以语言现象说明观念发展的风险,仅就孔子来说,他作为殷遗民却始终以复兴周文为使命,那么解释"仁"概念的历史坐标就首先应该定位在周。正如前引文献中的"仁""敬"对举及作为变体的"爱""敬"对举,本身就说明了孔子论"仁"与周人推崇的"敬"密切相关。因此,孔子为何要在西周主"敬"的传统外突出地强调"仁",就成为真正要害的问题。

而经之前讨论,应该说,这很可能是因为周人重视"德之用"(而非"德"本身)的"敬德"观念,在孔子眼中是缺乏"人"之认同的表现。就像前引周公的言论所示,"敬德"虽有"怀保小民"之义,但这与其说是在认同"人"的意义上"爱人",不如说是将民众作为政治资源("以小民受天永命")来加以爱惜。比如:

天视自我**民视**,**天听**自我**民听**。(《尚书·泰誓中》)

---

① 津田左右吉:《论语与孔子思想》,曹景惠译注,第430页。
② Herbert Fingarette, *Confucius—the Secular as Sacred*, NY: Harper & Row, 1972, p.37.
③ 武树臣:"寻找最初的'仁':对先秦'仁'观念形成过程的文化考察",《中外法学》2014年第1期。

王曰:"呜呼! 小子封,恫瘝乃身,敬哉! **天畏棐忱,民情大可见**,小人难保。……亦惟助王宅天命,作新民。"(《尚书·康诰》)

这类强调天命难测,唯见于民情的言论,既能说是把民意上升到天志的高度,也能说是把天志落实为民意的诉求,但不管怎么说,将"天""民"绑定起来,只能说明"人"的观念尚未挺立,所以对"民"的重视不过是对政治资源的爱惜。因之,当周人进一步强调以"德"保民是获得上天之"命"的关键时,也就是将"德"与"命"再绑定起来时("德""命"一致),必然会形成把"敬德"当成"受命"手段("德之用")的功利观念。

孔子对周的反思,形象地说,就是对这两重绑定的逆向解绑。如前述,他把对"德"的推崇("崇德")归为对"义"的遵循("徙义"),并认为这与"命"或天命决定的成败无关(义命之分),这就使对"德"的肯定不再受缚于"命"(无论是"敬命"的宗教思维还是"受命"的功利考虑),此为解绑之一;而将"德"的态度描述为发自内心的"敬"("自敬"或"自知"),并进一步落实到"仁",这就呈现出对"人"本身的认同("自爱"与"爱人"),因而超越了周人将天志、民意捆在一起,终将百姓视为政治资源的层次,此为解绑之二。是故,孔子对西周思想的转化,概言之就是:

A. 以"义"转化"德",旨在彰显"德"本身的价值。
B. 以"仁"转化"敬",旨在挺立作为"德"之基础的"人"的观念。

但必须看到,后一转化才是根本。正如《论语·八佾》篇所见,孔子不只是说"为礼**不敬**"则无足取，更强调"人而**不仁**，如礼何"。如果"为礼不敬"最终表现的就是对"礼"所蕴含的道义规范，也就是"德"或"义"的要求，没有发自内心的敬重；那么"不仁"正可说是"不敬"的根源，即某人之所以没有遵循道义规范的自觉意愿，正是因为他对规范得以存在的根源——也即人之为人的价值——缺乏认同。

由上，经过追溯孔子从反思"敬德"到倡导"仁义"的线索，可以肯定其学说的确立与周人的思想渊源极深。而其贡献，莫过于将早期中国的思想从一功利性格提升为道德性格。但正如前文所示，这只是创造性的转化，而非隔断历史的全新开端。所以依据某些狭隘的经学教条，把孔子从文化上的开创人物变成教主式的开端人物，不过是一种原教旨想象。

第二章　从"不忍"到"不忍人"
——孟子的同情概念

什么是同情,基于不同的文化背景与思想脉络,可以有不同的回答。就中国思想来说,大概孟子的观点最有代表性。比如从《孟子》书以"不忍"描述"恻隐之心"的例子看①,此"心"正可说是某种形式的同情心;且"恻隐之心"成为汉语词汇表中意指同情概念的主要术语,也正是取义于"不忍"的结果。所以谈论同情概念的中国意味,首先不能绕过孟子。

但对学术研究来说,除了单纯肯定这点,更重要的是揭示孟子思考同情概念的复杂性。② 因为事实上,他不只是将"恻隐之心"说成"不忍",更特指"不忍人"(见《孟子·公孙丑上》),而这两者并不等同。用作单独词项的"不忍",如下所述,主要指特定场合中因直观刺激而不自觉流露的同情(也就是被表述为"四端"之一的"恻隐之心",见《孟子·公孙丑上》);"不忍人"之"不忍"则并非如此,是

---

① 见《孟子·梁惠王上》《孟子·公孙丑上》。
② 以往对孟子同情概念的探讨,主要是引入某种理论模型来作解释。这或许有一定的启发意义,但当我们回到文本,试图刻画孟子思考同情概念的复杂性时,会发现理论模型固有的偏好与适合此偏好的化简诉求,往往会构成一种框架性限定,不但使解释成为只有共享此理论模型之"特殊语言"的论者才能理解的解释,甚至会出现曲解文本以迎合理论的问题。比如瑞士学者耿宁对孟子和宋明儒学的研究(参见耿宁:"孟子、斯密与胡塞尔论同情与良知",《世界哲学》2011年第1期;《人生第一等事:王阳明及其后学论"致良知"》,倪梁康译,商务印书馆2014年版),就是引入现象学的理论模型来作解释。但不论其理论模型本身的效力如何,其所提供的解释就文本来说便有许多可商榷之处。对此,笔者将另作专门探讨。

不依赖场合性刺激也能自觉呈现的同情（也就是被表述为"四德"之一的"恻隐之心"，见《孟子·告子上》）。所以，孟子的同情概念至少包括"依场合"与"依自觉"两面。而他最关切的问题，就是如何促成同情心从依场合到依自觉的转化。此时，就会看到人类意识在孟子那里得到了突出的强调，因为他对上述"转化"的基本理解，就是同情心的自觉必出于人类意识的觉醒。也就是说，"不忍人"作为依自觉的同情，首先表现的就是对"人"之为"类"的自觉。

所以严格地看，孟子眼中的同情不只是"不忍"，更是基于人类意识觉醒的"不忍人"。对"人"的自觉，在某种意义上就是引入同情概念的基础。因为尤其对孟子来说，正是通过区别于亲情来揭示同情作为一个独立概念的独立性。而他显然看到了，只有出于"人"的自觉，同情概念才可能摆脱血缘的限定，具有亲情不能涵盖的独立内涵。因此，当他将"恻隐之心"界定为"仁"或"仁之端"时，不只承认有"亲亲"之"仁"，更主张有对百姓的"弗亲"之"仁"（见《孟子·尽心上》），后者正是"不忍人"所表征的真正的同情。

一、"不忍"与场合性刺激

但亟待指出的是，以"不忍人"为真正的同情，这并不是说同情的对象只能是"人"；而是说，对"人"的"不忍"——就其基于人类意识的觉醒而言——最有可能被视为依自觉的同情；而只有能被自觉运用的同情心，才最有理由被视为真正的同情。不过，在具体解释这个层面的同情概念前，首先要知道什么是尚未自觉的也即前述依场合的同情。这种同情，如果宽泛地表述为"不忍"的话，在齐宣王以羊易牛的故事中表现得最为显著：

(孟子)曰:"臣闻之胡龁曰,王坐于堂上,有牵牛而过堂下者,王见之,曰:'牛何之?'对曰:'将以衅钟。'王曰:'舍之!吾**不忍**其觳觫,若无罪而就死地。'对曰:'然则废衅钟与?'曰:'何可废也?以羊易之!'不识有诸?"(王)曰:"有之。"(孟子)曰:"是心足以王矣。百姓皆以王为爱也,臣固知王之**不忍**也。"王曰:"然。诚有百姓者。齐国虽褊小,吾何爱一牛?即**不忍**其觳觫,若无罪而就死地,故以羊易之也。"(孟子)曰:"王无异于百姓之以王为爱也。以小易大,彼恶知之?王若隐其无罪而就死地,则牛羊何择焉?"王笑曰:"是诚何心哉?我非爱其财。而易之以羊也,宜乎百姓之谓我爱也。"(《孟子·梁惠王上》)

对话中,齐王反复强调他之所以羊易牛,不是百姓认为的吝惜牛的价值,而是见牛之将死时"不忍其觳觫"。孟子固然肯定这是真实的"不忍"("臣固知王之不忍也"),但也要让齐王看到百姓误解他的原因,即"不忍"牛被杀,却"忍"以羊易牛,只是一种有限的同情,所以才会被人视为吝惜的表现。

问题是,如果齐王的"不忍"果真与牛的价值无关,只是单纯的"恻隐"("隐其无罪而就死地"),那为什么只及于牛却不及于羊,这仍然需要解释。按孟子随后所述,应当正与特定场合中的直观刺激有关:

(孟子)曰:"无伤也,是乃仁术也,见牛未见羊也。君子之于禽兽也,见其生,不忍见其死;闻其声,不忍食其肉。是以君子远庖厨也。"(《孟子·梁惠王上》)

将齐王以羊易牛的原因解释为"见牛而未见羊",就是以其"不忍"仅是被眼前牛之将死的场景所触发的同情。因此"君子远庖厨"的告诫,讲的就是"不忍"的同情心与特定场合的直观刺激("见其生""闻其声")存在因果关系。而此因果关系,正是孟子肯定凡人皆有"恻隐之心"的依据,即:

> 今人**乍见**孺子将入于井,皆有怵惕恻隐之心。**非所以**内交于孺子之父母也,**非所以**要誉于乡党朋友也,非恶其声**而然**也。(《孟子·公孙丑上》)

如上,孟子反复强调人见孺子入井而有"恻隐之心",这不是出于任何特定的理由("非所以""非……而然"),就是说这同情心只是"乍见"这一场合性刺激引发的结果。并且,孟子显然认为这不是某些人才有的反应,而是任何人只要"乍见"此景,都会触发其此"心",这恰恰说明"恻隐之心"是凡人皆有的潜在的同情心。

但只在特定场合昙花一现的同情,就其依场合的性质来说,对于人类行为的塑造有什么意义呢?人们固然可能将被场合性因素激发的同情应用到行动中,但在没有刺激条件的场合可能并不这样做。那么,怎样才能使"昙花一现"的同情产生持续的影响呢?

> (孟子)曰:"今恩足以及禽兽,而功不至于百姓者,独何与?然则一羽之不举,为不用力焉;舆薪之不见,为不用明焉;百姓之不见保,为不用恩焉。故王之不王,不为也,非不能也。……老吾老,以及人之老;幼吾幼,以及人之幼。天下可运于掌。《诗》云:'刑于寡妻,至于兄弟,以御于家邦。'言**举斯心加诸彼**而已。故推恩足以保四海,不推恩无以保妻子。古

之人所以大过人者无他焉,**善推其所为而已**矣。今恩足以及禽兽,而功不至于百姓者,独何与?"(《孟子·梁惠王上》)

"举斯心加诸彼",也就是将特定场合中被触发的"不忍"扩展到其他场合的"推",正是孟子设想的使同情心产生持续影响的方式。"推"之必要,参照史华兹的论述,或许可以这样说,就是包括同情在内的人的"向善冲动"除了能在少数场合直观呈现,在多数场合往往是"被有效地埋藏在层层积累起来的麻木不仁以及邪恶行径的重压之下"①。那么一切道德行为在实施上,就必须采用从一个场合推及其他场合的方式,也即"推类"。② 可是,倘使多数场合并不具备触发同情心的刺激条件,那么只是在某个场合被触发的"不忍"之心,究竟怎样才能被"推"及其他,仍然是有疑问的。因为事实上,人们不可能总是遭遇无辜生命面临威胁的情况;则"推"之可行,除了要承认有外因触发的非自觉流露的同情,还必须肯定有不依赖场合性刺激就能自觉呈现的同情,否则"举斯心加诸彼"就是不可能的。

上引文中,孟子认为"推"的实施取决于意愿而非能力("不为也,非不能也"),大概就指涉了具有自觉性的同情心;他所谓"古之人善推其所为",更应就同情心的自觉运用来说"善"。因为由场合性因素触发的"不忍",既然凡人皆有,就不存在谁比谁更擅长("善")的问题;则所谓"善推",就只能是说某些人比其他人对"不忍"之心有更多的自觉,所以更能摆脱场合因素的限定而有自主的

---

① 本杰明·史华兹:《古代中国的思想世界》,程钢译,江苏人民出版社2008年版,第366页。
② 参见李巍:"逻辑方法还是伦理实践?——先秦儒墨'推类'思想辨析",《文史哲》2016年第5期。

同情。正如孟子在另一处指出的,包括"恻隐之心"在内人的"心"都一样,但只有"圣人先得我心之同然"(《孟子·告子上》)——此所谓"先得",正应对"心"的自觉来说——是故在"举斯心加诸彼"这件事上,就能说"圣人"(或"古之人")更善于"推"。因此"善推"所反映的,表面上是圣凡之分,实际正是"恻隐之心"作为同情心的两种形式之分:如上,一是依赖场合性刺激的非自觉流露的"不忍",一是不依赖场合的可自觉运用的"不忍"。故所谓"推",绝不只是扩大"不忍"的对象范围,更是指"不忍"本身的形式转化,即从依场合的同情"转化"为依自觉的同情。

二、"恻隐之心"的两种形式

以上,是以孟子对"不忍"的论述为核心,讲其同情概念的两个层次。但此划分是否成立,还要从孟子谈论同情问题的其他论述中印证,尤其是关于"恻隐之心"的论述。如前所见,孟子以孺子入井例示人"皆有怵惕恻隐之心",这主要是依场合的同情心。但如果孟子的同情概念确乎还有依自觉的一面,势必也有另一形式的"恻隐之心"。这一点,在孟子对"四端"的论述中已有提示,所谓:

> 恻隐之心,仁之端也;羞恶之心,义之端也;辞让之心,礼之端也;是非之心,智之端也。人之有是四端也,犹其有四体也。有是四端而自谓不能者,自贼者也;谓其君不能者,贼其君者也。凡有四端于我者,知皆扩而充之矣,若火之始然,泉之始达。苟能充之,足以保四海;苟不充之,不足以事父母。
> (《孟子·公孙丑上》)

关于这段论述,最先要知道的是"恻隐之心"被表述为"仁之端"的意思。按通常理解,"仁之端"就是"仁"的端绪。但"端绪"只是比喻,在具体语境中至少意味着:

  A_1 事实上,某物尚未完成的开端状态。
  A_2 理论上,某物成其所是的潜在可能。

那么相应地,"仁之端"就有两种意味:

  B_1 事实上,尚未完成的初始的"仁"。
  B_2 理论上,尚未实现的潜在的"仁"。

应该说,B_1、B_2 都包含在"恻隐之心,仁之端也"的说法中,但重要的是辨别孟子在具体语境中谈论的究竟是哪一个。

  比如在论述"仁之端"的扩充问题时,"若火之始然,泉之始达"显然是就事实上的初始状态而言"端";"苟能充之,足以保四海;苟不充之,不足以事父母",则显然是就逻辑上的潜在可能而言"端"。是故,"扩充"也应有两个意思:

  C_1 事实上,从未成的"仁"到已成的"仁"的长养。
  C_2 理论上,从潜在的"仁"到现实的"仁"的呈现。

本文认为,C_1 针对的"仁之端"就是依场合的"恻隐之心",C_2 针对的"仁之端"则为依自觉的"恻隐之心"。但要理解这一点,先要看到孟子对扩充"仁之端"的论述,其实就是"推恩"之"推"的另一说法。因此,正如"推"者必有所"推"之物(如齐王被牛之将死所触动的"不忍"),"恻隐之心"从未成之"仁"到已成之"仁"的扩充(K_1)也必须有一个事实的起点(如"乍见"孺子入井时直观呈现的"怵惕恻隐")。但这里谈及的,显然只是依场合的同情心,要能被"推"或"扩充"到没有刺激条件的其他场合中,则必须由外因触发转化为内因自觉。此时则能看到,孟子论"恻隐之心"从潜在之"仁"到现实之"仁"的扩充(C_2),正好与他对"推"之可行性的说法一致,即:

[1] 扩充论证:苟能充之足以保四海,苟不充之不足以事父母。

[2] 推恩论证:推恩足以保四海,不推恩无以保妻子。

那么,如果说论证[2]的成立必基于对同情心的自觉(见前文),则与之一致的论证[1]自然也应针对依自觉的"恻隐之心"而言。

所以在"四端"说中,正因为谈及"扩充"问题,可知孟子其实已经涉及两个层次的"恻隐之心",只是他以孺子入井的场合例示此"心",好像只谈论了依场合的"恻隐之心"。但观察孟子的"四德"说,依自觉的"恻隐之心"则清晰可见。只是在澄清此义之前,需要先谈及一个看似矛盾的情况。按文本所述:

恻隐之心,人皆有之;羞恶之心,人皆有之;恭敬之心,人皆有之;是非之心,人皆有之。恻隐之心,仁也;羞恶之心,义也;恭敬之心,礼也;是非之心,智也。仁义礼智,非由外铄我也,我固有之也,弗思耳矣。(《孟子·告子上》)

之前,"恻隐之心"被称为"仁之端",这里直接等同于"仁",似乎是有矛盾的,并因此引起很多争议。比如,有论者主张相对此处以

"恻隐之心"即"仁"的说法,"仁之端"的说法才是孟子本意,这显然是就"仁之端"作为"仁"未完成的初始状态来说的①;但也有论者认为,"仁之端"不应作未完成的初始之"仁"看,而应指已然具足但仅为潜藏的"仁",故"恻隐之心"就是"仁"才是孟子本意。② 很明显,两种解释并未超出前述"仁之端"的事实义与理论义,分歧只在于哪个意思才是孟子的主张。

虽然"仁之端"的两个意思,即尚未完成的初始之"仁"和尚未实现的潜在之"仁",本身没有冲突;但问题是只要承认"端"是个有意义的表达,就必须承认"仁之端"不等于"仁"。比如取事实义来看,"仁之端"与"仁"就有未成、已成之分;而取逻辑义来看,"仁之端"虽能说是已然具足,故与"仁"本身并无未成、已成之分,却还有潜在、现实之分。因此孟子以"恻隐之心"既是"四端"之一,又是"四德"之一,仍然是看似矛盾的。但关键是应该如何看待这个矛盾。它是文本固有,还是解释造成,则为首要问题。从逻辑的观点看,矛盾指的是一事物同时既是又不是($A \land \neg A$),也就是说,矛盾首先必须是对同一事物来说。那么"恻隐之心"既等于又不等于"仁"的矛盾,其得以被视为矛盾,与其说是文本固有,不如说是因为解释者假定了"四端"说与"四德"说中的"恻隐之心"没有差别,这才有此"心"到底是"仁之端"还是"仁"本身的矛盾。但有理由认为,作为"四德"之一的"恻隐之心"已然是推扩过程中被自觉运用的同情心,与由场合因素触发的非自觉的"恻隐之心"不同,后者则

---

① 参见杨泽波:《孟子性善论研究》(再修订版),上海人民出版社 2016 年版,第 47 页。
② 参见李明辉:《康德伦理学与孟子道德思考之重建》,台湾"中央研究院"中国文哲研究所 1994 年版,第 113—116 页;又见氏著:《儒家与康德》,联经出版事业公司 1997 年版,第 78 页。

正是"四端"之一。是故,属于"四端"和属于"四德",就能说是"恻隐之心"依场合与依自觉的不同面向。而只要承认分属"四端"与"四德"的"恻隐之心"名同实异,就不必把此"心"既被说成"仁"又被说成"端"视为矛盾。当然,这并不是说"四端"与"四德"中的"恻隐之心"是两种东西;而是说,属于"四端"和属于"四德",是同一种"心"的两种状态,也即前述依场合和依自觉之分。

可是,依据孺子入井的例子将"四端"中的"恻隐之心"说成依场合的同情心时,又有什么理由断定"四德"中的"恻隐之心"是依自觉的呢?上引文之"仁义礼智,非由外铄我也,我固有之也,弗思耳矣",就是文本上的明证。因为肯定作为"仁"的"恻隐之心"是"我固有之"的,只能是自觉此"心"时才有的判断。而此自觉,就是"弗思耳矣"的"思"。正如孟子在别处说的:

> 心之官则思,思则得之,不思则不得也。(《孟子·告子上》)
>
> 欲贵者,人之同心也。人人有贵于己者,弗思耳。(《孟子·告子上》)

如上,"思"显然不仅是单纯的思考,而是一种向"己"之内有所找寻("得之"或"不得")的活动。找寻什么呢?倪德卫与信广来认为是"义"[①],但孟子既然主张"仁义礼智,我固有之"是有待"思"来确认的,则可知"思"的对象首先应该是"仁"。那么,在肯定人身上有等

---

① 参见 D. S. Nivison, *The Ways of Confucianism: Investigations in Chinese Philosophy*, edt. by Bryan W. Van Norden, 1996, p. 114; K.-L. S., *Mencius and Early Chinese Thought*, Stanford: Stanford University, 1997, p. 150.

同于"仁"的"恻隐之心"时强调以"思"的方式去确认它,就足以表明"恻隐之心"一定有依自觉的面向。甚至还能说,"思"就是对"恻隐之心"的自觉。经此自觉,原本仅是潜在之"仁"的"恻隐之心"就摆脱了对场合性因素的依赖,而能自发地呈现出来,成为现实的"仁"。应该说,这就是孟子主张"恻隐之心,仁也"的道理所在。

也正因此,可以再次肯定孟子的同情概念既有依场合的一面,也有依自觉的一面。只不过之前是以"不忍"为例来说此区别,上文则是以"恻隐之心"为例来谈。

三、"不忍人"与"人"的自觉

但正如本文最初就说的,揭示同情心的两个面向还不是孟子的主要目的,他更关心的是此"心"从依场合到依自觉的转化。这时,就必须涉及"不忍人"的观念,如:

[1] 孟子曰:"人皆有不忍人之心。**先王有不忍人之心,斯有不忍人之政矣**。以不忍人之心,行不忍人之政,治天下可运之掌上。"(《孟子·公孙丑上》)

单从对象来看,"不忍人"只是"不忍"的情形之一。但从概念内涵上看,正如下述,"不忍人"并不依赖场合因素的刺激(不同于"闻其声不忍食其肉""见其生不忍见其死"的"不忍"),所以不单是"不忍",更是依自觉的"不忍"。可是上引文之后,孟子紧接着说道:

[2] 所以谓人皆有不忍人之心者,今人乍见孺子将入于井,皆有怵惕恻隐之心。(《孟子·公孙丑上》)

这明显是用依场合的"不忍",即"乍见孺子将入于井"所激发的"恻隐之心",来说明"不忍人之心"——那么在前后一贯的语脉内,后者又怎能说是依自觉的同情呢?甚至怎能说这里对同情心的论述有依场合与依自觉之分呢?

关键是要区别,语句[2]用场合因素激发的"恻隐之心"说明"不忍人之心",这是一个例示(exemplification),还是一种解释(explanation)?二者之别可就孟子的如下说法来看:

(a) 恻隐之心,仁之端也。
(b) 恻隐之心,仁也。

这虽然都是用"恻隐之心"来说明"仁",但正如前述,(a)中的"恻隐之心"只是潜在或未成之"仁",故不足以解释"仁"的内涵,而只能在"端"的意义上例示"仁"。(b)则不然,其中的"恻隐之心"是实现或完成之"仁",所以"恻隐之心,仁也"就能看作对"仁"是什么的一种解释。由此回到上引文句[2],不难看出,孟子用"乍见"时生起的"恻隐之心"说明"不忍人之心",这和语句(a)的情形相似,只是例示,是以特定场合中激发的同情心为例,在外延上肯定"人皆有不忍人之心"。①但对此"不忍人之心"在内涵上是依场合还是依自觉,并未给出解释。所以,就像用"仁之端"来例示"仁"的时候,不

---

① 需要附带指出的,是在例证"人皆有不忍人之心"时,孟子为什么要以"乍见……"时生起的"恻隐之心"为例。因为例子必须清楚明见,而由场合因素激发的同情心,作为当下直观呈现的情感,正具有这个特征。就像李耶理(Lee H. Yearley)描述孟子的行动理论时指出的,"人们以恰当的方式倾向于去行动,但必须先触及那些倾向(predisposition)。而当他们关注那些倾向明显呈现的行动时,接触就发生了"(参见 Lee H. Yearley, *Mencius and Aquinas: Theory of Virtue and Conceptions of Courage*, New York: State University of New York Press, 1990, p. 63)。

能认为等同于前者的"恻隐之心"与等同于后者的"恻隐之心"没有状态之别(参见前文);同样不能因为语句[2]以特定场合激发的"恻隐之心"例示"人皆有不忍人之心",就认为"不忍人之心"与例示它的例子——即由"乍见……"激发的"恻隐之心"——状态无别,甚至没有依场合与依自觉的区分本身。

是故,只要将孟子对"不忍人之心"的例示与解释区别开,就能看到,要理解"不忍人之心"的内涵,必须超出[2],在文本中找到更多依据。比如,上引文句[1]明确肯定先王的"不忍人之心"与"不忍人之政"存在因果关系。结合《孟子·公孙丑》下文,此一因果关系显然只能在推扩的意义上成立,即所谓"先王有不忍人之心,**斯有不忍人之政矣**",这句话只能解释为"先王有不忍人之心"(前提),通过"扩而充之"(原因),达到"足以保四海"的"不忍人之政"(结果)。那么就此"不忍人之心"能被推扩来说,就像前述推恩论证与扩充论证所见,无疑是能被自觉运用("知皆扩而充之")的同情心。同时反过来说,也能肯定此依自觉的同情心就是"不忍人之心"。因为前引孟子论"推恩"时讲的"举斯心加诸彼",作为同情心的自觉运用("举……加……"),就是从禽兽处"举",于百姓处"加",这不就是"不忍人之心"吗?所以,当语句[2]以依场合的"恻隐之心"例示"人皆有不忍人之心"时,虽然后一个"心"与前一个"心"在外延上是同一个"心",但在内涵上却有依自觉与依场合的状态之分。这个区分,与之前对"恻隐之心"的状态区分是一致的,所以也可以说"不忍人之心"是作为"四德"之一的依自觉的"恻隐之心"。

不过除了以上所述之外,将"不忍人之心"解释为依自觉的同情心,还有个最重要的依据,就下文要详细讨论的,孟子特别强调"人"观念的自觉或人类意识的觉醒这件事。所以,"不忍人之心"

能被说成依自觉的同情心,首先是因为它出于人类意识的觉醒。由此,同情心从依场合到依自觉的转化便成为可能。比如,从孟子"凡同类者,举相似也,何独至于人而疑之"(《孟子·告子上》)的说法看,正可见"人"之"相似"的问题意识,代表的就是"人"之为"类"的观念自觉。只是认为"不忍人"作为自觉的同情心包括了对"人"的自觉,这还很不够;更确切地说,是唯有人类意识的觉醒才有同情心的自觉可言。这一点,在《荀子》中有更一般的表述,即不限于人,任何生物的同情心都是建立在其类意识自觉的基础上,即:

> 凡生天地之间者,有血气之属必有知,有知之属莫不**爱其类**。今夫大鸟兽则失亡其群匹,越月逾时,则必反铅;过故乡,则必徘徊焉,鸣号焉,蹢躅焉,踟蹰焉,然后能去之也。小者是燕爵,犹有啁噍之顷焉,然后能去之。(《荀子·礼论》)

鸟兽"失亡其群匹"则徘徊悲鸣,如说是同情的表现,显然是建立在"爱其类"的前提上。而所谓"爱其类",从"有血气之属必有知"的意义上说,首先就是对"类"的自觉。

但在孟子,他以"四端"为人禽之别所在,大概是以同情心只为人所具有。那么基于类意识自觉的同情就不仅是宽泛的"爱其类",更是爱人类。比如孟子所谓"仁者爱人"(《孟子·离娄下》),在后来的儒家言论中就被明确表述为"爱人类",即:

> 遍知万物而不知人道,不可谓智;遍爱群生而不**爱人类**,不可谓仁。仁者爱其类也,智者不可惑也。仁者虽在断割之中,其所**不忍之色**可见也。智者虽烦难之事,其不暗之效可见也。(《淮南子·主术训》)

由上,"爱人类"之"仁"被说是有"不忍之色"的表现,应与孟子基于"恻隐之心,仁也"的判断来讲"仁者爱人"的思路一致,是要将"爱"纳入同情概念的范畴,因此"爱人类"正可视为"不忍人"的同义语。并且,上引文强调"爱"只有以人类为对象时才是"仁",作为对孟子"仁者爱人"说的强化,又尤其意味着基于人类意识自觉的同情绝不是一般性的"爱",或者说,人类意识的觉醒使"不忍人"所代表的"爱"不仅有特定对象,更有特定类型。如此,同情概念才能说有区分于其他情感概念的独立性。

四、作为同情概念的"不忍人"

前引《淮南子》将同情之"爱"区别于"遍爱群生"之爱"的说法,如果就是要强调同情概念的独立性,正可追溯到孟子。只不过,孟子最关心的是同情区别于亲情的独立性。如《孟子·尽心上》中,他曾依次强调:

[1] 君子之于物也,爱之而弗仁;
[2] 于民也,仁之而弗亲;
[3] 亲亲而仁民,仁民而爱物。

参照"王之不忍"可由禽兽施及百姓的"推恩"理论,可知"仁民"之"仁"正是来自王者"不忍人"的同情心。那么,如果将"爱物""亲亲"都归入"爱"的范畴,则可知孟子正是把同情或"仁民"之"仁"视为一种特定类型的"爱"。

其与"爱物"不同,应当不难理解。可一旦涉及"仁民""亲亲"之别,问题就复杂了。但复杂性并不在"仁"与"亲"的对象,而是与概念内涵相关。因为孟子的确是在两种意义上说"仁"。一是"爱人"之"仁",是以"不忍人"为核心的"爱人类",这在前文已经谈及;另一则如:

> 仁之实,**事亲**是也。(《孟子·离娄上》)
> **亲亲**,仁也。(《孟子·告子下》《孟子·尽心下》)

这里,"仁"显然是被限定为对亲人的爱。那么当孟子在"亲亲"之"仁"外还承认有一个"仁之而弗亲"的"仁"时,似乎只能就同情("仁")与亲情("亲")的差别来说。

区别二者,至少在原则上是必要的。因为是否对某人报以同情,原则上只取决于某人是否遭遇不幸,与同情者和被同情者的关系无关。所以孟子强调"乍见"孺子入井时人皆有"恻隐之心"——并不因为与其父母有交,也非为博取善名——就表明同情心的呈现除了有依场合的特征,更是在另一方面强调同情心的呈现并不依关系,也即人们对孺子入井感到"不忍",这跟和孺子在关系上的远近亲疏无关。亲情则不然,或许不必依场合,却一定要依关系。为此,孟子在反驳墨家夷子的"爱无差等,施由亲始"说时,讲了另一个孺子入井的故事:

> 夫夷子,信以为人之亲其兄之子为若亲其邻之赤子乎?**彼有取尔也**。赤子匍匐将入井,非赤子之罪也。(《孟子·滕文公上》)

这个故事,在情节设计上不是任一孺子即将坠井,而是以邻人之子与亲人之子皆将坠井为例,问夷子会"亲"哪一个。孟子显然相信夷子必有选择("彼有取尔"),则决定其选择的情感就只能是依关系的"亲",而非对任一孺子无差别的"恻隐"之"仁"。是故,只要将两个版本的孺子入井作一比较,就能看到孟子在"亲亲,仁也"之外也承认"仁之而弗亲",就包含着对同情("仁民"之"仁")与亲情("亲亲"之"亲")的分殊。而其意义,莫过于表明同情概念有亲情无法涵盖的独立性。

应该说,孟子最终将同情概念表述为"不忍人",而非单纯的"不忍",就有强调其独立性的用意。因为事实上,"不忍"除了能被归于同情,也能被归于亲情,孟子驳斥夷子的又一例证所示,"孝子仁人之掩其亲"正是出于对亲人暴尸荒野的"不忍"。但这"不忍"与其说是同情,不如说是亲情。所以单从"不忍"着眼,很难看到同情、亲情的区别所在。可一旦落实到"不忍人",人类意识的觉醒就能为"不忍"超越血缘关系的限定提供基础。以《墨子·小取》的说法为例:

获之亲,人也;获事其亲,非事人也。
其弟,美人也;爱弟,非爱美人也。

可以清楚地看到,"亲亲"的成立在概念上并不需要"人"的自觉,亦即是否以亲情对待X,不在于X是"人",只在于X是"亲"。可是,要对亲人之外的其他人报以"不忍人"的同情,非得基于"爱其类"的自觉不可。因之,亲情、同情虽都是"爱",但后者正因为凭借"人"的自觉超越了血缘限定,就可说是一种普遍的爱。

这种爱,正因为有"爱其类"的普遍性,又能说是无"差等"的爱,即对亲人的同情与对陌生人的同情,至少在概念上是一样的。只是从现实生活看,同情似乎也有"差等"。比如,人们通常会对亲人的不幸报以更多同情甚至感同身受,却会对陌生人的不幸感到冷漠甚至幸灾乐祸。然而这类情形只能表明同情心的呈现,实际总是受到同情者与被同情者的亲疏关系的影响,却并不意味同情本身是依关系而有"差等"的。换句话说,同情的"差等"只是被亲情左右的结果,但概念上,同情并不等于亲情。基于这种看法,再次回到孟子对夷子"爱无差等,施由亲始"的反驳上,就能看出他那个著名的定性式表述:

> 天之生物也,使之一本,而夷子**二本**故也。(《孟子·滕文公上》)

绝不是否定"无差等"的"爱",而是指责夷子将这种普遍的爱与依关系而有"差等"的亲情混为一谈。也正因此,就能理解孟子为什么在"亲亲"之"仁"外又讲个"弗亲"的"仁",其实就是在肯定有一种区别于亲情的,作为真正的同情的"不忍人"。

现在,就能对孟子思考同情概念的思路做出刻画,即:

A. 同情心有两种状态,一是非自觉的、依赖场合刺激才能呈现的"不忍";另一则是超越场合限定,能被自觉推扩的"不忍"。

B. 这两种"不忍"也能说是"恻隐之心"依场合与依自觉的状态,前者是"四端"之一,后者则为"四德"之一。

C. 依自觉的"不忍"实质是出于人类意识觉醒的"不忍人",即只有对"人"的自觉,才有同情心从依场合到依自觉的转化。

D. 基于人类意识自觉的同情超越了血缘关系的限定,也没有程度上的"差等",所以是亲情不能涵盖的独立概念。

因此一言以蔽之,孟子以"不忍人"为核心的同情概念,表达的就是对"人"本身的价值认同。而注意到"仁者爱人"的观念在孔子就有(见《论语·颜渊》),也能在思想脉络上将孟子的"不忍人"之说视为对孔子"爱人"观念的理论展开。孔子所谓"爱人",作为"仁"的要求,同样不只是血缘亲亲之"爱",更是理智上无条件地认同"人"本身的价值。而这,又主要是出于对周人"敬德"观念的反思。因为"敬德"的重要内容即"怀保小民"(《尚书·无逸》),这固然也是"爱人"的表现,但与其说是将民众作为"人"来关爱,不如说是作为政治资源的爱惜,即孟子所谓"爱物"之"爱"。而孟子将"爱物"区别于"仁民"("爱之而弗仁"),就后者代表着普遍的"爱人"来说,无疑是因循了孔子对"人"本身的肯定。

此项肯定,在某种意义上就是儒家学说的信念基础。因为最宽泛地看,儒学强调的就是道义责任的重要性。但因为一切责任都只相对于"人"才有意义,所以认可责任的问题,说到底就是认可"人"本身的价值的问题。讲到这里,最好附带提及倪德卫对儒家道德哲学的一个定位。他认为,儒家最关心的不是意志薄弱,而是冷漠①——更直白地说,前者是指人们知道什么是对的,却出于自身的原因做不到;后者则是根本不关心什么是对、什么是错。倪德卫认为儒家最重视后一现象,至少就早期儒家来说是恰当的。但更重要的问题是,儒家如何理解冷漠的实质与克服冷漠的方式?从孔子的立场看,对道义责任感到冷漠,实质就是没有对"人"本身

---

① D. S. Nivison, *The Ways of Confucianism: Investigations in Chinese Philosophy*, edt. by Bryan W. Van Norden, p. 92.

的认同,所以才要讲"爱人"。而孟子不仅沿袭了这种观念,更从"不忍"到"不忍人"的转化中言说"爱人"①,这正可视为克服冷漠的一种尝试。由此看,同情概念在孟子那里被正式引入儒家的视野,就有理论上必然可言。

---

① 当然,孔子的"爱人"说已然能视为基于同情概念的主张,尤其就"爱人"之"仁"包含着"己所不欲,勿施于人"(《论语·颜渊》)的内涵来看,想必只有基于对"人"的同情才可实行。但明确的同情概念,如上述所见,是孟子才真正提出的。

第三章　性伪之分

——荀子为什么反对人性善？

"孟子道性善"(《孟子·滕文公上》)，遭到荀子激烈反对，这是儒学史上引人注目的思想事件。与之相关的评论，一是批评，强调荀子主张性恶，反对性善，是只见人性中的生理禀赋，未见还有道德禀赋，不如孟子深刻①；另一则是辩护，认为荀子所讲人性恶并非全然为恶，也有先天的善，或至少能在后天转化为善，所以与孟子论性只有侧重不同，没有本质冲突。② 不难发现，这两种观点虽然相左，但在理解荀子质疑性善论的原因与意义时，都是把性恶论当作最基本的参照。然而还有一种观点，认为性恶论之于荀子并不重要，因他真正关心的不是人性原本如何，而是如何

---

① 参见牟宗三："名家与荀子"，载《牟宗三先生全集》(第二卷)，联经出版事业有限公司 2003 年版，第 185—198 页；劳思光：《新编中国哲学史》(一卷)，第 251—254 页。
② 参见 A. S. Cua, *Human Nature, Ritual, and History*: *Studies in Xunzi and Chinese Philosophy*, Washington, D. C.: The Catholic University of America, 2005, pp. 33-37; John Knoblock, *Xunzi*: *A translation and Study of the Complete Work*, Vol. Ⅲ, Stanford: Stanford University, 1994, pp. 139-141；傅佩荣：《儒家哲学新论》，中华书局 2010 年版，第 58—59 页；廖名春：《〈荀子〉新探》，中国人民大学出版社 2014 年版，第 72—92 页；Masayuki Sato, *The Confucian Quest for Order*: *The Origin and Formation of the Political Thought of Xun Zi*, Leiden/Boston: Brill, 2003, pp. 249-253；梁涛："荀子对'孟子'性善论的批判"，《中国哲学史》2013 年第 4 期；"荀子人性论辨正——论荀子的性恶、心善说"，《哲学研究》2015 年第 5 期。

改造。① 这种看法,既非批评,也非辩护,而是消解,即倘使荀子并不看重人性原本如何,则不仅对人性恶的主张不能当真,对人性善的批判也将无关宏旨。可见,人们如何理解荀子对性善论的态度,往往取决于如何评估性恶论在其学说中的意义。

但实际上,荀子对人性恶的主张与对人性善的质疑,是应该分开看待的两个问题。因为回到文本,会发现荀子反性善的理由除了"性恶",还有个"性伪之分"。虽然二者是荀子思想中密切相关的主张,但对性善论的批评是基于"性恶"还是"性伪之分",性质大不一样。主张性恶,反对性善,不过是以一种人性论质疑另一种;但基于"性伪之分"的质疑则不同,可说是在反对人性论本身。因为性善论,不论如何表述,首先是一种将性与善结合起来的理论,其实质则是用人性作为初始概念来说明善的实现。但荀子主张"性伪之分",却是将善归于伪("其善者伪也")来切断性与善的关联。是故,如果说"性伪之分"的实质是"性善之分",则荀子的基本立场就是反对以性论善,也即拒绝为善的实现提供人性论的解释。

因之可以想见,无论荀子是否相信人性恶,都会反对人性善。形成这种立场的主要原因,如下所述,是原本作为道德理论的性善论,实际是被荀子当成一种政治理论来加以批判。从一方面说,这固然是对性善论的"误读";但另一方面,这种"误读"恰恰彰显了性善论的界线,所以有不可忽视的深刻性。

---

① 参见唐君毅:《中国哲学原论·原性篇》,中国社会科学出版社 2005 年版,第 32 页;唐端正:"荀子善伪所展示的知识问题",《中国学人》1977 年第 6 期;儿玉六郎:"荀子性樸说の提出",《日本中国学会报》1974 年第 26 期;Kurtis Hagen, *The Philosophy of Xunzi: A Reconstruction*, La Salle: Open Court, 2007, pp. 122 - 124;佐藤将之:《荀子礼治思想的渊源与战国诸子研究》,台大出版中心 2013 年版,第 254 页;《荀子与荀子思想研究》,万卷楼图书公司 2015 年版,第 203 页。

一、人性论的经验依据

那么,就让我们以"性伪之分"为视角,重新检讨荀子质疑性善论的原因与意义。但在此之前,还要先谈谈性恶论,看它在荀子思想中究竟占据何种位置。以《荀子·性恶》为例,其中对"孟子曰:'人之性善'"的一项反驳可概括为:

⟨1.1⟩如果人性善,就会否定圣王、礼义的外在教化。
⟨1.2⟩但"圣王之治"和"礼义之化"是事实。
⟨1.3⟩假使没有圣王和礼义,只能导致"天下悖乱而相亡"。
⟨1.4⟩所以,"人之性恶明矣,其善者伪也"。

很明显,⟨1.1⟩是论证"人之性恶"的关键前提,那么最先要谈的,就是荀子为何认为性善与教化不能兼容?这之所以是个问题,是因为在主张人性善的孟子眼中,二者并不存冲突。如《孟子·离娄上》所谓"徒善不足以为政,徒法不能以自行",其意味之一就是"善"的实现不能仅靠内在的"仁心仁闻",还要靠"先王之道"的法度指导。那么在荀子看来,性善、教化不相兼容,就只能解释为对人性善的含义有某种特殊理解。① 比如《荀子·性恶》篇说的"凡古

---

① 王志民(John Knoblock)指出,关于孟荀论性的差异,有三种可能的解释,一是言"性"的意义不同;一是关注人性的事实不同;再就是言"善"的意义不同。参见 John Knoblock, *Xunzi: A translation and Study of the Complete Work*, Vol. Ⅲ, p. 141. 本文认为,第三种差别最为关键,即荀子对人性善的拒斥,主要与他对"善"这个术语的独特使用相关。

今天下之所谓善者,正理平治也;所谓恶者,偏险悖乱也",就明显偏离了言说"善""恶"的通常语境——不是把它们用作道德语词,指谓德行善恶——而是指谓政治领域的治与乱。① 按此特殊理解,对人性的判断就成了:

  A. 人性善:人性趋治
  B. 人性恶:人性趋乱

很清楚,只要性善被理解为人性趋向秩序,就会否定外在教化。那么只要举出"圣王之治""礼义之化"的事实(前提⟨1.2⟩),就能反证人性没有秩序义的善。所以在界定"善恶之分"后,荀子马上以"无辨合符验"批评孟子,正是指责性善论没有经验依据。

  然而值得思考的是,不论主张人性善还是人性恶,作为人性论,为何一定要有经验依据?或者更确切地说,有何理由要求人性论是一种经验理论?仍就孟子来说,这当然是不合理的。因为他对人性善的倡导是要以性为初始概念来解释德行之善的实现,主要是一种道德理论。而道德理论是否可行,并不取决于经验依据的多寡。因为就像孟子说的"反身而诚"(《孟子·离娄上》)、"诚身有道"(《孟子·尽心上》),道德理论提供的总是关于个人觉悟或内向体证的指导;来自经验的支持,充其量是例证,而非一种道德理

---

  ① 柯雄文曾针对相关论者主张荀子所谓"善恶之分"只是单纯描述性的区分,力辩那是"在预设了道德观点的话语中的区分",因而不可能是单纯描述性的,而是"道德描述"(moral descriptions),参见 A. S. Cua, *Human Nature, Ritual, and History: Studies in Xunzi and Chinese Philosophy*, p. 11。这虽然突出了荀子使用善恶概念的价值意味,但没有看到荀子所谓"善恶"并非道德语词。

论是否成立的根据。比如孟子说的"今人乍见孺子将入于井,皆有怵惕恻隐之心"(《孟子·公孙丑上》),这只是举例说明人性有向善的冲动,却不能说无此例子,天赋善端的道德理论就不成立。所以,当荀子关注人性善的"辨合符验"时,也即把性善论当作经验理论来看时,已经超出了道德理论的视野;再结合他把本是道德语词的"善""恶"讲成"治""乱"的说法,可知荀子实际是把性善论当成一种政治理论。这时,对之提出经验依据的要求就有正当性了,因为一种政治理论(而非政治哲学)只有基于看得见、摸得着的经验,才可能在群体生活中被理解、实践和推行。就像同样关心天下如何求治的墨子,其主张"言必有三表",就是强调诉诸历史("古者圣王之事")、现实("百姓耳目之实")和效用("国家百姓人民之利")的经验来检验某种政治主张是否可行(见《墨子·非命上》)。

但就是着眼经验来说,人性善的判断固然缺乏依据,人性恶的主张也同样如此!所以荀子对孟子"无辨合符验"的指责,其实也适用于他自己。比如在〈1.1〉—〈1.4〉对人性恶的论证中,貌似事实的〈1.2〉不过是一种古史想象,〈1.1〉、〈1.3〉则完全就是假定。再有,观察《荀子·性恶》篇的另一典型论证:

〈2.1〉正如贫者无财故欲富,贱者无位故欲贵……所以,自身没有,必会外求。

〈2.2〉正如富者有财故不求财,贵者有位故不求位……所以,自身已有,必不外求。

〈2.3〉因此人欲为善,说明(人性无善,所以)人性为恶。

也能看到肯定人性恶的经验依据存在问题。首先,〈2.1〉、〈2.2〉的归纳不成立,因为经验界有无穷可能,总会存在自身没有却不外求、自身已有仍然外求的反例。那么,从〈2.3〉所举人欲为善的事实,就无法推出人性无善的结论。也正因此,由人性无善断定人性恶,不仅逻辑上不成立,更绝非基于经验的推论。就像在孟子,他从人欲为善的事实中看到的就不是人性无善,相反恰是人性有善(善端)。这当然也有经验证据的问题,但仅从孺子入井的例子看,孟子的主张反而更有"辨合符验"。

所以就经验证据来说,荀子主张"性恶",其实并不比他所批评的"性善"更充分。但或许还能这样辩护,即所谓"性恶"本来就不是说人性在事实上已然为恶,而是指对人性不加节制才会导向恶,正如《荀子·性恶》篇开始论证的:

〈3.1〉人性趋利,顺其发展,则生争夺而无辞让。
〈3.2〉人性避害,顺其发展,则生侵凌而无道义。
〈3.3〉人性好声色,顺其发展,则生淫乱而无礼法。
〈3.4〉因此放纵人性,因循情欲,就会导向恶。

既然人性恶不是事实为恶,自然不涉及经验依据的问题。但主张人性不加节制会导向恶,是否该有经验依据呢?如果没有,说明此一弱版本的性恶论同样还是"无辨合符验"的;而如果有,就要看〈3.1〉—〈3.4〉的论述是否真能满足"辨合符验"的要求。首先,〈3.1〉—〈3.3〉说人性趋利避害、喜好声色,作为经验归纳,只提及了人性中作为生理禀赋的部分,但并不意味人性中没有道德禀赋;进而,即便假定人性只有自然本能,但〈3.4〉说放纵人性("从人之性")、顺遂情欲("顺人之情")会导向恶,也不是经验判断,而是预期或推测,它并不比孟子主张的人性顺着四端(道德本能)会走向四德之善更有根据。因此就能说,荀子对孟子"无辨合符验"的批评,也适用于他自己。

但对荀子而言,这并不构成严重问题。因为事实上,他对性善论的质疑除了基于"性恶",还基于"性伪之分",后一主张不是关于人性状况的某种判断,而是通过将善归于伪("其善者伪也"),切断性与善的联系;至于"性恶",与其说是一个严肃的理论主张,不如说是一种修辞。就像在论证〈2.1〉—〈2.3〉中,荀子从"苟无之中者,必求于外"推论"人之欲为善者,为性恶也",其实只能推出人性没有善,而非人性为恶。故《荀子·性恶》篇反复提及的"人之性恶",只不过是强化"性中无善"之语力的修辞;随后说的"其善者伪也",才是对与性分离的善究竟存乎哪个领域的正面界定。

二、拒绝人性论

因此,要真正理解荀子对性善论的质疑,必须将视角从"性恶"转到"性伪之分"。按《荀子·性恶》篇的叙述,"性"是"天之就也,不可学,不可事"的先天禀赋,"伪"是"可学而能,可事而成"的后天努力,二者之"分"不难理解。但代表荀子对概念术语之严肃看法的《荀子·正名》篇,却谈及了两个"性"与两个"伪":

散名之在人者:生之所以然者谓之性$_1$;性$_1$之和所生,精合感应,不事而自然谓之性$_2$。性$_2$之好、恶、喜、怒、哀、乐谓之情。情然而心为之择谓之虑。心虑而能为之动谓之伪$_1$;虑积焉,能习焉,而后成谓之伪$_2$。

那么"性伪之分"究竟是哪个"性"与哪个"伪"的"分",就是亟待解释的问题。而问题的关键,是两个"性"、两个"伪"各自的差别何在?先就"性"来说,按已有研究①,性$_1$应该是人与生俱来的禀赋,如耳、目、口、鼻、四体和心;这些禀赋协调("和所生")配合("精合")后与外物接触("感应"),好恶喜怒哀乐的情欲反应就是性$_2$,也即荀子常说的"情"或"情性"。因此,两个"性"字的区别是清楚的,指禀赋(性$_1$)及其接触外界的反应(性$_2$)。

但两个"伪"字区别何在,似乎并不明显。关于伪$_1$,即"心虑而能为之动谓之伪",庞朴认为是郭店简中从心从为的"悬",指"心中的有以为";并指出,不这样看,"便无从与下一句的见诸行为的伪字相区别。只是由于后来悬字消失了,钞书者不识悬为何物,遂以伪代之"②。梁涛也从此说,但把两个"伪"都看作"悬",以证明"荀子的性恶、心善说",即人性虽恶,但"善来自悬,来自心的作为"。③这无疑都是有启发的解释。然而不可否认,出土文献没有直接支持《荀子·正名》篇之"伪"即"悬"的证据,此其一;其二,比对荀子对两个"伪"的界定:

伪$_1$	伪$_2$
心虑	虑积焉
能为之动	能习焉

---

① 参见梁涛:"'以生言性'的传统与孟子性善论",《哲学研究》2007年第7期;廖名春:《〈荀子〉新探》,第70—71页。
② 庞朴:"郢燕书说——郭店楚简及中山三器心旁文字试说",载《郭店楚简国际学术研讨会论文集》,湖北人民出版社2000年版。
③ 参见梁涛:"荀子人性论辨正——论荀子的性恶、心善说"。

能够清楚地看到,心理上的"虑"与行动上的"能"是伪$_1$、伪$_2$都兼有的,因此两个"伪"的区别绝不是心的活动与具体行动之别,而是"虑"的方面是否有"积","能"的方面是否有"习"的区别。而所谓"积""习",作为荀子的常用术语,就是对人类行为经过"师法之化,礼义之道"(《荀子·性恶》)的规范性塑造。是故确切来说,伪$_1$、伪$_2$的差别乃本能行为与规范行为之别。

按此区分,"性伪之分"只能针对伪$_2$来说;至于伪$_1$,作为本能行为,如《荀子·正名》篇从"情然"到"心虑"再到"能为之动"的界定,实际是人性的自然延伸。但随后论述的伪$_2$,作为规范塑造("虑积焉,能习焉")的产物("而后成"),绝不在此先天序列中。正如《荀子·儒效》篇说的"性也者,吾所不能为也,然而可化也。积也者,非吾所有也,然而可为也",这"非吾所有也,然而可为也"的"为"就是伪$_2$,"非吾所有"则明确指出了伪$_2$不在人性及其延伸线索中。是故,"性伪之分"确切来说就是伪$_2$与从性$_1$到伪$_1$的整个链条相分,即:

| 性$_1$→性$_2$→伪$_1$ | 伪$_2$ |

由此回到善的问题上,可知荀子所谓"其善者伪也",讲的就是善只属于伪$_2$,即只在规范塑造的领域,而非以人性为根源。因之就能断定,荀子是将论性、论善分属两事,而"性伪之分"的实质就是"性善之分"。

那么在此意义上,孟子以性论善,欲对善的实现提供人性论的解释,就犯了混淆论域的错误,正如《荀子·性恶》篇所见:

孟子曰:人之性善。曰:是不然。是不及知人之性,而不

> 察乎人之性伪之分者也。……不可学,不可事而在人者,谓之性;可学而能,可事而成之在人者,谓之伪。是性伪之分也。今人之性,目可以见,耳可以听;夫可以见之明不离目,可以听之聪不离耳,目明而耳聪,不可学明矣。

以耳聪目明举例,就是要强调善之于性的关系不同于"可以见之明"之于眼睛、"可以听之聪"之于耳朵,并非"不可学,不可事"、生而固有的良知良能。相反,善的实现需要"学"、需要"事",这个特征决定了它不可能属于性的领域。因之,孟子主张"人之性善",真正的问题不是对人性的状况判断有误,而是根本不该以性论善——这才是荀子质疑人性善的真正态度。以往弱化性恶论之重要性的论点,如唐君毅、唐端正的伪善说,儿玉六郎的性朴说、佐藤将之的化性说①,大概都是对这种态度有所体会,却又未能真正说透。其实,只要理解"性伪之分"的实质是"性善之分",就能看到,人性善恶之于荀子并不重要,原因无他,正在于人性论作为以性为初始概念说明人类行为的理论,不被荀子接受。而其拒绝人性论的态度就体现在"性伪之分"的主张中,所以本文特别强调该主张才是荀子质疑性善论的真正依据。

但亟待补充的是,荀子反对以性论善,与他对"善"的特定理解相关,即如果人性善是秩序义的善,就一定会否定圣王与礼义;而后者之重要,在于政治秩序无论具有何种形式,首先都是人为的创作。那么,主张秩序义的善来自"不可学,不可事"的性,就等于否

---

① 参见唐君毅:《中国哲学原论·原性篇》,第32页;唐端正:"荀子善伪所展示的知识问题";儿玉六郎:"荀子性樸说の提出";佐藤将之:《荀子与荀子思想研究》,第203页;《荀子礼治思想的渊源与战国诸子研究》,第254页。

定了政治生活本身。可问题是,"孟子道性善"并不是主张人性趋于善治,而是人性趋于善德;则荀子把原本作为道德理论的性善论当成政治理论加以批判,本身就是出于误读;或者他根本就没看到记录孟子言论的一手材料,只是在道听途说的基础上虚构了某种"人之性善"的主张,再将之作为靶子打倒。

三、性善论的界线

可即便如此,荀子对性善论的批判仍有不可忽视的深刻性。如下所述,就是画出了性善论在解释效力上不可逾越的界线,即政治领域的善绝不能诉诸人性概念得到解释。而之所以不能,从荀子的论述看,理由不仅是主张人性善(人性趋于善治)会否定秩序来自人为创造的性质,更会由此否定人类掌控自身命运的可能。

因为人性之"不可学,不可事",正在于是"天之就也"的产物;而"天"所表征的就是人力不可控的领域,如《荀子·天论》篇说的"不为而成,不求而得,夫是之谓天职。……不与天争职……则知其所为,知其所不为矣",正是参照"天职"**画定**人力可及("其所为")与可不及("其所不为")的范围。那么,荀子反对将善治归诸"天之就也"的人性,就能说是反对治乱在天,如《荀子·天论》篇强调的:

> 天行有常,不为尧存,不为桀亡。应之以治则吉,应之以乱则凶。强本而节用,则天不能贫;养备而动时,则天不能病;修道而不贰,则天不能祸。……本荒而用侈,则天不能使之富;养略而动罕,则天不能使之全;倍道而妄行,则天不能使之

吉。……受时与治世同,而殃祸与治世异,不可以怨天,其道然也。故明于天人之分,则可谓至人矣。

而所谓"天人之分",正可说是"性伪之分"的另一表述。① 因为回到《荀子·性恶》篇说的:

> 凡性者,天之就也,……不可学不可事而在人者,谓之性。
> 礼义者,圣人之所生也,……可学而能,可事而成之在人者,谓之伪。

便不难看出,所谓"性"其实就是人身上的"天",所谓"伪"则是人身上的"人"。那么,如果"天人之分"本质上是人力可及与不可及的领域之分②,则只要将秩序义的善归于人性,就不仅会否定伪的创作(比如秩序),更会否定人对自身治乱命运的掌控。

当然,按《荀子·天论》篇最后说的"在天者莫明于日月,在地者莫明于水火,在物者莫明于珠玉,在人者莫明于礼义。……故人之命在天,国之命在礼",其主张"人之命在天",又否定了人的命运自主,因而会与"天人之分"产生抵牾,这又如何解释呢? 不妨先看看荀子在《荀子·解蔽》篇中对庄子"蔽于天而不知人"的批评。初看起来,这个批评无甚道理,因为《庄子》中有很多关于"人"的思考,比如:

---

① 参见苑淑娅主编:《中国观念史》,中州古籍出版社2005年版,第348页。
② 参见池田知久:《池田知久简帛论集》,曹峰译,中华书局2010年版,第113—117页。

> 至人无己,神人无功,圣人无名。(《庄子·逍遥游》)
>
> 知天之所为,知人之所为者,至矣。……有真人,而后有真知。……古之真人,不知说生,不知恶死……不以心捐道,不以人助天。(《庄子·大宗师》)
>
> 郑有神巫曰季咸,知人之生死存亡,祸福寿夭。(《庄子·应帝王》)

那么,怎能说庄子"不知人"呢?要点是庄子所谓"知人",是鉴于天或造化对个人命运的绝对主宰,故倡导"安排而去化,乃入于寥天一"(《庄子·大宗师》)的自我解脱。是则,荀子说他"不知人",大概就是说庄子只看到受天支配的个人,没看到天所"不能贫""不能病""不能祸"亦"不能使之富""不能使之全""不能使之吉"的群体。

是故可知,"人之命在天"只是对祸福穷通等个人命运来说;"天人之分"的"人"却是群体,或至少是代表"人"之群体相的"圣人"[①]。实际上,群体相才是荀子眼中"人"的基本形象,比如《荀子·王制》篇说的:

> 水火有气而无生,草木有生而无知,禽兽有知而无义,人有气有生有知亦且有义,故最为天下贵也。力不若牛,走不若马,而牛马为用,何也?曰:人能群,彼不能群也。

[①] 爱德华·J.梅切尔(Edward J. Machle)对《荀子·天论》的专门研究中,便认为"天人之分"的"人"是圣人。参见 Edward J. Machle, *Nature and Heaven in Xunzi: A Study of the Tian Lun*, New York: State University of New York, 1999, p.87. 但要强调的是,虽然"圣人"也是个体之人,但其与"天"相"分"之处,不在其个体相,而在其代表的群体相。Machle 将指涉圣人之"人"翻译为"The Man",就取其代表义来说。

人禽之别是儒家刻画"人"的形象的基本策略,荀子则正是从"群"的视角解释"人"的独特性。再结合《荀子·礼论》《荀子·荣辱》等篇所述,人之"能群"依靠"礼义文理",而后者既被说成"群居和一之理"(或"群居和一之道"),又被说成"人道之至文",可见"人道"即"群道",荀子最重视"人"的群体相。所在"人之命在天"一语后,紧接着就强调"国之命在礼",就是说作为个体的"人",虽然命运(祸福穷通)不在自身掌控;但作为群体的"人",命运(治乱兴衰)完全可以自主。

这时就能看出,荀子对两种"命"的划分就是基于"天人之分"的表述,"人之命"作为不可控的个体命运,正属于"天";"国之命"作为可控的群体命运,则属于"人"。而既然"天人之分"能落实为"性伪之分",两种"命"的划分也能理解为"人之命在天"是存乎"天之就也,不可学,不可事"的"性","国之命在礼"是存乎"可学而能,可事而成"的"伪"。但不管怎么说,这一系列对人力可控与否的领域划分,最终反映的就是"人"的个体相与群体相的区分,即:

性(不可学,不可事) 天(不为,不求) 人之命(在天)	伪(可学,可事) 人(所为,所不为) 国之命(在礼)
不可控	可控
个体相	群体相

由此回到荀子对性善论的批评,就能认为,他反对以性论善,说到底就是反对用人性解释人的群体相。不过,作为道德理论的性善论本来也只针对个人,因为道德生活首先就是个人生活;而之所以主张人性善,就在于个体命运不可控,只有在人性中找到善的根源,才能确保个体道德实践的自主性,最终成就"人"的个体相。

但是,在德行义的善之外,将秩序义的善也归于人性,就会否定群体政治实践的自主性,也就遮蔽了"人"的群体相。可见,将"人"的形象区分为个体相与群体相时,必须将性善论的指导限定在前者。也就是说,绝不能把性善论视为一种政治理论。当然,不仅性善论不行,性恶论也同样如此,因为从政治理论必诉诸经验依据才能被应用和推广的性质看,不允许将抽象的人性概念引入其中。否则,只会得到糟糕的甚至是具有欺骗性的理论。

第三编

言行与秩序
伦常论域中的语义分析与道理重构

第一章　行为、语言及其正当性
——先秦诸子"类"思想辨析

回顾人类思想的早期发展,"类"观念的出现无疑是理性觉醒的重要标志,它表明人们对事物的划分摆脱了原始信仰中万有任意关联的神秘主义(泛灵论),开始较为客观地呈现自然与人间的秩序。而哲学作为理性的高级形式,当然更强调"类"的价值与意义。比如,人们常把探究事物的"是"(being)与陈述的"真"(truth)当作西方哲学的根本任务。而此项探究在其希腊源头处,特别是在亚里士多德那里,就是以"类"(a species of a genus)为基础来进行的。① 而在中国思想尤其是先秦诸子学中,也能看到许多关于"类"的讨论,不同学派或思想家更以"知类""不知类"作为评价彼此主张的惯用语,可见"类"同样是一个非常重要的主题。并且,这个主题也早已引起学术界的重视,论者尤其对诸子学的"类"作为"逻辑上的最普遍的范畴"或"普通逻辑的一个最基本范畴"的意义

---

① 参见 Metaphysics, Δ.7, Z.11, *The Works of Aristotle* (Vol Ⅲ), trans. by W. D. Ross, Oxford: Clarendon Press, 1928.

提供了详细的说明和有力的论证①,因而推进了我们对中国古人的逻辑思维与逻辑思想的了解。

但有关诸子"类"思想在逻辑之外的意义,尤其是其政治与伦

---

① 学界主要将中国古代上述意义的"类"概念解释为"共性""必然性""类别""类属""同异关系""本质属性"等。参见吴建国:"中国逻辑思想史上类概念的发生、发展与逻辑科学的形成",《中国社会科学》1980年第2期;陈孟麟:"从类概念的发生发展看中国古代逻辑思想的萌芽和逻辑科学的建立——兼与吴建国同志商榷",《中国社会科学》1985年第4期;孙中原:《中国逻辑史》(先秦),中国人民大学出版社1987年版,第44页;崔清田主编:《名学与辩学》,山西教育出版社1997年版,第176页;温公颐等编:《中国逻辑史教程》,南开大学出版社2001年版,第132页;黄朝阳:《中国古代的类比——先秦诸子"譬"论》,社会科学文献出版社2006年版,第79页。而 J. 赫迈莱夫斯基(J. Chmielewski)在20世纪60年代发表的一组论文中将"类"解说为逻辑概念"class",则堪称最标准的逻辑学观点。参见 J. Chmielewski, Notes on Early Chinese Logic(I—VI), *Rocznik Orientalistyczny*, Vol. 26, No. 1 (1962), pp. 7 - 22; Vol. 26, No. 2 (1963), pp. 91 - 105; Vol. 27, No. 1 (1963), pp. 103 - 121; Vol. 28, No. 2 (1965), pp. 87 - 111; Vol. 29, No. 2 (1965), pp. 117 - 138。但是,也有部分论者如葛瑞汉与陈汉生对此观点存疑,主张逻辑概念 class 侧重于"类别""类属"的实体意义,是一个实在论的概念;而诸子学的"类"则仅意味"相似"或"类似"的关系意义,可说是一个唯名论概念。参见 A. C. Graham, Later Mohist Logic, *Ethics and Science*, Hong Kong: Chinese University Press, 2003, p. 336; Chad Hansen, *Language and Logic in Ancient China*, Ann Arbor: The University of Michigan Press, 1982, p. 117, 112。这些固然揭示了中国古代"类"概念的独特意涵,但并不足以推翻传统的逻辑学解释。钟采延(Chaehyun Chong)专门批判了陈汉生,意在指出"类"作为唯名论概念,并不意味中国古人不了解"类"的逻辑意义。参见 Chaehyun Chong, Abstraction and Theories of Lei(Classification, Kinds): A Response to Chad Hansen's Mereological Interpretation of Ancient Chinese Philosophy, *UMI*, 1997, P. 140;陆卡士(Thierry Lucas)则将中国的"类"概念描述成一个"笛卡尔积"(Cartesian product),则在承认其独特性的同时主张它兼有逻辑概念 class 的特征。参见 Thierry Lucas, Later Mohist Logic, LEI, Classes and Sorts, *Journal of Chinese Philosophy*, Vol. 32, No. 2(Sept. 2005), pp. 349 - 365。由此看来,将"类"解释为逻辑概念(如 class)的主流观点,具有相当之依据、合理性与可调适性。

理的意义,却很少受到关注。① 而本文认为,无论就先秦子学的展开来说,还是就中国哲学之理性精神的形成来说,"类"的重要性恐怕都不仅体现在逻辑的方面。因为逻辑上的"类"——即表示种属的形式概念——主要是在西方哲学中确立的。而西方哲学之所以最关注"类"的逻辑意义,乃是要把它作为提出定义和构造推理的形式基础,以确保最普遍的有效性。② 那么,如果认为诸子学论"类"也仅有逻辑的兴趣,那就很可能是用"类"之于西方哲学的重要性来比拟中国,或者至少假定了这个主题之于中西哲学的重要性有相同的内涵,这似乎是存在疑问的。虽然一般说来,"类"观念的出现是理性觉醒的重要标志,但中西哲学的理性诉求却颇有不同。西方哲学所倡导的大概主要是科学领域中的理性,旨在以"判定真假"的方式来检验定义、推理的有效性(validity)。而中国哲学所倡导的则更多是价值领域中的理性,旨在

---

① 就目前而言,揭示"类"思想之政治伦理意义的作品,不仅数量偏少,且主要集中在对荀子的研究中。如俞仁寰:《从类字透视荀子政治思想之体系》,台湾大学法学院1962年版;杨长镇:《荀子类的存有论研究》,文津出版社1996年版;陈平坤:"荀子的'类'观念及其通类之道",《台湾大学哲学论评》2006年第31期;森川重昭:"荀子思想における'类'概念について",《椙山女学园大学研究论集》(人文科学篇)1995年第26号;菅本大二:"《荀子》之'无法者以类举':'礼'を支えた'类'",载大久保隆郎教授退官纪年论集刊行会编:《汉意とは何か:大久保隆郎教授退官纪年论集》,东方书店2001年版,第155—173页;真崎清博:"荀子の'类'",《史学研究》1976年第134号。

② 严格说来,西方哲学中作为逻辑概念的"类"是由亚里士多德所确立的。他将事物的"类"区分为属(genus)和种(species)。一方面,属和种是包含与被包含的关系。并且在一个属之内,通过种差(differential)就能划分出不同的种。另一方面,属和种是谓述与被谓述的关系,并且属是在"本质范畴"谓述不同的种。西方哲学以逻辑种属关系作为定义和推理的基础,也同样由亚里士多德所奠定。就定义来说,他强调定义是表达本质的短语,并且是由"划分的理论"达到,那就是通过属加种差划分出种的理论。就推理来说,亚里士多德强调演绎或三段论所关注的仅是介于谓述的上限与下限之间的东西。谓述的上限即最高的属名或范畴词,谓述的下限则为个体名或专名,而介于两者之间的东西,就是种名和属名。

以"评价对错"的方式来确立语言、行为的正当性(rightness)。①故而,以正当性问题为理性思考的核心,可谓中国哲学的理性诉求异于西方之所在,也是中国哲学重实践、重体验,却不会沦为常识知见的原因。

既如此,从中国哲学自身的理性诉求出发,特别是以"正当性"或"言行的正确恰当"为视角,无疑更利于把握诸子"类"思想的内涵与价值。而这,尤其要求我们对"类"的研究不仅要涉及它在逻辑上的形式特征,更要说明它在文献中的实质意谓,也就是说明诸子究竟在谈论什么东西的"类",以及为何要谈论这些"类"。因为从直观上看,像西方哲学那样抽象地阐述种属本身,在子学文献对"类"的讨论中是颇为少见的。②而诸子更多关注的是具体场合中的行为、语言之"类"。并且,他们关注言行之"类"的宗旨也不仅在确保定义、推理的有效性,更在于达成语言、行为的正当性,即通过辨析一"类"言行正当与否,来对人们在实践场合中如何讲话或行动提供指导。因此,如果说正当言行之"类"就是诸子学论"类"的实质意味,那就应该承认,这个实质意谓相比于"类"在逻辑上的形式特征,与中国哲学定向于正当性问题的理性诉求关联更密。所

---

① 这并非说考虑语言、行为之正当性,可以不顾定义、推理的有效性。但总的说来,"对错问题"与"真假问题"的界线不宜被取消。正如在现代伦理学中,不论赋予"right or wrong"以何种内涵,但基本认可它们是评判言行价值的谓词。参见 W. D. 罗斯:《正当与善》,林南译,上海译文出版社 2008 年版,第 53—69 页。同样,在现代语言哲学中,不论赋予"true or false"以何种内涵,也基本认可它们是谓述句子含义的谓词。参见 G. 弗雷格:《弗雷格哲学论著选辑》,王路译,商务印书馆 2006 年版,第 204 页。

② 不过,也不能否认诸子对"类"的思考已经达到抽象思维的高度。比如《孟子·告子上》所谓"故凡同类者,举相似也",《荀子·非相》所谓"类不悖,虽久同理",《墨经》所谓"有以同,类同也""不有同,不类也"等,都能视为对"类"本身的抽象思考。但我们认为,诸子论"类"的重点却并不在此。尤其与前引亚里士多德对种属本身的讨论相比,他们对"类"本身的抽象讨论毋宁说是蜻蜓点水式的。

以，要结合中国哲学的理性诉求来解读诸子论"类"的思想，就不应忽略对上述实质意味的探究。

当然，因为诸子谈论正当言行的"类"（实质意味），其主张背后必定包含了对种属本身（形式特征）的抽象思考，所以我们绝非要将"类"在文献中的实质意味与其在逻辑上的形式特征截然分开。但是，对"类"之实质意味的探究也不宜附属于对其形式特征的说明。正如在许多逻辑史著作中，诸子学围绕"类"之实质意味的主张虽已被谈及，但研究者真正感兴趣的与其说是这些主张本身，毋宁说是其背后运作的逻辑观念，尤其是诸子对"类"在逻辑上的形式特征的思考。① 所以，这终究只是把"类"的实质意味看作刻画其形式特征的案例或素材。虽说逻辑是一门形式科学，因此仅关注"类"的形式特征固然无可非议。可是，如果我们的目的不仅在逻辑，更要去揭示子学"类"思想中的正当性观念及其与中国哲学之理性诉求的关联，就应对"类"在文献中的实质意味——即正当言行之"类"——给予足够的重视。而本文的目的，正是要展示和辨析诸子学对正当言行之"类"的讨论，并借此表明"类"这个主题之于早期中国思想的重要性就在于引入了正当性的观念。

不过，我们绝不否认先秦学术的其他主题也都凝聚了思想家对正当性问题的理性思考。但正当性观念借由"类"思想的兴起而

---

① 例如，许多逻辑史著作都详细阐述过墨子论"类"的主张，但关注的重点却并非墨子在谈什么东西的"类"，以及为何要谈这些"类"，而是要强调墨子对"类"的认识已达到本质属性的高度，因而把"类"作为一个逻辑概念确立下来。参见吴建国："中国逻辑思想史上类概念的发生、发展与逻辑科学的形成"；陈晓麟："从类概念的发生发展看中国古代逻辑思想的萌芽和逻辑科学的建立——兼与吴建国同志商榷"；林铭均、曾祥云：《名辩学新探》，中山大学出版社2000年版，第297页；张晓芒：《先秦辩学法则史》，中国人民大学出版社1996年版，第171页；崔清田主编：《名学与辩学》，第301页；黄朝阳：《中国古代的类比——先秦诸子"譬"论》，第79页。对这些逻辑学解释的反思，参见李巍："作为伦理主张的墨子'知类'说"，《人文杂志》2011年第4期。

被引入中国哲学,其意义或许更为重大。因为哲学作为理性的高级形式,对正当性的思考必定要追求普遍的意义。但普遍的正当性,其普遍性欲得以表现,则势必要求以"类"为载体。而这项要求其实已经蕴含在诸子学的许多重要命题中了。比如,从儒家"仁者人也"(《礼记·中庸》)、"仁者爱人"(《孟子·离娄下》)[①]的观点看,"仁"能作为"人"的道德本质,并表现为"爱人"的道德情感,其普遍的正当性无疑要落实到人类的意义上来说。至于墨家,所谓"兼爱天下之人"(《墨子·天志下》)、"待周爱人而后为爱人"(《墨子·小取》),虽然是基于功利主义的主张[②],但要肯定普遍之"爱"("兼爱"或"周爱")的正当性,也必须从人类的意义上来说。而除了这些关于"仁""爱"的主张,从普遍正当的角度引出对"类"的要求,也充分体现在诸子论"名"的主张中。如孔子以"正名"为从政之先[③],就是通过捍卫"君君、臣臣、父父、子子"(《论语·颜渊》)的名分秩序,来对人们的责任义务作出规定。但"君""臣""父""子"之"名"要具有普遍的正当性,也就是能对所有君、臣、父、子都构成约束,至少必须是类名。同样,为名家、道家和法家共同强调的"循名责实"[④],作为一种君王南面之术,要实现普遍运用的正当性,也会在相当程度上要求以类名为"责实"的参照,这显然因为类名最适合广泛的应用。

故总体言之,诸子学对正当性的理解一旦达到"类"的高度,就最能说明中国哲学所探讨的是普遍的正当性,也最能表明这是一种基于价值理性的探讨。但不可否认的是,上举诸命题所蕴含的

---

① 这是对《论语·颜渊》"樊迟问仁。子曰:'爱人'"的概括。
② 参见《墨子·兼爱下》。
③ 参见《论语·子路》。
④ 参见《邓析子·无厚》《文子·上仁》《韩非子·定法》。

对"类"的要求仍然是比较含蓄和笼统的,更没有突出言行之"类"的重要性及其与正当性问题的关联。而"类"真正成为诸子学的共同话题①,并形成以言行之"类"为对象、以达成正当性为宗旨的思想,则与现实与文化因素的刺激密切相关。众所周知,随着西周的宗法封建制在春秋以降的日趋崩解,原有的实践规范不再能对人的言行提供有效的约束和指导。在这种情况下,辨析哪一"类"言行是正当的,哪一"类"则否,就成为建立新的社会与政治秩序的现实要求之一。与此同时,人们对新秩序的期待又是在西周以来人文精神充分自觉的文化背景下发生的,这使得"人"的问题,特别是人际间的语言交流与行为交往的问题变得空前重要,由此导致思想界从"类"的高度来观察言行的正当性,也就在情理之中。因此,"类"这个主题最终进入诸子学的视野,并聚焦于正当言行之"类"的意义,这绝不是偶然的。

一、"类"思想的兴起

当然,关于"类"究竟怎样成为诸子学的共同话题,仍需要较为细致的梳理,这是我们探究诸子论"类"的主张前必须完成的基础工作。而考辨溯源,可知前诸子文献中已有许多"类"的讲话,故下文拟从前诸子的"类"观念谈起。

虽然《说文解字》将"类"解释为"种类相似",但前诸子时代的"类"远未达到如此抽象的程度。人们推测,"类"或许起源于兽

---

① 而在这一共同话题之下,又形成许多特定的学术表达,如"知类""推类""止类""以类取(予)""义之类""言之类""统类""辞以类行"等,后文将有详细说明。

名^①,如《山海经·南山经》所记:"亶爰之山。……有兽焉,其状如狸而有髦,其名曰'类'。"《列子·天瑞》亦说:"亶爰之兽,自孕而生,曰'类'。"然而,"类"的这个本义究竟有何展开或引申,在文献中几乎很难看到。因此在探究前诸子时代之"类"观念时,作兽名的"类"恐怕不是应当关注的重点。此外,"类"也常被用作祭名,如《尚书·舜典》之"肆类于上帝",或《周礼·春官宗伯》之"类造上帝""类上帝""类社稷宗庙""掌六祈以同鬼神示,一曰类,二曰造,三曰禬,四曰禜,五曰攻,六曰说",以及《诗经·皇矣》之"是类是祃"。但这些"类"其实仅是"禷"的借字^②,即《五经异义》所谓"非时祭天谓之禷",所以同样不是我们应当关注的重点。而一般认为,"类"的早期含义主要是"族"或"族类"^③,更有论者明确宣称"在古文字中'类'字和'族'字同义"^④。参照"神不歆非类,民不祀非族"(《左传·僖公十年》)、"鬼神非其族类,不歆其祀"(《左传·僖公三十一年》)、"非我族类,其心必异"(《左传·成公四年》)等说法来看,这应当是合理的。那么,上引《说文解字》以"类"为"种类相似"的抽象界定,大概正是从"族"或"族类"的"相似"引申而来。因此,探究前诸子的"类"观念,就应围绕"族类相似"的含义来谈。

而进一步来说,"族类相似"最先无疑就是"血缘相似",如《左传·桓公六年》所谓"取于父为类",及《荀子·礼论》所谓"先祖者,类之本也",正体现了"类"观念作为一种血缘观念的意义。但随着历史的发展,尤其是在宗族势力日趋壮大的商周时期,人们对"族

---

① 参见黄德宽主编:《古文字谱系疏证》,商务印书馆2007年版,第3194页。
② 参见古文字诂林编纂委员会编:《古文字诂林》(一),上海教育出版社1999年版,第138页。
③ 参见黄德宽主编:《古文字谱系疏证》,第2505页。
④ 侯外庐主编:《中国思想通史》(第1卷),人民出版社1957年版,第239页。

类相似"的理解又不仅限于血缘,更涉及政治、文化乃至精神领域的内容,这也就使得"类"的观念超出了血缘观念的范畴。如所谓"予小子不明于德,自厎不类"(《尚书·太甲中》)、"其德克明,克明克类"(《诗经·皇矣》)、"召穆公思周德之不类"(《左传·僖公二十四年》)、"若以不孝令于诸侯,其无乃非德类也乎?"(《左传·成公二年》)、"异姓则异德,异德则异类"(《国语·晋语四》),这些文句都谈到了"族类"在血缘之外的相似特征。当然,其中的"类"并不直接就是"族类",而应训为"善"。① 但"类"之"善"义恰恰代表着"族类相似"的新内容。因为"类"作"善"讲时显然与"德"相关,而上引文句中的"德"大概正是指宗族先祖的卓越品质,亦即"先王若德"(《毛公鼎铭》)或"先哲王德"(《尚书·康诰》)。以此,"族类"在血缘之外如政治、文化与精神上的"相似",就能被概括为子孙与先祖的"德之相似",如《左传·定公四年》载子鱼之言:

  以先王观之,则尚德也,昔武王克商,成王定之,选建明德,以蕃屏周,……使帅其宗氏,辑其分族,将其类丑,以法则周公,用即命于周,是使之职事于鲁,以昭周公之明德。

此处,"先王"之"德"是"率其宗师,辑其分族,将其类丑"的重要依据,故"族类"之延续除了要继承先王血统,更要"昭"其"明德",可见先王除了是"族类"的血缘标志,更凭借其"德"而成为"族类"的政治、文化与精神标志。又如《国语·周语下》述羊舌肸语:"类也者,不忝前哲之谓也。……单子朝夕不忘成王之德,可谓不忝前哲

---

① 参见宗福邦等编:《故训类纂》,商务印书馆2003年版,第2505页。

矣。"以"不忝前哲"来解释"类",也是将单靖公的"类"落实到与先祖同"德"的意义上说,亦可见"族类"不仅是血缘之"类",更是"德类"或"同德之类"。

而从广义上说,因为"德"最初主要是一个人事概念。① 那么,前诸子文献以"德"论"类"("族类"),其实也是在谈人事问题,比如人们的"德"(尤其是子孙与先祖之"德")在存亡、治乱、品行、思想等人事范畴中的"相似"。② 因此,认为前诸子的"类"观念除了是一种血缘观念,更是由"德"所表征的人事观念,应该比较恰当。而指出这一点,也就能对子学"类"思想得以形成的条件有所揭示了。首先,因为言行问题正属于人事问题的范畴,则诸子论言行之"类"的思想也就能说是一种人事思想。而由上述可知,定向于人事来谈"类",这在前诸子的"德类"观念中就已经明确了。其次,"德"虽然涉及人事领域的各个方面,但人的言行(尤其是行或德行)无疑是最核心的方面,这就意味着前诸子的"德类"观念已经为诸子学进一步思考言行之"类"的意义提供了重要的基础。当然,不可否

---

① 早期作为人事概念的"德",后来主要在儒家思想中得到了发展。一是将"德"与外在行为联系起来,而产生"德行"的观念;一是将"德"与内在的"心"联系起来,而内面化为"内心之德"。而从儒家的出土文献《五行》来看,"德"与"心"的关联可能更为初始,但"其本义一时没有展开,反而表现为外在行为的'德行'大行其道"。参见王中江:《简帛文明与古代思想世界》,第272页。至于道家所主张的"德",则因为涉及"道""物"之"德"的新内容,则与传统的人事之"德"颇有差别。但这个问题与本文的研究无关,在此存而不论。

② 如《左传·宣公六年》记:"中行桓子曰:'使疾其民,以盈其贯,将可殪也。'《周书》曰:'殪戎殷。'此类之谓也。"这个"类",表示消灭殷商与消灭赤狄的策略相似。又,《左传·宣公十二年》记:"君子曰:'史佚所谓毋怙乱者,谓是类也。'"这个"类",表示鱼臣、石制的行为与"怙乱"之举相似。还有,《左传·襄公三年》论祁奚其人:"夫唯善,故能举其类。《诗》云:'惟其有之,是以似之',祁奚有焉。'"这个"类",表示"善"人之品行相似。最后,《左传·襄公十六年》载晋侯语:"歌诗必类,齐高厚之诗不类。"这个"类",表示"歌诗"时所抒发的思想相似。

认前诸子文献中有关于"类"的讲话还是零散片段的,更没有突显言行之"类"的重要性及其与正当性问题的联系。所以诸子学关注言行之"类",并借此将正当性问题引入中国哲学,仍应被视为一种思想上的突破。但关键在于,这个突破所以可能,除要有前诸子时代的"类"观念作基础,更离不开来自现实与文化因素的刺激。这一点,前文已经初步提及,以下则稍作展开。

众所周知,春秋战国是一个社会结构剧烈变动的时代。而此一剧变的表现与特征,即如萧公权所说:"当封建天下鼎盛之时,生活大体有序,上下守分相安,固不失为一太平之世。然而时迁世易,政治与社会均起变化,乃由安定趋于骚动。……遂至诸侯兼并,陪臣执国……封建社会主干之阶级制度与元后政治同时倾圮。贵族降为皂吏,贱人皆陵其上。宗法井田,相随消灭。旧日维系人心之一切礼俗均失去原有之意义,即无战争水旱所产生之痛苦,而人心动摇,文武缔造之封建天下亦势难久存。"[①]以此,建立新的社会与政治秩序以令"上下守分相安",就是当时最为迫切的现实需求。而对思想界来说,不同学派虽就此现实需求作出不同回应,如倡导道义的秩序(儒家)、功利的秩序(墨家)、君权的秩序(法家)、自然法的秩序(黄老)等,其实质则都是在"旧日维系人心之一切礼俗均失去原有之意义"的情况下,提供一套有效的规范以约束和指导人的实践。而此实践规范欲得确立,当然最先要对哪一"类"言行是正当的、哪一"类"则否提供一种原则与理论上的界定。因此,"类"这个主题从前诸子时代的零散议论一跃成为诸子学的共同话题,就能说是在上述现实需求的促动下发生的。

---

① 萧公权:《中国政治思想史》(一),辽宁教育出版社1998年版,第18页。

当然,"类"成为诸子学的共同话题,除了有现实因素的作用,也尤其受到文化因素的激发。常言道,中国文化最重人文精神。春秋战国则正是人文精神充分自觉,即突破"上帝"或至上神信仰①的藩篱,令人自身的价值得到空前彰显的时代。② 而因为原始宗教中人与至上神的沟通是以祖宗为中介的③,故春秋以降的人文自觉又最能体现在祖神观念的式微上。正如高木智见通过考察祭祀活动中"尸""祝"角色的弱化所指出的,当时"人与人之间的关系从有祖先介入其中的人神共同体,正向不需要祖先介入的人和人形成的共同体过渡"④。我们认为,这一表现人文觉醒的"过渡"历程,也会导致"类"的意谓发生变化,那就是从氏族的"血缘相似"与"德之相似"扩展到人在氏族界限外结成更大的共同体时表现出来的更普遍的相似。⑤ 并且,此一"普遍相似"必定最先表现在言行的领域,因为从"人神共同体"发展到"人和人形成的共同体",意味着人们的生活重心不再是人神间的沟通,而是人际间的交流和交往,这就令语言和行为的重要性空前突显出来,更意味着言行上的偏差

---

① 关于至上神信仰的研究,参见邹昌林:《中国古代国家宗教研究》,学习出版社2004年版,第316—336页。
② 参见徐复观:《中国人性论史》(先秦卷),第13、41页;余英时:《文史传统与文化重建》,生活·读书·新知三联书店2004年版,第452页。
③ 更准确地说,应当是王家的祖先。正如史华兹所说的:"我们在典籍中还发现了这样的观念:仪态威严的王朝祖先,他们在高高在上的神——'上帝'(后来是天)的'宫廷'里扮演着调解性的身份角色。"参见本杰明·史华兹:《古代中国的思想世界》,程钢译,第31页。
④ 高木智见:《先秦社会与思想:试论中国文化的核心》,何晓毅译,上海古籍出版社2011年版,第134页。
⑤ 如孟子所谓"故凡同类者,举相似也。何独至于人而疑之"(《孟子·告子上》),就是最先肯定"人"之"普遍相似"的宣言。

要比信仰上的不敬神祇危害更大。① 因此在这个背景下,诸子学会关注言行之"类",并定向于正当性问题,就是颇为自然的。

这样,我们就能对子学"类"思想的兴起有一个较为具体的理解了。那就是,前诸子时代的"德类"观念为诸子学论"类"提供了重要的基础,尤其表明子学"类"思想作为一种人事思想的历史渊源。而这种人事思想所以聚焦于言行之"类"并定向于正当性问题,则与现实和文化因素的刺激密切相关,前者即春秋以降建立新的社会政治秩序(尤其是有效的实践规范)的现实需求,后者则是此间人文精神充分自觉(尤其是共同体意识从人神关系过渡到人际关系)的文化背景。

二、行为的"类"与正当性问题

基于以上说明,就可以正式探究诸子学论正当言行之"类"的思想了。这里先来看行为之"类"及其所涉之正当性问题,并拟从墨子谈起。按《墨子·公输》的记载:

> 公输盘为楚造云梯之械,成,将以攻宋。子墨子闻之,起于齐,裂裳裹足,日夜不休,行十日十夜而至于郢,见公输盘。公输盘曰:"夫子何命焉为?"子墨子曰:"北方有侮臣,愿藉子

---

① 如《礼记·表记》所谓"殷人尊神,率民以事神,先鬼而后礼,……周人尊礼尚施,事鬼敬神而远之",就能反映上述生活重心的转移。而孔子说的"未能事人,焉能事鬼"(《论语·先进》),则是明确地主张将处理人际关系作为共同体生活的重心。所谓"人际关系",说到底就是人与人通过语言交流和行为交往所形成的关系。这就意味着言行问题乃是维系共同体生活的核心问题,因而言行的偏差也就是危害共同体秩序的根源。故孔子强调"君子名之必可言也,言之必可行也"(《论语·子路》),就是有感于错误的言行(即由"名不正""言不顺"导致"民无所措手足")才是对共同体的最大威胁。

杀之。"公输盘不说。子墨子曰："请献十金。"公输盘曰："吾义固不杀人。"子墨子起，再拜曰："请说之。吾从北方，闻子为梯，将以攻宋。宋何罪之有？荆国有余于地，而不足于民，杀所不足，而争所有余，不可谓智。宋无罪而攻之，不可谓仁。知而不争，不可谓忠。争而不得，不可谓强。义不杀少而杀众，不可谓知类。"公输盘服。

公输盘宣称他的"义"是"不杀人"，也确实做到不为利益去杀害某人。但是，他帮助楚国制造攻城器械，等于不杀少数人而杀多数人，这就违背了自己的"义"。故墨子说他"不可谓知类"，就是指责他不了解合乎"义"的行为（"不杀人"）在一切场合都必须同"类"（即不仅在"少"的场合不能杀人，在"众"的场合同样不能杀人）。因此很明显，墨子在此所谈的"类"主要是行为之"类"。并且，他对行为之"类"的强调，说到底乃让人们不要违背"义"即行为正当性的要求。又如《墨子·非儒下》借晏婴之口批评儒家说："劝下乱上，教臣杀君，非贤人之行也；入人之国而与人之贼，非义之类也。"这个"义之类"的表达本身就已经说明墨子对行为之"类"的辨析乃以"义"或正当性为依据的。

而墨子之后，诸子学对行为之"类"的讨论同样紧扣正当性问题，并注重揭示行为正当性的根源。如在孟子，这根源就是人对正当性的天赋欲求，也就是"四端"之"心"。而他对"类"的关注即落实于"心"来说：

故凡同类者，举相似也，何独至于人而疑之？圣人与我同类者。……口之于味也，有同耆焉；耳之于声也，有同听焉；目之于色也，有同美焉。至于心，独无所同然乎？心之所同然者

何也？谓理也，义也。圣人先得我心之所同然耳。故理义之悦我心，犹刍豢之悦我口。（《孟子·告子上》）

判断事物是否"同类"，就是举出它们的"相似"之处，但孟子真正要谈的并不是"相似"的抽象形式，而是具体到人的"相似"。这种"相似"不仅是感官对声、色、味的共同欲求，更是"心"对"理义"或正当性的共同欲求，故孟子强调，正如生理欲求是人与生俱来的，正当性欲求同样如此，所以说："无恻隐之心，非人也；无羞恶之心，非人也；无辞让之心，非人也；无是非之心，非人也。"（《孟子·公孙丑上》）这四"心"就是人的"理义心"或正当性欲求的四个"类"，孟子则把它们当作"仁""义""礼""智"之正当行为的天赋根源（"端"）。可见，正当性欲求就是孟子论"类"的核心，所谓：

今有无名之指屈而不信，非疾痛害事也。如有能信之者，则不远秦楚之路，为指之不若人也。指不若人则知恶之，心不若人则不知恶，此之谓不知类也。（《孟子·告子上》）

"不知类"显然不单是指责某人的思维缺乏"类"的逻辑，而是指责他不了解自身的正当性欲求是比生理欲求更为根本、更为重要的"类"。

如果说孟子论"类"针对人们天赋的正当性欲求，其实就是在关注正当行为的内在动机，那么对荀子而言，对"类"的言说则明显指涉正当行为的外在模式，也就是"理"。"理"本谓打磨玉石的文理，即"顺玉之文而剖析之"（《说文解字》）；又引申为一般事物的文理，如"理者，成物之文也。……短长、大小、方圆、坚脆、轻重、白黑之谓理"（《韩非子·解老》）。而荀子所谓"理"，柯雄文已经正确地指出它是在特定情形中如何行动的理据（rationale）。① 但考虑到"理"之"文理"义，则作为"行动理据"的"理"又更宜被看作正当行为所遵循的理路或模式。② 而荀子论"类"，可就"理"之意义来说。所谓"类不悖，虽久同理，故乡乎邪曲而不迷，观乎杂物而不惑"（《荀子·非相》）。即强调人们要想在纷繁复杂的现实中"不迷""不惑"，就应去遵循被视为正当的那一"类"行为所体现的"理"或行为模式。并且，代表行为模式的"理"并非宽泛之物，而是特指"礼之理"（《荀子·礼论》）或"义者循理"（《荀子·议兵》）的"理"，即合乎礼义的行为模式——荀子也称之为"大理"（《荀子·解蔽》）。这说明，礼义就是荀子眼中行为正当性的根源，因而也就是统率每一"类"行为的标准，故说：

> 倚物怪变，所未尝闻也，所未尝见也，卒然起一方，则举统类而应之，无所儗怍。（《荀子·儒效》）

"统类"是荀子独有的表达，字面意谓"统帅行为类型的标准"，正是指礼义。③ 因此，"倚物怪变……则举统类以应之"云云，就是告诉

---

① 参见 A. S. Cua, *Ethical Argumentation: A Study in HsünTzu's Moral Epistemology*, Honolulu: University of Hawaii Press, 1985, pp. 25-28.
② 如"行道理也勇"（《荀子·修身》）、"诚心行义则理"（《荀子·不苟》）、"凡事行，有益于理者，立之"（《荀子·儒效》）、"行离理而不外危者，无之有也"（《荀子·正名》），这些"理"密切关系"义"与"行"，正可说是正当行为的模式。
③ 荀子所谓"统类"是描述礼义之作用功能——即统领行为类型——的描述词。比如就具体行为 X、Y 来说，如果它们都合乎礼义的要求，那么就能说"X 与 Y 属于合礼义的行为之类"（或简单说是"行为 X 与 Y 属于礼义这个类"）。根据礼义，将 X 与 Y 归于同类，就是"统类"作用的表现。进一步说，因为荀子是以礼义为评判行为正当性的根源，则说"X 与 Y 属于合礼义的行为之类"，也就等于说"X 与 Y 属于具有正当性的行为之类"。在这个意义上，也可以将"合礼义"视为一类正当行为的类属性，而礼义就是判定正当行为之类的分类标准。

人们在遭遇困境、不知如何举措的时候，必须以礼义为统帅，才能了解哪一"类"行为是正当的。这也就是将礼义的"统类"作用推广到现实中，即"推礼义之统"(《荀子·不苟》)。而这个"推"的过程，荀子也说是"推类接誉，以待无方"(《荀子·臣道》)。所谓"推类"，虽然常被看作一种逻辑方法(如类比推理)，但更像是应对复杂现实的伦理实践("以待无方")，即将礼义所统率的正当行为按其"类"推广到各个场合中，以确保行为的正当性。因此，"推类"也就能说是"推统类"的简略表达。而在荀子看来，正当性问题越是突出，就越需要"推统类"的实践，此即"有法者以法行，无法者以类举"(《荀子·王制》)。"无法"场合，就是行为正当性问题尖锐突显的时候。而按照"类"的原则来举措应变("以类举")，正是"推统类"的实践，亦即柯雄文所谓"在紧急状况下进行伦理思考的方法"[①]。当然，礼义的"统类"作用不仅在"无法"的情况下极其重要，即便在"有法"可依时，也是指导行为的根本，正如荀子说："案以圣王之制为法，法其法以求其统类。"(《荀子·解蔽》)就是指对圣王法度的学习，核心是了解它背后统帅行为类别的标准(即礼义)。这说明，礼义的"统类"作用是至高无上的，就连明确规约行为的"法"也要受其裁制，故又云："礼者，法之大分，类之纲纪也。"(《荀子·劝学》)基于此，应该说荀子以礼义为行为正当性的根源，其"根源"意义就体现在"统类"的作用上。所以，"统类"也就能说是荀子论"类"的核心。并且，如果说孟子对心之"类"的关注是要确立正当行为的内在根源，就能说荀子对礼义"统类"的强调是要确立正当行为的外在根源。

---

① A. S. Cua, *Ethical Argumentation: A Study in HsünTzu's Moral Epistemology*, p. 78.

再来看法家,他们同样是以"类"为依托来思考行为的正当性。只不过,法家论"类"一般限于政治的领域,尤其重视辨析统治行为的"类",如《商君书》说:

> 世之为治者,多释法而任私议,此国之所以乱也。先王县权衡,立尺寸,而至今法之,其分明也。夫释权衡而断轻重,废尺寸而意长短,虽察,商贾不用,为其不必也。故法者,国之权衡也,夫倍法度而任私议,皆不知类者也。(《商君书·修权》)

所谓"不知类",就是指责某些统治者不了解遵循"法"的统治与"任私议"的统治不是一"类"。而所以要区分这两种统治行为的"类",正是要揭示行为正当性的根源所在:一方面,被激烈否定的"任私议"即属于人治之"类"的统治行为,其效果因为受限于统治者的主观缺陷而不可预期,就会阻碍权力的正当运用。但另一方面,依据"法"的统治或法治则有利于克服人治的主观缺陷,因为"普遍的、客观的和非人格化的刑法和奖赏体系"①乃决定国家治乱的客观标准,就像"尺寸""规矩"是决定商品工艺的客观标准一样。这意味着,只有法治才是具有正当性的那"类"统治行为,而且"法"就是行为正当性的根源所在。故上引文对统治行为之"类"的辨析,核心就是将循"法"的统治与"倍法度"的统治区别开,以达成权力的正当运用。

再看韩非,他同样认可属于法治之"类"的统治行为其正当性在于克服人治的主观缺陷,并将此缺陷归于人欲膨胀的结果,所谓:

---

① 本杰明·史华兹:《古代中国的思想世界》,程钢译,第449页。

> 人有欲则计会乱，计会乱而有欲甚，有欲甚则邪心胜，邪心胜则事经绝，事经绝则祸难生。由是观之，祸难生于邪心，邪心诱于可欲。可欲之类，进则教良民为奸，退则令善人有祸。奸起则上侵弱君，祸至则民人多伤。然则可欲之类，上侵弱君而下伤人民。夫上侵弱君而下伤人民者，大罪也。故曰："祸莫大于可欲。"(《韩非子·解老》)

这是对人的主观缺陷如何由"可欲"或纵欲造成①，并导致何种恶果，进行理论上的演绎。因此，统治者要能辨明法治行为的"类"，首先应该认识到"可欲之类"的行为的错误与危害。不过，要让统治者彻底克服主观缺陷而达成法治的要求，仅避免"可欲之类"尚且不够，还必须依靠擅长行"法"的专业人才，正如韩非所说：

> 夫欲追速致远，不知任王良；欲进利除害，不知任贤能；此则不知类之患也。夫尧、舜亦治民之王良也。(《韩非子·难势》)

这里说的"贤能"，不同于儒家标榜的道德楷模，而是如王良之"类"的专业人才，即"法术之士"(《韩非子·人主》)。因此所谓"不知类"，就是批评某些统治者不了解"法术之士"的"类"，尤其是不了

---

① 按"可欲"，有论者解释为"五色声乐衣食"，参见张觉：《韩非子校注》，岳麓书店出版社 2006 年版，第 199 页。"可欲之类"就是引人欲求的物类。但是，"教良民为奸""令善人有祸""侵弱君""伤人民"，这与其说是欲求对象造成的，不如说是欲求本身造成的。并且，与其说"人有欲"就必然弱君伤民，不如说是"有欲甚"才会如此。故而，韩非所谓"可欲"恐怕并不是"可欲之物"，而是认可或放纵欲求的行为，"可"应作动词讲，如荀子"心之所可"(《荀子·正名》)的"可"。

解这"类"专业人才是实施法治的重要保障。在这个意义上,应该说了解"法术之士"的"类"就是了解法治本身之"类"的固有要求,因而也就是确保统治行为之正当性的重要基础。

由上,无论墨子强调正当行为应与"义之类"相一致,还是儒家孟荀主张行为正当性的根源存乎内在的心之"类"与外在的礼义"统类",抑或法家的《商君书》学派和韩非子通过辨析法治与人治之"类"来说明统治行为的正当性,这些见解均表明诸子对行为之"类"的思考是以正当性问题为基本定向的。

三、语言的"类"与正当性问题

诸子对语言之"类"的思考,虽然涉及语言的不同方面(如类名的使用、言论的评价),但也是围绕正当性问题来展开的。这里仍从墨子谈起,如《墨子·非攻下》记载:

> 今逮夫好攻伐之君,又饰其说以非子墨子曰:"以攻伐之为不义,非利物与?昔者禹征有苗,汤伐桀,武王伐纣,此皆立为圣王,是何故也?"子墨子曰:"子未察吾言之类,未明其故者也。彼非所谓'攻',谓'诛'也。昔者三苗大乱,天命殛之,……则此禹之所以征有苗也。逮至乎夏王桀,天有酷命,……则此汤之所以诛桀也。逮至乎商王纣,天不序其德,……此即武王之所以诛纣也。若以此三圣王者观之,则非所谓'攻'也,所谓'诛'也。"

"好攻伐之君"反对墨子"非攻"的主张,理由是上古圣王也在从事"攻伐",而墨子认为他的错误在于"未察吾言之类,未明其故者也",就是指责他不了解"攻"与"诛"这两个名称的"类",尤其是不了解区分二"类"的根据("故")。人们或许认为,这个根据就是语词的含义不同。① 但事实上,墨子并未去界定"攻"与"诛"的含义②,而是进行了大量的"情境构作"③(包括刻画三苗、夏桀、商纣失德无道的情境,刻画上天授命禹、汤和武王的情境,以及刻画圣王推翻暴政后,整饬秩序,令天下宾服的情境),以表明哪些战争活动适合用"诛"而非"攻"来命名。可见,墨子辨析语词之"类"的根据并不主要在含义的层面,而是在用法的层面。就含义来说,重要的是定义的真确性;但就用法来说,重要的则是命名的正当性。④ 而上引"察吾言之类"的议论,与其说是要探究某"类"语词的真定义,不如说是要揭示其正当的用法,亦即用"诛"而非"攻"来命名上古圣王所从事之战争的正当性。

墨子之后,关注语言之"类"并定向于正当性问题的,首先是庄子。但庄子所论之"类",并不像墨子那样仅限于语词,而是指言

---

① 这种观点在以往逻辑史研究中较为明显,对其内容的列举与反思,参见李巍:"作为伦理主张的墨子'知类'说"。

② 这里说的"攻"与"诛"的含义,指的是它们独立于特定语境的意义(meaning),也就是一种抽象的语义实体。要对之有所把握,当然要靠定义,尤其是亚里士多德所要求的本质定义,如蒯因(W. V. Quine)所说:"亚里士多德的本质概念无疑是现代的意向或意义概念的先驱。"参见 W. V. Quine, *From A Logic Point of View*, Harvard: Harvard University Press, 1953, p. 22. 鉴于此,我们之所以说墨子没有对语词"攻"与"诛"下定义,就是指他并没有将注意力放在揭示语词独立于语境的一般含义上。

③ 李贤中:《墨学:理论与方法》,扬智文化出版社 2003 年版,第 139—140 页。

④ 当然,考虑表达式的用法时,也不能忽视其含义。但这个含义,并不是作为实体的意义(meaning),而是指一个表达在特定语境中的"有意思"(significance)。对后者的把握,是通过语境中的沟通活动实现的,而非靠定义。定义的实施预设了定义项与被定义项的同义(synonymy),而同义概念又预设了"意义"的实体。详见 W. V. Quine, *From A Logic Point of View*, pp. 12, 20—27, 49.

论。并且,"类"所表征的正当性问题也变得十分尖锐。如《庄子·齐物论》所说:

> 今且有言于此,不知其与是类乎?其与是不类乎?类与不类,相与为类,则与彼无以异矣。

这里,询问一种"言"究竟"与是类"还是"与是不类",其实就是在问一种言论属于"是"之"类"还是"非"之"类"。"是非"即《庄子·齐物论》提及的言论的基本分类,意味一种言论要么有所主张或肯定,要么有所反对或否定。但这种分类与其说是庄子自己的,不如说是他援引了当时思想界的通见。而在庄子本人,则恰是要质疑这种分类的确定性。所谓"类与不类,相与为类",就是主张把"与是类"的言论和"与是不类"的言论归为同"类",这意味着没有哪一种言论绝对属于"是"或"非"之"类",因而言论的"是非"分类就是不确定的。故《庄子·齐物论》又云:"言者有言,其所言者特未定也。"这其实是"类与不类,相与为类"的另一种表述。言论"是非"的不确定是庄子看待言论之"类"的基本观点。而从这个观点看,言论的正当性问题将会变得十分尖锐。因为倘使"是非"类别"未定",则彼此对立的言论就没有哪一个绝对正确或错误。正如《庄子·齐物论》指出的,对立言论的"果是""果非",既不能以论辩的胜负来评判,也无法诉诸第三方的仲裁("谁使正之")。① 严格说来,这不是在言论的"真假判定"上出现的困难,而是在"对错评价"

---

① 参见《庄子·齐物论》"既使我与若辩矣,若胜我,我不若胜,若果是也?……恶能正之"一段。

上出现的困难。因为在科学中,尤其在逻辑中,可以说一个句子是真的,是假的,或者既不真也不假,却很难说一个句子比另一个更真或更假。但在伦理论辩中,一种言论的"对错"则往往是与其他言论(尤其是对立言论)相比较而显的。当庄子强调对立言论的"果是""果非"难以"正之"的时候,就主要在谈论"对错"即正当性问题,并且是通过将"是非"分类的不确定归于人所共有的主观局限,来防止对言论正当与否作出绝对的评判。正如《庄子·齐物论》所示,一切"是非"奚由主观"成心"构造出来[①],故一种言论究竟"与是类"或"不类",就取决于说话人自身的立场[②],此即"因是因非,因非因是。是以圣人不由,而照之于天,亦因是也。是亦彼也,彼亦是也。彼亦一是非,此亦一是非。果且有彼是乎哉?果且无彼是乎哉?彼是莫得其偶"。就是说:人们总是因循自身特定的"是非"立场来言说事物。圣人仿佛能摆脱自身立场的限制而以"天"为参照,但说到底,这仍然是因循了某种立场,所以对同一个"彼"物(或"此"物)来说,有人言"是",有人言"非",却很难说哪种言论能唯一地应合于"彼"(或"此")的实情。既如此,每一言论不管属于"是"之"类",还是属于"非"之"类",就其作为具有一定立场的一家之言来看,都可说是同"类"的。指出这更高一级的"类",尤其意味着评价一种言论的对错与否不是绝对的,这无疑使语言领域中的正当性问题变得十分尖锐。

---

① 参见《庄子·齐物论》"夫随其成心而师之……未成乎心而有是非,是今日适越而昔至也"一段。

② 陈汉生则称之为"视角"(perspective),参见 Chad Hansen, *A Daoist Theory of Chinese Thought*: *A Philosophical Interpretation*, pp. 275 - 276.

再来看后期墨家。后墨对语言之"类"的讨论堪称诸子学的集大成者,一方面,他们是在墨子的基础上推进了对语词之"类"的思考;另一方面,他们也特别关注于言论的"类",并提出了与上述庄子的观点针锋相对的意见。而总的说来,这两方面讨论都是定向于正当性问题的。先看前者,按《墨经》所说:

> 名,达、类、私。
> (名)。"物",达也。有实,必待之(多)名也。命之"马",类也。"若实"也者,必以是名也。命之"臧",私也。是名也止于是实也。

如前述,墨子对"吾言之类"的思考还主要针对某些特定语词("攻""诛"),但后墨于此则提出了对语词或"名"的一般分类,即达名、类名与私名[①],这是其进步之处。但无论就哪一类语词来说,他们谈论最多的还是命名即用法问题,而非含义问题,这仍旧沿袭了墨子的思路。而就"类"或类名来看,后墨的另一进步之处在于,他们不再像墨子那样,仅以"情境构作"的方式来说明某个类名的正当用法,而是指出了类名被正当运用的一般基础,那就是对象的相似性。正如葛瑞汉所论,墨家的类名"不仅区别于专名,更区别于达名'物'。'物'和'臧'都不同于'马',差别在于相似性无关于它们的使用"[②]。就是说,达名和私名的运用不需要考虑命名对象是否

[①] 达名命名一切个体,如"物",相当于范畴语词;类名则命名一类个体,如"马",即普遍语词;私名则命名这个或那个个体,如人名"臧",即专名。

[②] A.C. Graham, Later Mohist Logic, p. 325.

具有某种相似——如"物",它能无差别地应用于一切事物上;如"臧",这个名称只限定于臧这个人。但是,彼此相似的对象则必须以类名来命名。因此,一旦超出了对象的相似性界线,类名的使用就是非正当的,此即《墨经》所谓:

> 狂异,说推类之难。说在(之)止"大小"。
> 谓〈四〉足,兽与? 牛马与? 物尽与大小也。此然是必然,则俱为麋。

一个类名虽然可以被推广应用到多个事物上,但并不能无限制地"推",而应以事物的相似性为界,这就是"止'大小'"。比如"狂"这个类名(相当于"四足者"),其推广应用或者"止"于范围较大的"兽",或者"止"于范围较小的"牛""马"。但如果忽略相似者的界线("大小"),而无限制、无差别地命名一切事物("物尽"),就会使类名的推广陷入困境。因此,"止"于事物的相似性界线,就是墨家眼中类名用法的正当性所在。

由此,来看后墨思考语言之"类"的第二个方面,言论的"类"及其正当性问题。所谓:

> 夫辞,以故生,以理长,以类行也者。立辞而不明于其所生〈长〉,忘也。今人非道无所行。唯有强股肱而不明于其道,其困可立而待也。夫辞以类行者也,立辞而不明于其类,则必困矣。

这里对言论之"类"的阐述主要指向了"辞"之"类"。"辞"即构成某种言论的具体主张①,"辞以类行"则是以"类"为"立辞"或提出主张的基础。这是怎样的基础呢？有论者将之解释为推理、推论的基础②,似乎不太符合墨家的意思。因为从文献来看,说话"不明于其类"而陷入困境,就好像行路"不明于其道"而陷入困境一样,与其说是一种理论困境（即逻辑上无法从前提推出结论）,不如说是一种实践困境（即在特定场合中不知怎样发表言论）。故在"辞以类行"的过程中,"类"的基础意义与其说是确保推理的有效性,不如说是确保表达的正当性。就后者而言,尤其要求人在特定场中的言辞应保持"类"的一致,即：

> 止类以行之。说在同。
>
> （止）。彼以此其然也说是其然也。我以此其不然也疑是其然也。

在谈论语词之"类"时,墨家已经应用过"止"的概念,这里则主要涉

---

① 关于"辞"在语法上的角色,目前有两种看法：一是葛瑞汉将"辞"等同于句子,并指出墨家在此"最重要的创新就是引入了'辞''句子/命题',作为首次区别于名称的东西"。参见 A. C. Graham, Later Mohist Logic, p. 35, 40;另一则是陈汉生,他仍然认为墨家没有将句子和语词在理论上区分开,"辞"仅仅被理解为有意义的字符串,而墨家"连接'辞'与'类',显示其理论兴趣仍然集中在词项而非句子上"。参见 Chad Hansen: Chinses Language, Chinese Philosophy, and "truth", The Journal of Asian Studies, Vol. 44, No. 3(1985), p. 517. 本文不拟对"辞"与句子的异同予以辨析,因为本文关注的并不是"辞"作为语法单元的内涵,而是其作为语义单元的内涵,即墨家所论具有"抒意"功能的"辞",故应宽泛地界定为主张（claim）。主张作为语义单元,是一种言论的组成部分;句子作为语法单元,则是段落的组成部分。

② 典型如孙中原将"辞以类行……则必困矣"解说为"推论的过程……要根据事物的类别来进行。……论题要根据事物的类别关系推引出来,建立一个论题,而不明白它由以推引的类别关系,则必然遭遇困难"。孙中原:《中国逻辑研究》,商务印书馆 2006 年版,第 656 页。这就是将"辞以类行"的"类"等同于推理的形式基础。

及言辞主张的"止类",即由一事物的"然"(如此这般)来断言其"是"(肯定其如此这般)的过程中,或由一事物的"不然"来质疑其"是"的过程中,让"是其然"与"疑是其然"的主张与各自的"类"保持一致("说在同")。或者说,让表达"是"的主张与质疑"是"即表达"非"的主张止限于各自的"类"。因此,墨家就是站在庄子的对立面,以言论的是非分类为客观确定者。① 那么,在庄子那里尖锐呈现的正当性问题也就被大大缓和了,这尤其是说,让"是"的主张"止类"于"是","非"的主张"止类"于"非",则一种主张是否比另一种更加正确,就成为可予评判的。如《墨经》所谓"辩也者,或谓之是,或谓之非,当者胜也"。这个"当者胜",应最能表明"是非"的确定分类即评判言论正当性的前提。故墨家又说:"以类取,以类予,有诸己不非诸人,无诸己不求诸人。"(《墨子·小取》)即要求人们以"类"为标准来接受或推广某种主张,也就是以"类"或确定的是非分类来衡量一种言论的正当性。而按照墨家所谓"有以同,类同

---

① 正如《墨经》所谓:"是是与是同,说在不州。不是是,则是且是焉。今是文止于是而不止是。故是不止。是不止,则是而不止焉,今是不止于是而止于是。故'止'与'是不止'同说也。"本文同意葛瑞汉的观点(参见 A. C. Graham, Later Mohist Logic, pp. 454 - 457),这是对庄子式论调的模拟与回应,且其中第一条和第三条是墨家自己的观点,第二条则接近庄子的观点。第一条,强调把一种"是"当作"是"("是是"),就仅只同于"是"("与是同")而不同于"非",因为后者乃是"是"所不包括的("不州"即"不周",表示"不全部包括"的意思),所以"是""非"分类就是确定的,此为墨家的基本主张;第二条是模拟庄子的反论,意即:此刻不把一种"是"当作"是"("不是是"),就只能当作将来的"是"("则是且是焉")。当然也可以说,"是"既限定于当前的"是"("今是"),又不限定于当前的"是"("今是文止于是而不止于是"),因此就是不确定的("是不止"),这大概正好对应于《庄子·齐物论》"是不是"的观点;第三条则是墨家对此论的驳斥,意味要说"是"不限定于"是",则须先有"是"才能不限定于"是"("是不止,则是而不止焉")。现在的"是"在将来可能不再限定于"是",但现在毕竟限定于"是"。故而宣称"是"无所限定,首先已经承认了"是"有所限定("'止'与'是不止'同说")。这就意味着,虽然"是"表示的内容会随着时间的变化而变化,现在的"是"有可能成为将来的"非"("是不止"),但在任一确定的时刻,"是"始终确定的"止类",而不包含("不州")其对立类别(即"不是"或"非"),这明显与庄子泯除"是非"的"相与为类"说相对立。

也""不有同,不类也"的原则,这首先就是去辨明哪些是与自己言论之"有"("有诸己")同"类"的主张,哪些则是自己言论"不有"("无诸己")的另"类"的主张。

最后,说一说荀子的观点。之前已经论述过他对行为之"类"的看法是定向于正当性问题的。这个特征,同样也体现在他对语言之"类"的讲话中。比如:

> 故多言而类,圣人也。(《荀子·非十二子》)
> 其言有类,其行有礼,其举事无悔,其持险应变曲当。与时迁徙,与世偃仰,千举万变,其道一也。是大儒之稽也。(《荀子·儒效》)
> 多言则文而类,终日议其所以,言之千举万变,其统类一也:是圣人之知也。(《荀子·性恶》)
> 不先虑,不早谋,发之而当,成文而类,居错迁徙,应变不穷,是圣人之辩者也。(《荀子·非相》)

在儒家那里,圣人与大儒即正当性的人格载体。而荀子在此则是以圣人、大儒为例,说明对语言的运用合乎"类"的要求,乃是其正当与否的重要标志。并且,这个"类"不是任意的东西,而是特指"统类"。之前已说明,荀子所谓"统类"是礼义的基本作用,并指出其意味之一就是"统率行为之类"。而从上引文看,礼义作为正当性的根源,不仅能"统率行为之类",更能"统率语言之类"。因而说一种言论是正当的,也就是指它属于礼义所"统"之"类"。如"圣人之言"虽"千举万变",但因为皆合于"统类",所以总是"发之而当"的。相反,若言论不合"统类",则不论多言少言,皆是不当之言。如荀子批评思孟"按往旧造说",但"略法先王而不知其统"(《荀

子·非十二子》),也就是以其"造说"不合于礼义之"统类"。① 而一种言论被归于"统类",又主要是指:

> 君子之言,涉然而精,俛然而类,差差然而齐。彼正其名,当其辞,以务白其志义者也。彼名辞也者,志义之使也,足以相通,则舍之矣。苟之,奸也。故名足以指实,辞足以见极,则舍之矣。外是者,谓之讱,是君子之所弃,而愚者拾以为己宝。故愚者之言,芴然而粗,啧然而不类,誻誻然而沸,彼诱其名,眩其辞,而无深于其志义者也。(《荀子·正名》)

这里,"君子之言"所具有而"愚者之言"所缺乏的"类",无疑就是"统类"。而荀子强调的是,判断一种"言"是否有"类"或合乎"统类",要看说话人是否把传达意旨和促进沟通作为讲话的基本宗旨。据此宗旨,就能检验他对语词的运用是否正确,对主张的表达是否恰当,因而也就能对其言论的正当性予以评定。当然,这并非说一切旨在达意和沟通的言论就一定是合乎"统类"的良言;但若偏离此宗旨,比如为了卖弄智巧而进行语言游戏,则一定是违背"统类"的"奸""讱"之言。据此,可见荀子正是用"类"或"统类"来评定言论的正当性。

由上,无论是墨子关注类名的正当用法,还是庄子主张是非"相与为类"以令言论的正当性问题尖锐突显,抑或后期墨家既以相似性的"止类"来确保类名的正当使用,又以是非的"止类"来评判言论的正当性,再或是荀子以礼义统率正当言论之"类",这些见

---

① 这也就是荀子批评思孟"甚僻违无类"的基本内涵,详见李巍:"'甚僻违而无类':从荀子对孟子的批评看先秦儒家的'知类'观",《哲学研究》2011年第8期。

解均表明诸子对言论之"类"的思考,与其对行为之"类"的思考一样,也是围绕正当性问题展开的。

　　论述至此,大概就已对先秦诸子论"类"的基本特征,即以言行之"类"为对象,而以达成正当性为宗旨,有一个比较具体的呈现了。据此来看,诸子学的"类"思想当然不仅是一种逻辑的思想,更应是一种政治与伦理的思想。而本文的研究,则正可说是从政治、伦理的进路展开的。当然,我们绝不反对逻辑进路的研究,只不过,为了对子学"类"思想的内涵与特征有一个更为全面和到位的把握,在逻辑之外容纳更加多元的讨论无疑是必要的。并且,鉴于"类"这个主题的出现是人类理性觉醒的重要标志,那么一旦说明了诸子学对"类"的讨论是以言行正当性为中心,其意义就不仅在呈现"类"这个主题自身的意义,更能由此突显正当性的观念正是以"类"观念为主要载体被纳入中国思想的理性视野中。

第二章　春秋大义与黄老思潮
——再析"《春秋》以道名分"说

经学传统中，见诸《庄子·天下》的"《春秋》以道名分"，向来是被当作"孔子成《春秋》"的要旨。如欧阳修说："孔子何为而修《春秋》？正名以定分，求情而责实，别是非，明善恶，此《春秋》之所以作也。"①元儒程端学亦说："孔子何为修《春秋》？明礼义，正名分，辨王伯，定夷夏，防微慎始，断疑诛意，其书皆天下国家之事，其要使人克己复礼而已。"②近人陈柱则更明确地肯定："'《春秋》以道名分'，然则孔子之作《春秋》，要旨即在乎是矣。"③但实际上，《庄子·天下》篇此一主张的理论资源不在孔子，而是出于战国黄老思潮。对之进行辨析，将呈现黄老秩序观念对于早期春秋学的重要影响，并能表明将一切经学理念都追溯到孔子，以塑造一个自孔子而下的、线索清晰、边界明确的经学谱系，是一种狭隘的、原教旨性质的想象。

一、"名分"概念

要揭示"《春秋》以道名分"是黄老立场的讲话，正如下述，要从

---

① 欧阳修：《欧阳修全集》卷十八，李逸安点校，中华书局2001年版，第307页。
② 李修生主编：《全元文》卷一〇二三，凤凰出版社1998年版，第173—174页。
③ 陈柱：《公羊家哲学》，华夏出版社2014年版，第80页。

"名分"入手。质言之,这个概念及其用法都是出于黄老,只是被儒学吸纳之后,论者日用而不知,才以为是孔子的观念。比如朱熹,他认为庄周所以敢说"《春秋》以道名分",正是对孔子的本义见得分晓。① 元代吴澄也认为:"此言虽出庄氏,而先儒有取焉,以其二字足以该一经之义也。"②

那么,儒家怎样理解"名分"呢?司马光的以下表述很有代表性:

> 天子之职莫大于礼,**礼莫大于分,分莫大于名**。何谓礼?纲纪是也。何谓分?君、臣是也。何谓名?公、侯、卿、大夫是也。……《春秋》抑诸侯,尊王室,王人虽微,序于诸侯之上,以见圣人于君臣之际未尝不惓惓也。……故曰礼莫大于分也。夫礼,辨贵贱,序亲疏,裁群物,制庶事,非名不著,非器不形;名以命之,器以别之,……故曰分莫大于名也。③

据此,"名分"就是等级社会中人与人在血缘、身份、职事与资源占有等方面的分界,"君臣之际"则为核心,并且是古代儒家的一般看法。但至近代,由于西学背景的影响,人们对"名分"的理解又涉及权利上的"人己之界"和科学上的"辨物之理"。④ 但不管怎么说,"名分"首先是被看成界线概念,如陈柱所说:

---

① 黎靖德编:《朱子语类》卷一百二十五,中华书局1986年版,第3001页。
② 李修生主编:《全元文》卷四八五,第348页。
③ 司马光编:《资治通鉴》卷一,胡三省音注,中华书局1956年版,第2—4页。
④ 康有为:《孟子微》卷三,楼宇烈整理,中华书局1987年版,第57页;熊十力:《熊十力全集》卷三,湖北教育出版社2001年版,第1017—1018页。

> 夫所谓名分者,有其名即有其实,**以名为分别**,名之所至,实亦随之。不可太过,亦不可不及,孔子所谓过犹不及者也。盖**名分者,尤定分也**。

把"名分"解释成"名"所代表的区分及其领域,显然是一个界线概念,具体则包括"文法之名分""论理之名分"和"人伦政教之名分"等。①

可见儒学谱系对"名分"的理解,确有内在连续的线索。但问题是,这个线索很难追溯到孔子,因为早期儒学并不讲"分",更未论及"名"有"分"义。直到荀子,如后所述,是受到黄老思潮的影响,才会主张:

> 礼者,**法之大分**,类之纲纪也。(《荀子·劝学》)
> **辨莫大于分,分莫大于礼**,礼莫大于圣王。(《荀子·非相》)

上引司马光的话,就是"复制"了荀子这种黄老学论调。至于今人,以"名分"为"人己之界"与"辨物之理",排除西学影响的成分不论,"分"之界线义也可追溯到黄老;而以"定分"释"名分",更直接援用了黄老的术语。可见儒家谈论"名分",无论概念还是用法,都有受惠于黄老的因素。只是荀子之后,黄老的影响内化于儒学,这才使后人日用而不知,以为"名分"的观念出于孔门。

不过,判断"《春秋》以道名分"是黄老立场的讲话,不仅因为"名分"概念出于黄老,更因为《庄子·天下》篇的确是在黄老的意

---

① 陈柱:《公羊家哲学》,第80—81页。

味上使用这个词。比如开篇所见的"以法为分,以名为表",作为"名分"的完整表达,正是黄老学的通常理解:

> **分定**之后,虽鄙不争。(《慎子·逸文》)
> **律者**,所以**定分**止争也。(《管子·七臣七主》)
> 故**先王之法**,……在乎**定分**而已矣。(《吕氏春秋·慎势》)

由上,"以法为分"就是援"法"以"定分",再看:

> **分之以其分**,……**授之以其名**。(《黄帝四经·道原》)
> **审名**以定位,**明分**以辩类。(《韩非子·扬权》)
> **正名审分**,是治之辔已。(《吕氏春秋·审分》)

则"以名为表"就是立"名"以"明分"。故所谓"名分",实际就是"名"所代表的"法"之"分"。因之就能断定,"名分"概念的重点不在"名",而是在"分";所谓"《春秋》以道名分",是把《春秋》说成一部"定分"和"明分"的经典。而此说法,如上所见,正与黄老思潮密切相关。但在解析这个主张前,先要注意,它并不代表传统看法,因为此前中国思想对《春秋》的认识,立足点主要在"名",不涉及真正意义的"分"。

二、"名"的内涵与春秋大义

早期春秋学以"名"为中心,尤其体现在以"微言"抒"大义"的写作策略上。所谓"微言",语出刘歆(参见《汉书·楚元王传》),但

作为《春秋》笔法的标志特征,最早来自《左传》的概括,如:

> 君子曰:**名之不可不慎也**。……《春秋》之称**微而显**,婉而辨,上之人能使昭明,**善人劝焉,淫人惧焉**,是以君子贵之。(《左传·昭公三十一年》)

> 《春秋》之称,**微而显**,志而晦,婉而成章,尽而不污,惩恶而劝善,非圣人谁能修之?(《左传·成公十四年》)

可知"微"所描述的,就是"《春秋》之称"即称"名"的方式及用意。正如《左传·昭公三十一年》所记,齐豹欲弑卫侯且杀其兄,书其为"盗",这小小一笔,被认为体现了使乱臣"求名而不得"的用意;庶其、牟夷、黑肱举地叛国以图利,"书地以名其人"曰"邾庶其""莒牟夷""邾黑肱",也是小小一笔,被认为体现了使叛者"欲盖而名彰"的用意。由此看,"微言大义"首先与称"名"有关。

这一点,在荀子的论述中也有体现。如下所见,他也用"微"描述《春秋》笔法的首要特征,可知其观察《春秋》的焦点仍然在"名",比如:

> 学恶乎始?恶乎终?曰:**其数则始乎诵《经》,终乎读《礼》**……故《书》者,政事之纪也;《诗》者,中声之所止也;《礼》**者,法之大分**,类之纲纪也。故学至乎《礼》而止矣。夫是之谓道德之极。《礼》之敬文也,《乐》之中和也,《诗》《书》之博也,《春秋》之微也。(《荀子·劝学》)

上引文先说《诗》《书》《礼》《经》,又以《诗》《书》《礼》《乐》《春秋》并举,大概前一说法就是摄《乐》归《诗》,以《经》囊括《春秋》。因此

"始乎诵《经》,终乎读《礼》"的为学次序,从"《春秋》之微"关乎"名"与《礼》者,法之大分"看,就是从"名"出发,至"分"落脚。但这明显与《庄子·天下》篇"《春秋》以道名分"的讲法不同,因为以"分"属《礼》而非《经》,则《春秋》(《经》)所"道"者就只是"名"而没有"分",也才要在"诵经"之外再学习作为"法之大分"的《礼》。那么反过来说,《庄子·天下》篇以《春秋》既讲"名"也讲"分",就不是传统看法,而是后来形成的新见解。

但要理解这个见解,先要把"名"说清楚。中国古人谈"名",一是指称性的"名",一是指导性的"名":前者即通常所说的名称,用以指称对象;后者则是尊卑名位及附属于名位的名声、名号,它们蕴含了特定的行为准则,所以具有指导功能。但正如文献所见,指称性的"名"只在战国名辩思潮中有充分讨论,指导性的"名"才是中国思想关注的主体。由此观察春秋学,就能看出,虽然"微言大义"关涉"名称"的用法,但最终指向的,还是贵贱"名位"、善恶"名声"等指导性的"名"。这种指导,正可用晋师服所谓"名以制义,义以出礼,礼以体政,政以正民"(《左传·桓公二年》)表示,即名位和与之相关的名声、名号决定了行动的规范,并构成了政治的基础。因为关于《春秋》的评述,除了《左传》和《荀子》所说的"微",还有《公羊传》《榖梁传》最强调的"《春秋》之义"。既然《春秋》讲"义",则所涉之"名"当然有"制义"的指导功能。

而这,也可结合孔子的"正名"论来看。虽然"孔子成《春秋》"(《孟子·滕文公下》)的说法未必信实,但其"正名"主旨确乎体现了"名以制义"的设想。比如《论语·子路》从"名不正"推论到"民无所措手足",关注的就是"名"对行动的指导;再有《左传·成公二年》所见孔子说的"唯器与名,不可以假人,君之所司也,**名以出信,信以守器,器以藏礼,礼以行义**,义以生利,利以平民,政之大节也",则可视为师服"名以制义,……政以正民"说的扩充;而后说在理念上,正如上述,表现的就是"《春秋》之义"与"名"的关联。所以就能认为,"《春秋》以道名分"的"名"主要是指导性的"名",并首先是基于宗法血缘的名位等级,也即"君君、臣臣、父父、子子"(《论语·颜渊》)。

这时,就引出了"名"的约束问题。因为名位等级能决定行动规范("名以制义"),前提是具有约束力。但此约束力量,从事实来看,不是来自名位本身,否则就不会出现东周以降"臣弑其君者有之,子弑其父者有之"(《孟子·滕文公下》)的情况。然而中国思想最初关注的,并不是名位约束力的来源,而是有名位者的德行。①这一思想取向,使得以"名"为中心的早期春秋学呈现出政德学问而非政治学问的性格。比如,政治上的秩序失范,往往被理解为道义上的有位无德;所以面对当时社会的种种乱象,春秋学的典范回应就是道义批判。如《春秋·宣公四年》所记"郑公子归生弑其君夷",《左传》认为"凡弑君,称君,君无道也;称臣,臣之罪也",则经文既称"归生"又称"夷",就既是说"臣有罪",也是说"君无道",可见其批判力度之大。故子夏评论这条经文时说的"《春秋》者,记君不君,臣不臣,父不父,子不子者也"(《说苑·复恩》),就是明确指出无论君臣,只要所行"不义",都是《春秋》笔削的对象。

但何谓"不义",还有待进一步界定。比如《春秋·宣公十五年》所记"王札子杀召伯、毛伯",《榖梁传》就提出"两下相杀,不志乎《春秋》,此其志何也?"的疑问,意味着并非任何"不义"都有书于《春秋》的必要。那么用"名以制义"描述早期春秋学,除了界定

---

① 具体论述参见李巍:"'名''德'相应:《老子》道经首章的新解读",载《道家文化研究》第31辑,中华书局2017年版,第90—92页。

"名"外，还要界定"义"。从《穀梁传》的回答看，虽然"两下相杀，不志乎《春秋》"，但王札子是因为假托王命杀人，才被书于《春秋》。这等于说，王札子的首要罪行不是杀人，而是僭越，故可知所谓"《春秋》之义"有其特指，就是关联于名位的道德义务。因为只有给尊卑等级赋予道德意义，才能在某些场合允许僭越比杀人更坏的推论。所以作为早期春秋学论"名"宗旨的"名以制义"，实质就是把名位等级道德化，也即把"名"的约束归于道德。正因此，前引《左传》才会把《春秋》笔法的效果描述为"善人劝焉，淫人惧焉"，孟子也才会相信"孔子成《春秋》而乱臣贼子惧"。

但实际上，人们是否遵守名位等级，这不是道德上的善恶问题，而是秩序上的治乱问题；所以将"名"的约束归于道德，不仅错位，而且无效。就像东周以降的情况所示，人们越强调君臣父子，"君不君、臣不臣、父不父、子不子"（《论语·颜渊》）的情况就越突出。因为道德义务是非强制的，有人遵守就总有人违背。所以把治乱问题化归为善恶问题，是对秩序与道德的双重消解。

三、"分"的引入与黄老思潮

那么再回到"《春秋》以道名分"这个表述，就应说"分"概念的引入代表了早期春秋学的一个视角变化，即从关注道义转向关注秩序。如《庄子·天道》强调以"道"为本，"五变而形名可举，九变而赏罚可言"，遂令"愚知处宜，贵贱履位，仁贤不肖袭情，必分其能，必由其名"，其实就是对黄老"道生法"思想的具体展开，即"道"数"变"而为形名赏罚之"法"，最后确定的就是社会成员在智愚、贵贱、贤不肖等方面的"分"，以及作为"分"之标志的"名"。《庄子·天下》所谓"以法为分，以名为表"，就是这个意思的概括表达。因此作为黄老学概念的"分",正可视为秩序的代名词。

"分"的内容,如《管子·立政》所谓"度爵而制服,量禄而用财,……修生则有轩冕服位谷禄田宅之分,死则有棺椁绞衾圹垄之度",《荀子·礼论》则概括为"君子既得其养,又好其别。曷谓别?曰:贵贱有等,长幼有差,贫富轻重皆有称者也",就是指社会成员在身份、能力、事务与资源占有上的分界。而此分界,按《黄帝四经》所论则客观不易,即:

> 天地之**恒常**,四时、晦明、生杀、柔刚。万民之**恒事**,男农、女工。贵贱之恒位,**贤不肖不相放**。畜臣之恒道,**任能毋过其所长**。使民之恒度,**去私而立公**。(《黄帝四经·道法》)
> 天下有事,必审其名。名理者,循名究理之所之,是必为福,非必为灾。是非有分,以法断之;虚静谨听,以法为符。(《黄帝四经·名理》)

"恒常""恒事""恒位"等,就是指自然历程、社会生产与政治生活中皆有的客观分界,也能表述为秩序性的"理"。因为"理"的本义即纹理,本身就有划分、区分的意思。所以,"循名究理"也能说是按"名"的标记识别万事万物的"分",义同《庄子·天下》篇说的"以名为表";而所谓"以法断之""以法为符",则是把"理"或"分"的客观性归结于"法",也就是《庄子·天下》篇讲的"以法为分"。这再次表明,《庄子·天下》篇在"以法为分,以名为表"的意义上宣称"《春秋》以道名分",就是一个黄老学的表述;并且,"分"概念的引入,就是把"名"的约束归于"法"的秩序,而非像早期春秋学那样归于道义。

但在经学传统中,有种看法是以"分"从属于"名",即以之为名位等级所决定的道德义务,也即通常来说的本分,比如忠孝。① 而此用法,似乎能从孔门儒学的论述中找到依据,比如"君君、臣臣、父父、子子",皆可说是本分;《论语·宪问》所记孔子"不在其位,不谋其政"与曾子"君子思不出其位"的话,也可用来证明"分"从属"名"("位"),是与名位对应的本分。问题是,孔门儒学虽有本分观念,却并未将其称之为"分"。后者正如前述,是黄老学最先引入中国思想并用作政治秩序的代名词。所以,将"名分"解为从属于名位等级的道义本分,只是后世儒家的用法。在黄老语境中,正如下述,秩序义的"分"非但不是从属于"名",反倒是"正名"的前提。因为从秩序建构的角度看,名位等级只是满足群体生活有效运转的制作,而非自身具有独立价值。

所以,稷下黄老并不把尊卑贵贱看作无需论证、天然正当的东西,而是把"名"有差等的合理性归结为群体生活"相事""相使"的需要:

两贵不相事,两贱不相使。(《慎子·逸文》)
两智不能相使,两贵不能相临,……力均势敌故也。(《尹文子·佚文》)

这种需要,就是建立秩序或"分"的需要,因为群体生活的有效运转必须以制约纷争为前提。对此,作为稷下宗师的荀子最是强调:

两贵之不能相事,两贱之不能相使,是**天数**也。势位齐,

---

① 参见郝懿行:《郝懿行集》第3册,安作璋编,齐鲁书社2010年版,第1683页;苏舆:《春秋繁露义证》,中华书局1992年版,第284页。

而欲恶同,物不能澹则必争;争则必乱,乱则穷矣。先王恶其乱也,故制礼义以分之,使有贫富贵贱之等,足以相兼临者。(《荀子·王制》)

无君以制臣,无上以制下,天下害生纵欲。……**群居而无分则争**;穷者患也,争者祸也,救患除祸,则**莫若明分使群矣**。(《荀子·富国》)

异形离心交喻,异物名实玄纽,**贵贱**不明,同异不别;如是,则志必有不喻之患,而事必有困废之祸。故**知者为之分别,制名以指实**。(《荀子·正名》)

如上,荀子同样不认为名分差等具有先天价值,只将之看成维系群体生活即"明分使群"的后天制作。故所谓"知者为之分别,制名以指实",就预设了贵贱之"名"出于秩序之"分"的黄老立场。而这,也可说是荀子与此前儒家的不同之处。后者宣称"上治祖祢,尊尊也;下治子孙,亲亲也;旁治昆弟,合族以食,序以昭缪,别之以礼义,人道竭矣"(《礼记·大传》),是以宗法血缘来论证名位等级的天然正当,再由此引出相应的道义本分("别之以礼义")。但荀子显然更近黄老,因他所谓"礼义之分"(《荀子·正论》)首先是秩序而非本分。

因此儒家的"正名"论发展到荀子,大概正因为黄老思潮的影响,其论域已经超出了"尊尊亲亲"的德行范畴,进入了"明分使群"的秩序范畴。这意味着,"定分"才是"正名"之本,即所谓:

治国者分已定,则主相臣下百吏,各谨其所闻,不务听其所不闻;各谨其所见,不务视其所不见。所闻所见诚以齐矣。则虽幽闲隐辟,百姓莫敢不**敬分安制**,以化其上,**是治国之征**

也。(《荀子·王霸》)

因之,对僭越问题的解决就从道义批判转向了秩序建设,比如:

> 葵丘之会,天子使宰孔致胙于桓公,……桓公召管子而谋,管子对曰:"为君不君,为臣不臣,乱之本也。"(《国语·齐语》)
>
> **凡为治必先定分。**……**同异之分**,**贵贱之别**,**长少之义**,此先王之所慎,而**治乱之纪**也。(《吕氏春秋·处方》)

很明显,上引文对僭越名位的观察,出发点不再是政德上的"恶",而是秩序上的"乱"。那么回到《庄子·天下》篇的"《春秋》以道名分",就能认为在《春秋》重"名"的传统外又引入黄老学的"分",就是把名位的约束归于秩序。这时,春秋学从惩恶劝善的政德学问走向求治去乱的政治学问,这个趋势就呈现出来了。

四、黄老学与公羊春秋

现在,就来进一步探讨上述趋势。要考虑的除了"名分"概念,还有"《春秋》以道名分"的"《春秋》"。正如通常认为的,春秋学在先秦的发展,集中在鲁、齐二地,前者以左氏与穀梁春秋为代表,后者则为公羊春秋。[①] 那么"《春秋》以道名分"是总括而言还是有所针对,就是一个问题。就《庄子·天下》篇本文来看:

---

① 参见黄开国:《公羊学发展史》,人民出版社2013年版,第47页;叶纯芳:《中国经学史大纲》,北京大学出版社2016年版,第81页。

第三编 言行与秩序：伦常论域中的语义分析与道理重构

> 古之人其备乎！……**其在于《诗》《书》《礼》《乐》者，邹、鲁之士，搢绅先生多能明之**。《诗》以道志，《书》以道事，《礼》以道行，《乐》以道和，《易》以道阴阳，《春秋》以道名分。

不难发现，虽然末句总论《诗》《书》《礼》《乐》《易》《春秋》，但讲"邹、鲁之士，搢绅先生多能明之"的学问时，只有《诗》《书》《礼》《乐》，并未提及《易》与《春秋》。如果这不是文字脱漏，恐怕已经提示了"《春秋》以道名分"并非针对鲁地春秋学的评论。

而将此说视为黄老立场的讲话，就能结合黄老学兴盛于齐的因缘，推测为对公羊春秋的描述。如《汉书·地理志下》所叙：

> 初太公治齐，修道术，尊贤智，赏有功，故**至今其土多好经术，矜功名**，舒缓阔达而足智。其失夸奢朋党，言与行缪，虚诈不情，急之则离散，缓之则放纵。……昔太公始封，周公问"何以治齐？"太公曰："举贤而上功。"……周兴，以少昊之虚曲阜封周公子伯禽为鲁侯，以为周公主。……濒洙泗之水，其民涉度，幼者扶老而代其任。俗既益薄，长老不自安，与幼少相让，故曰："鲁道衰，洙泗之间龂龂如也。"孔子闵王道将废，乃修六经，以述唐虞三代之道。……周公始封，太公问："何以治鲁？"周公曰："尊尊而亲亲。"

由上，"鲁道衰"首先是"尊尊而亲亲"的德风衰微，则孔子"修六经"以振"鲁道"，势必令鲁地春秋学呈现出政德学问的形态。齐则不然，春秋学应是在"好经术，矜功名"的功利风气中兴起的。而功利日隆、纷争日盛，必会使秩序问题日益突出。因此黄老学的"分"，作为应对此类现实的概念，最先被引入齐地"经术"，形成以公羊春

从语义分析到道理重构

秋为实指的"《春秋》以道名分"说,就是不难设想的。

而这,也能从另一角度展开讨论,就是公羊学后来的发展确乎体现出与黄老学的亲和。比如公羊宗师董仲舒,虽未以"名分"讲述《春秋》,但其《春秋繁露》往往呈现出"以法为分,以名为表"的黄老观念,比如:

> 贵除天下之患,故《春秋》重而书天下之患遍矣。……故曰:立义以明尊卑之分,强干弱枝,以明大小之职;别嫌疑之行,以明正世之义;……别贤不肖,以明其尊。亲近以来远,因其国而容天下,名伦等物,不失其理。(《春秋繁露·盟会要》)。

> 《春秋》二百四十二年之文,……大略之要,有十指。……强干弱枝,**大本小末**,一指也。**别嫌疑**,异同类,一指也。论贤才之义,**别所长之能**,一指也。……强干弱枝,**大本小末**,则**君臣之分明矣**。**别嫌疑**,异同类,则是非著矣。论贤才之义,**别所长之能**,则百官序矣。……统此而举之,……**万物靡不得其理矣**。说《春秋》者凡用是矣,**此其法也**。(《春秋繁露·十指》)

不难看出,把《春秋》"十指"如"明尊卑""差贵贱""明小大""别嫌疑""异同类""别所长"等概括为"名伦等物不失其理",就是"以名为表";把"十指"说成《春秋》之"法",并以之条理万物("万物靡不得其理"),则就是"以法为分"。所以有理由认为,"以名为表,以法为分"的黄老观念,为公羊春秋的发展提供了语境支持。

所以相比鲁地春秋学,即《左传》《穀梁传》所代表的政德学问,公羊春秋更具有政治学问的特征,即不再以惩恶劝善的道义批判为主,而是关心秩序建构的问题。比如《春秋·昭公四年》记楚灵王杀齐庆封之事,鲁地春秋学都把矛头对准楚王,强调"无瑕者可以戮人"(《左传·昭公四年》),并指责他"怀恶而讨"(《穀梁传·昭公四年》),就是强调诸侯无专讨之权的春秋大义。但公羊春秋却把矛头对准庆封,因为相对"怀恶而讨"的道义危机,公羊家显然更担忧庆封"胁齐君而乱齐国也"(《公羊传·昭公四年》)的秩序危机。后来,董仲舒为此公羊论调作辩护时,主张"贬主之位,乱国之臣"是"天下之大禁",故"以伯讨之"未尝不可——就是主张秩序问题大于一切。因此春秋学从政德学问向政治学问的转化,某种程度上就可对应于春秋学从鲁到齐的发展。

要点是,这个过程正与黄老学的影响有关。甚至公羊学到汉代形成规模,也能部分地归因于黄老——这除了因为黄老学本身在汉初的流行,更因为汲取黄老"以名为表,以法为分"的秩序观念,使得公羊家在回应执政者对治国法度的关切时,比惩恶劝善的左氏学者或穀梁学者更有竞争力。就像汉宣帝说的:

> **汉家自有制度,本以霸王道杂之,奈何纯住德教**,用周政乎?且**俗儒不达时宜**,好是古非今,使人眩于名实,不知所守,何足委任?(《汉书·元帝纪》)

但至少在武帝朝,同样倡导"德教"的公羊家并非"不达时宜",更不像战国儒家那样被讥讽为"无益于人之国"(《荀子·儒效》)。这只能说明,公羊春秋不只是政德学问,更是"为汉制法"(《论衡·须颂》)的政治学问。且事实就是,公羊家全面参与了汉律的制定,也往往招致公羊多酷吏的指责。[①] 是故,假使说春秋学与刑名法术的

---

① 陈苏镇:《〈春秋〉与"汉道":两汉政治与政治文化研究》,中华书局2011年版,第256—259页。

结合，没有哪个时代像汉代那样突出，就不能忽视黄老学的"名分"观念，作为中国思想定向于秩序问题的最初思考，对公羊春秋的语境支持。

  说到这里，就能肯定《庄子·天下》篇之所以提出"《春秋》以道名分"的主张，是与黄老思潮浸润齐地"经术"的背景密切相关。事实上，儒家经学的发展从来都是各种思想资源综合作用的结果。将一切理念归于孔子，以构造一个自孔子而下的，线索清晰、边界明确的经学谱系，只是一种狭隘的、原教旨性质的想象。而此态度，不仅有悖中国哲学知识本位的取向，更是中国思想实现创新性发展与创造性转化的障碍。

第三章　故事演绎与学派关系
——孔子问礼于老子的再考察

《史记·老子韩非列传》讲的"孔子适周,将问礼于老子",史实多有疑问。但权作故事来看,也有值得认真思考的地方。比如,主张"夫礼者,忠信之薄而乱之首"(《老子》第38章)的老子,被说成"问礼"的对象,历来让人奇怪。① 但关于老子本人的情况,由于史料限制,很难作出判断。因此要解释孔子为什么"问礼于老子",大概只能从儒道关系入手,即呈现于《史记》的"问礼"故事,作为司马迁"罔罗天下放失旧闻"(《史记·太史公自序》)的叙述,绝不仅是个人创作,更是儒道訾应的产物。而比对《礼记·曾子问》中出于儒者手笔的孔子向老子学礼的故事,更有理由认为《史记》的"问礼"故事来自道家(并可能直接取材于《庄子》②)。因为《礼记·曾子问》的叙述,正如津田左右吉所言,是"在问礼于老子这一点上,将老子给儒教化了"③;但《史记·老子韩非列传》却明显表现出先老后孔或班固所谓"先黄老而后六经"(《汉书·司马迁传》)的倾

---

① 如叶适认为,"教孔子者,必非著书之老子,而为此书者,必非礼家所谓老聃,妄人讹合之也"(《宋元学案》卷五十四);但朱熹则认为,老子为周史,"礼自是理会得","只是他说这是个无要紧底物事,不将为事"(《朱子语类》卷第一百二十五)。
② 参见梁玉绳:《史记志疑》(三),中华书局1981年版,第1116页;泷川资言:《史记会注考证》(五),杨海峥整理,上海古籍出版社2015年版,第2751页;罗根泽编:《古史辨》(四),上海古籍出版社1982年版,第306页;池田知久:《道家思想的新研究——以〈庄子〉为中心》,王启发、曹峰译,第6—7页。
③ 津田左右吉:《论语与孔子思想》,曹景惠译注,第67页。

向。只不过,这个来自道家谱系的"问礼"故事,其最终呈现,不能被简单看成为了贬低儒家,所以要刻画孔子师事老子的形象。因为在《庄子》中,孔子的学徒形象早就被描绘得淋漓尽致了,但其中所见孔老对话却多非谈礼,亦不在周。① 这意味着,"孔子适周,将问礼于老子"成为道家谱系中演绎孔老会面故事的素材与情节,一定有某种特殊原因。对之展开探索,不仅能看到《史记》的"问礼"故事如何形成,更能看到早期儒道关系的格局与变化。

一、"适周问礼"与"见老子"

虽然老子成为"问礼"的对象,其原因很难从《史记·老子韩非列传》本身看出。但《孔子家语·观周》则给出了很有针对性的补充,即所谓:

> 孔子谓南宫敬叔曰:"闻老聃博古知今,通礼乐之原,明道德之归,则吾师也。今将往矣。"

老子被描绘成博学权威,则孔子向之问礼,就是合理的。但按《孔子家语·观周》下文的叙述,南宫敬叔代孔子向鲁昭王请命入周时则说:

---

① 徐复观力辩《史记·老子韩非列传》之"问礼"故事出于儒家而非道家,"尤其是与庄子无关",就是基于《庄子》所书孔老会谈地不在周,要不在礼。参见徐复观:《中国思想史论集续编》,九州出版社2014年版,第269—270页。但正如后文将指出的,《庄子》书与《史记》对孔老会谈之叙述的差异(地点、主题),乃是道家系统内讲故事的方式变化使然。要关注的是这变化的原因,而不能因为《庄子》《史记》的叙述不同,就将二者看作两个系统。

今孔子将适周,**观先王之遗制**,**考礼乐之所极**,斯大业也,君盍以乘资之?臣请与往。

这就让人怀疑,孔子入周究竟是奔着老子而去,还是奔着先王尤其是周公的遗产而去?或许可以说"先王之遗制"尽在"博古知今"的老子那里,因此没有区别。但事实上,从《孔子家语·观周》下文对孔子入周行程的叙述看,向老子请教只是孔子了解先王遗制的一小部分(详见下述)。此外,即便先王遗制尽在老子掌握,可如此重要的人物,在南宫敬叔向昭王请命的正式言辞中毫不提及,也是很奇怪的。而此疑点,其实也能在《史记》的叙述中发现:

孔子适周,**将问**礼于老子。(《史记·老子韩非列传》)
适周问礼,**盖见**老子云。(《史记·孔子世家》)

不难看出,《史记·老子韩非列传》的叙述很明确,孔子就是奔着老子而去;但《史记·孔子世家》中孔子"适周问礼"与"见老子"似乎是被当作两件事情,至少没有《史记·老子韩非列传》中那样明确的联系。

事实上,孔子的"问礼"与"见老子",在早期文献中通常是作为两个故事被讲述的。比如《论语·乡党》的"子入大庙,每事问。……是礼也",阜阳双古堆一号章题木牍46所书的"孔子之周观大庙",以及《说苑·敬慎》中孔子入周观于太庙的故事,都不涉及老子;另一方面,《庄子》中的孔老对话,如前述,亦多不在周,并不谈礼。那么,《史记·老子韩非列传》的"孔子适周,将问礼于老子",是否能被看作整合两种故事素材并加以融贯的叙述呢?从《史记·孔子世家》说的"适周问礼,盖见老子云"和《孔子家语·观

周》的大部分文字来看,这种可能的确存在,尤其按后者对孔子入周行程的描述:

> 与孔子车一乘、马二匹竖其侍御,敬叔与俱至周。[1]问礼于老聃,[2]访乐于苌弘,[3]历郊社之所,[4]考明堂之则,[5]察庙朝之度。于是喟然曰:"吾乃今知周公之圣与周之所以王也。"

"问礼于老聃"虽为孔子探察"周公之圣与周之所以王"的行程之首,但其主要行程([2]—[4])却都无关老子。也就是说,孔子对周公遗制的了解不只来自老子,甚至也不主要来自老子,那么所谓"问礼"的故事,就很像是由拜见老子与寻访周制这两种素材拼合起来的。

问题是,原本可能并不涉及老子的"适周问礼",最终演绎成"问礼于老子",这个情节是怎样设计出来的呢?故事固为虚构,但虚构并非生造,而往往是以某个更老的故事为底本。那么《史记·老子韩非列传》的叙述,若果真是由孔子"适周问礼"和"见老子"这两种素材结合而成,其底本又是什么呢?大概正与《孔子家语·观周》中子入太庙读金人铭的故事有关:

> 孔子观周,遂入太祖后稷之庙,庙堂右阶之前,有金人焉。三缄其口,而铭其背曰:"古之慎言人也,戒之哉!无多言,多言多败;无多事,多事多患。……口是何伤,祸之门也。强梁者不得其死,好胜者必遇其敌。……温恭慎德,使人慕之;执雌持下,人莫逾之……内藏我智,不示人技;我虽尊高,人弗我害,……戒之哉!"孔子既读斯文也,顾谓弟子曰:"小人识之!

此言实而中,情而信。《诗》云:'战战兢兢,如临深渊,如履薄冰。'行身如此,岂以口过患哉!"

此事又见于《说苑·敬慎》,但就解释"问礼"故事的形成来说,《孔子家语·观周》的叙述更重要,因为其中孔子"察朝庙之度"时读金人铭,与"问礼于老聃",正是作为入周行程的两个部分构成联系。但《说苑·敬慎》则只记子入太庙读铭文,未及拜见老子的事。这意味着,《孔子家语·观周》的叙述很可能是以《说苑·敬慎》为基础扩充而来,即在子入太庙读铭文的老故事中,增加了与老子会面的新素材。

这一点,大概也能以相关文献研究指出的《说苑》之金人铭要早于《孔子家语》为其辅证。① 不过,原始铭文的作者与成文时间,目前说法不一②,此处则主要关注这篇铭文的性质。从比《说苑》记载更早的八角廊汉简《儒家者言》来看,金人铭最初大概只有:

于大(太)庙,右陛之前,□有铜^{825}□其口如铭其背[□□=□=]^{844}[之为人也,多]言多过也,多事多患也^{604}

这几句话,很难说一定属于某家某派。可上引《孔子家语》(也包括《说苑》)的金人铭则出现许多道家主张,尤其是与《老子》的相关说

---

① 参见宁镇疆:"八角廊汉简《儒家者言》与《孔子家语》相关章次疏证",《古籍整理研究学刊》2004 年第 5 期;邬可晶:《〈孔子家语〉成书考》,中西书局 2015 年版,第 113—139 页。
② 参见朱渊清:"《金人铭》研究兼《孔子家语》编定诸问题",载《华学》第六辑,紫禁城出版社 2003 年版;庞光华:"论《金人铭》的产生时代",《孔子研究》2005 年第 2 期;王中江:"老子的学说与《金人铭》和黄帝言",载徐炳编:《黄帝思想与先秦诸子百家》(下),社会科学文献出版社 2015 年版。

法相同或相近。是以，子入太庙的事与拜见老子的事能形成关联，或许可以这样解释，那就是周太庙中记载道家言的金人铭，无论就其表述相关于《老子》来说，还是需要有一人格载体来说，都很容易被归于老子。所以也就可以设想孔子向老子问礼的事，最初是从子入太庙读道家金人铭的故事演绎出来。从这个角度看，也不难发现《史记》对"问礼"故事的叙述与《孔子家语》本的金人铭存在某种关联。比如，《史记·孔子世家》记孔子离周时，老子赠言说"聪明深察而近于死者，好议人者也。博辩广大危其身者，发人之恶者也"，这些告诫孔子"议人""博辩"将危身近死的话（也见于《孔子家语·观周》），不正与《孔子家语》金人铭"无多言，多口多败""口是何伤，祸之门也"的"慎言"思想非常接近吗？① 再有，《史记·老子韩非列传》中老子对孔子说的"吾闻之，良贾深藏若虚；君子盛德，容貌若愚"，不也与《孔子家语》本金人铭"内藏我知，不示人技"的主张接近吗？

进一步看，不仅《史记》所见老子言与金人铭有对应之处，孟僖子对孔子先祖的评价，如果能看作司马迁讲述孔子"适周问礼"的"伏笔"的话，也与金人铭的思想有关，即：

> 孔丘，圣人之后，灭于宋。其祖弗父何始有宋而嗣让厉公。及正考父佐戴、武、宣公，**三命兹益恭**，故鼎铭云："**一命而偻，再命而伛，三命而俯，循墙而走，亦莫敢余侮**。饘于是，粥于是，以糊余口。"**其恭如是**。吾闻圣人之后，虽不当世，必有

---

① 有论者考证，《孔子家语》本的"口是何伤"，《说苑》本作"曰是何伤"，后者"只是泛言'慎'，并非具体针对'慎言'"（邬可晶：《〈孔子家语〉成书考》，第129页）。即便如此，"慎言"不是"慎"的重要方面吗？《说苑》本不与《孔子家语》本一样是以"古之慎言人"开篇的吗？认字固然重要，但认字不等于读书。

达者。今孔丘年少好礼,其达者欤?

这虽然是援引了《左传·昭公七年》的内容,但无论《左传》还是《史记》,恐怕不仅是在讲史实,更有一个用意,就是孔子"年少好礼",这出众或不同寻常之处,应有"遗传"其祖辈"恭"风的因素。① 是故,"问礼"故事的演绎就能从"恭"的方面得到考虑。正如《论语》所见,孔子以"足恭"为耻(见《论语·公冶长》),并强调"恭而无礼则劳"(《论语·泰伯》),是反对将"恭"看作唯唯诺诺、无原则的逢迎。这至少意味着"恭"不是表面功夫,而是出于内在,所以也常与表示内心状态的"敬"连用。但所谓"敬",不仅有重视、认真之意②,更有畏惧、服从之义③,这种意味同样也被"恭"所分享,如《荀子·不苟》之"恭敬缚绌,**以畏事人**"。前引《史记》(又见《左传》《孔子家语》)之铭文"一命而偻,再命而伛,三命而俯,循墙而走,亦莫敢余侮",无疑就是"以畏事人"的表现,即孔子先祖尚"恭",乃是因为担忧外"侮",所以爵位越高,姿态越低。这种恭敬姿态及其"莫敢余侮"的诉求,不正与《孔子家语》本金人铭讲的"温恭慎德,使人慕之;执雌持下,人莫逾之,……我虽尊高,人莫害我"相近吗? 故孔子读《金人铭》后引用《诗经·小雅》之"战战兢兢,如临深渊,如履

---

① 故正如《论语》的"子温而厉,威而不猛,恭而安"(《论语·述而》),"孔子于乡党,恂恂如也,似不能言者。其在宗庙朝廷,便便言,唯谨尔"(《论语·乡党》),"恭"一直是孔子形象的重要方面。而在《孔子家语》,将孔子"好礼"与其先祖重"恭"联系起来的倾向,表现得更为突出,即孟僖子对孔子先祖尚"恭"的评论,在《史记·孔子世家》中只是劝诫孟懿子及南宫敬叔师事孔子的话,在《孔子家语·观周》中则是由南宫敬叔转述给昭王,作为说服他支持孔子适周的理由的话。这意味着,不仅孔子的"年少好礼"有遗传祖辈"恭"风的因素,并且他作为"三命兹益恭"的"圣人之后",也是"适周问礼"的不二人选。
② 如古玺常见之"敬事"、中山王方壶之"严敬不敢怠荒"。
③ 如中山王圆壶之"敬命"、中山王鼎之"敬顺天德"。

薄冰",就是把这篇铭文的核心归结为以谦卑内敛来消灾免祸的忧患意识。而他赞同此点,大概就在于金人铭中确保"我虽尊高,人莫害我""温恭慎德",与其先祖"循墙而走,亦莫敢余侮"的"恭"是相通的吧。

如此看来,前述《孔子家语》《史记》中出现的疑问,即孔子入周究竟是指向周公还是老子,就能从子入太庙读金人铭的故事得到解释,因为入太庙就是"问礼",读铭文则接触了能被归于老子名义的"道家思想"。当这两件事被整合起来时,将老子演绎成"问礼"的对象,就是很有可能的。

二、从"问道"到"问礼"

但以上所述,还只是"问礼"故事得以形成的一个方面。此外,还必须考虑前文提及的这种情况,就是从《庄子》来看,道家谱系中更早撰述的孔老会面多不在周,亦非"问礼",而是以"问道"为中心。那么从"问道"到"问礼",这个情节变化如何发生,就需要进一步推敲。

比如《庄子·天运》有"孔子行年五十有一而不闻道,乃南之沛,见老聃"的故事,正是以"问道"为主题。其中,孔子坦言他多年来欲从"度数""阴阳"中求"道"而不得,老子认为,这是因为"中无主而不止,外无正而不行",即"得道"不是追求外间知识,而是一种修身实践,如果中心不定,不能使"道"驻留己身;如果举措失当,不能使"道"推行于世。此种说法,很像是黄老道家讲的:

> 夫道者所以充形也,而人不能固。……**心静气理,道乃可止**。……修心静音,道乃可得。道也者,口之所不能言也,目

之所不能视也,耳之所不能听也,所以**修心而正形**也。(《管子·内业》)

形不正者德不来,中不精者心不治。……是故**意气定然后反正**。气者,身之充也。**行者,正之义也**。充不美,则心不得。行不正,则民不服。(《管子·心术下》)

"修心"在于"静",就是不为外界影响扰动,才能使"道"驻留己身;由此谈及"正形",实际上是"正行"("行者,正之义也"),即由静心守"道"而能举措得宜。上引《庄子·天运》的"中无主而不止,外无正而不行",就是这种虚静守"中"的黄老心术,因此故事中的老子紧接着指出:

由中出者,不受于外,圣人不出;由外入者,无主于中,圣人不隐。

就是强调"得道"的关键是不为"外"的影响左右其"中"。而所谓"圣人不出""圣人不隐",仍就守"中"来说,意味着中心静定,便无所谓出世入世,即环境的差别并不重要。

现在,注意到以上故事的黄老色彩,或许能对孔老会面何以聚焦于"问礼",有某种启发性的思考。因为黄老论"道",最关心"道"在政治领域的应用,则彰显"道"的统治,实际是"道生法,……执道者,生法而弗敢犯殹,法立而弗敢废殹"(《黄帝四经·道法》)的法治,相比于儒家礼治的优势,可能就是孔老会谈以"问礼"为主题的原因之一。也就是说,"问礼"这个主题的出现,可能与儒道双方在政治领域形成竞争关系的情况有关。只是上引《庄子·天运》中老子对孔子的讲话,如果视为黄老对儒家的发声,尚未聚焦于"礼",

而是从"得道"的高度贬低"仁义"("仁义,先王之蘧庐也,止可以一宿而不可以久处,觏而多责")。这大概正因为此时的儒道关系,尤其是道家将儒家视为政治威胁的情况,还不像秦汉时期那样突出。因此作为儒家治国方案的"礼",并未受到专门关注。当然,因为"仁义"正是儒家礼治的内在精神,由批判"仁义"而及"礼",也只有一步之遥。如《庄子·天道》中孔子拜见"周之征藏史老聃",宣称其著述"要在仁义",老子却指责他"乱人之性";《庄子·天运》"孔子见老聃而语仁义",老子则说"夫仁义憯然,乃愤吾心,乱莫大焉";还有以"仁义"治天下的三皇五帝,也被老子说成"名曰治之,而乱莫甚焉"——所有这些"仁义"致"乱"的主张,只要再走一步,就会指向作为秩序的"礼"。但能否走出这一步,取决于儒道二家的政治境遇。如果双方都还在体制外,或仅是体制内的边缘力量①,则理念取向的分歧总会比现实取向的分歧更突出。因此见诸《庄子》的孔老对话,主要是"道"对"仁义"的理论争鸣。

然而战国末、秦汉之际,随着道家不断在政治舞台上崭露头角,与儒家的分歧开始从理论转向现实。就在此时,"礼"的问题变得空前突出,正如《汉书·艺文志》所见:

道家者流,盖出于史官,……**及放者为之,则欲绝去礼学,兼弃仁义**,曰独任清虚可以为治。

所谓"绝去礼学,兼弃仁义",正可见道家对儒家的批判,已经将矛头对准了"礼",即首先要否定的是儒家的施政方案;至于"仁义"即

---

① 如稷下道家,虽然已经进入体制,但也只是"不治而议论"(《史记·田敬仲完世家》)。

儒家的理论主张,只是作为第二序的东西被附带抛弃("兼弃")。因此有理由推测,"放者"所代表的"道家者流",不仅是学术势力,更是政治势力。而尤其从汉初的情形来看,应该就是黄老,正如《史记》所叙:

> 汉兴,萧何次律令,韩信申军法,张苍为章程,叔孙通定礼仪,则文学彬彬稍进,诗书往往间出矣。**自曹参荐盖公言黄老**,而贾生、晁错明申、商,公孙弘以儒显。(《史记·太史公自序》)
> 窦太后好黄帝、老子言,**帝及太子诸窦不得不读黄帝、老子,尊其术**。(《史记·外戚世家》)

不难看出,黄老在汉代的登场,首先是体制内的、教授帝王术的政治派别。因此,如果说先秦的儒道关系在性质上更接近理论争鸣,秦汉时期的儒道关系则更主要是政治上的排挤倾轧。比如汲黯"常毁儒,面触(公孙)弘等徒"(《史记·汲郑列传》)、窦太后"召案绾、臧"(《史记·孝武本纪》)、辕固生"入圈刺豕"(《史记·儒林列传》),以及黄生与辕固生关于"汤武革命"的庭辩(《史记·儒林列传》),这都是为人熟知的儒道政治斗争的案例。① 故《史记·老子韩非列传》最后讲的:

> 世之学老子者则绌儒学,儒学亦绌老子。**道不同不相为**

---

① 儒道关系从理论争鸣到政治斗争的变化,张松辉分为五个阶段,并以黄巾起兵为最后阶段,代表着儒道间的一次最大较量。参见张松辉:"先秦两汉时期儒道关系考",载曹峰编:《出土文献与儒道关系》,漓江出版社2012年版,第157—168页。

谋,岂谓是邪?

恐怕主要是就政治上的儒道关系来说的。

这种意义的儒道关系,确切讲,乃是司马谈所谓"六家"(参见《史记·太史公自序》)格局中的儒道关系。因为汉代开始明晰的"家"的界线,与其说是表示学术理念的分野,不如说是对政治身份的认定,故正如盖公、田叔、汲黯、王生、杨王孙等,《史记》《汉书》介绍其人,首先要讲的就是他们擅长"黄老言""黄老术"。这个"黄老",其学虽然出于先秦,但其名恐怕是在秦汉时期才得流行,是"道家"作为一个政治派别(而非学术团体)的身份标签。乃至司马迁本人,虽然在学问上盛赞孔子,但政治上——无论是从"**道家**者流,盖出于史官"的亲缘来说;还是从秉承前任太史公对"**六家**"的论述来说;亦或从对"罢黜**百家**,表章六经"(《汉书·武帝纪》)的武帝的认知来说——都不可能没有"家"的取向。故他所谓"成一家之言"(《史记·太史公自序》),恐怕并不等于一书之言、一己之言,而正与"先黄老而后六经"的立场有关。因此,"六家"格局确立前后的儒道关系,其性质并不相同。确立之前,即就先秦来说,主要是价值和兴趣导向的共同体之间,以理论争鸣与互补为主的儒道关系①;但确立之后,尤其是汉代,则主要是身份和利益导向的共同体之间,以争夺政治资源为核心的儒道关系。也正因此,儒道关系才会空前突出,与之相应的,则是先秦学术最受关注的儒墨关系逐渐湮没不见。

基于此,《庄子》中以"问道"和批判"仁义"为主题的孔老会谈,其相关材料被采摭重编为以"问礼"为主题的故事,就能说是在儒

---

① 这个方面,是以往论述儒道关系的重点,详见曹峰编:《出土文献与儒道关系》。

道作为两"家"的政治竞争中,由"道家者流"试图"绝去礼学,兼弃仁义"的动机所催生的。

三、老子的登场

不过,将道家谱系中孔老对话的故事定格于"礼",看作儒道政治竞争(而非理论争鸣)的结果,对于理解"问礼"故事的形成仍然不够,还有个老子如何成为对话人物的问题。如《史记·老子韩非列传》中老子讲的"去子之骄气与多欲,态色与淫志",在《庄子·外物》则有出于老莱子之口的类似讲话[①];此外更常见的,是《庄子》外、杂篇中老子对孔子的相关讲话,作为《史记·老子韩非列传》的取材来源,于内篇却本是孔子自己的话。这些情形,大概意味着作为"故事人物"的老子是被后来引入的。那么,这个角色如何登场,又有何必要,就需要再进一步的探究,并仍应从儒道关系入手来看。

只不过,现在需要关注的儒道关系不是"六家"格局形成后的政治竞争,而是此格局形成前的理论争鸣。让我们再回到《庄子》来谈。如前述,该书所见孔老会谈的核心是"道"。而老子对孔子讲"道",又每每提及"化"的问题(参见《庄子·天运》《庄子·田子方》《庄子·知北游》等)。可就是这些论"化"的表述与思想,本来是孔子对颜回的开示,如:

仲尼曰:"死生亦大矣,而不得与之变,……命物之化,而守其宗也。"(《庄子·德充符》)

---

① 《史记·老子韩非列传》似乎暗示了老子可能是老莱子,但《史记·仲尼弟子列传》说"孔子之所严事:于周则老子;……于楚,老莱子",可知司马迁实际并未混淆二人。

仲尼曰:"同则无好也,化则无常也。而果其贤乎!丘也请从而后也。"(《庄子·大宗师》)

仲尼曰:"化其万物而不知其禅之者,焉知其所终?焉知其所始?"(《庄子·山木》)

仲尼曰:"古之人,外化而内不化;今之人,内化而外不化。与物化者,一不化者也。安化安不化,安与之相靡,必与之莫多。"(《庄子·知北游》)

凡此种种,都呈现了一个道家形象的孔子。但问题是,假孔子之口表达道家观念,这种叙述方式已在内篇形成,外、杂篇为何还要再演绎老子向孔子讲"化"的情节呢?

这或许就是为了强化孔子在老子面前"宾宾以学子为"(《庄子·德充符》)的形象,以便在智识与姿态上进一步压低儒家。但从《庄子·大宗师》中孔子对子贡的讲话来看,问题并不如此简单:

子桑户、孟子反、子琴张三人相与友,曰:"孰能相与于无相与,相为于无相为?孰能登天游雾,挠挑无极,相忘以生,无所终穷?"三人相视而笑,莫逆于心,遂相与友。莫然有间,而子桑户死,未葬。孔子闻之,使子贡往侍事焉。或编曲,或鼓琴,相和而歌曰:"嗟来桑户乎!嗟来桑户乎!而已反其真,而我犹为人猗!"子贡趋而进曰:"敢问临尸而歌,礼乎?"二人相视而笑,曰:"是恶知礼意!"子贡反,以告孔子曰:"彼何人者邪?修行无有,而外其形骸,临尸而歌,颜色不变,无以命之。彼何人者邪?"孔子曰:"**彼游方之外者也,而丘游方之内者也。外内不相及,而丘使女往吊之,丘则陋矣。彼方且与造物者为人,而游乎天地之一气。……彼又恶能愦愦然为世俗之礼,**以观众人之耳目哉!"子贡曰:"然则夫子**何方之依**?"孔子曰:"丘,**天之戮民也**。虽然,**吾与汝共之**。"

孔子的意思是"礼"的作用仅限于"游方之内"即世俗领域,对超越世俗的"游方之外者"没有意义。因此在价值判断上,他应该是以方外高于方内,是故当子贡问"夫子何方之依"时,孔子说他尚未做到但会与子贡一起努力的,就是"游方之外"。由此可以看到问题的复杂性,即对于否定儒家的"礼"来说,在故事情节的设计上,似乎并不需要老子。换句话说,以孔子自己反思不足、表达决心的方式讲故事,使演绎向老子问礼再豁然开朗的叙述显得多余。可是,老子这个人物的出场,总是有其原因的吧。大概就与道家对方内、方外的划分有关。这个区分,固然有贬低方内,因而有贬低儒家应对方内之治的"礼"的意味;但道家的基本立场是"外内不相及",则并不否定"礼"本身在方内的价值,而是要依于方外,超越之、遗忘之。正如《庄子·大宗师》孔颜对话中从"忘仁义""忘礼乐"到"坐忘"的推进,所谓"忘",就是不关心、不执着。这种对儒家之学的态度,固为贬低,却不是以其观点错误,而是以其境界不足。

但此种态度,在前引《庄子·天运》孔老会谈的故事中发生了显著变化,即道家借老子之口对"仁义"致"乱"的论述——如所谓"乱人之性""夫仁义憯然,乃愤吾心,乱莫大焉",以及以"仁义"治天下的三皇五帝"名曰治之,而乱莫甚焉"——并不是批评孔子寓于方内,未及方外,而是说在方内即世俗领域中讲"仁义",本身就是错的。这种批评的产生,只能表明一个问题,就是此时道家的学术视野已经不只依于方外,更开始转向方内。如宋人罗处约《黄老先六经论》所言:

> 老聃世谓**方外之教**,然而**与六经皆足以治国治身**,清净则得之矣。汉文之时,未遑学校,窦后以之而治,曹参得之而相,几至措刑。且仲尼尝问礼焉,俗儒或否其说。(《宋史·列传第一百九十九》)

这就是说,道家也有方内之教,且至少和儒家六经一样有效。那么,儒家应对方内秩序之根本措施的"礼"被道家锁定为标靶,就是早晚之事。而在此过程中,老子成为道家贬低儒家的故事中的主角,或许正如津田左右吉所言:

> 老子者乃那被后世称之为道家一派的思想家,为欲将其说之由来**远托于古**,再则怕又是为欲想将他们的思想立于其所主要**对抗的儒家**之上,于是遂假设出这么一个**架空的人物**来。……我们只一读《庄子》,便不难立见分晓,如彼黄帝、神农之言,古自不消说得,便是列子或南郭子綦,其实都是这么一类。——而老子也毕竟不外就是**其中之一**。①

但仔细想来,这种解释存在问题。因为后世对老子的了解,虽然大多来自《史记》《庄子》或其他文献中的故事,却并不意味老子就是"架空的人物",因为绝不能把故事当作判断某人是否存在的依据,此其一;其二,仅就作为故事人物的老子来说,也与《庄子》中的虚构高人有别,更非"其中之一"。因为这个故事角色的出现,固然能说是道家"对抗儒家"的代言人,但绝不是在宽泛的意义上说,而应

---

① 津田左右吉:《儒道两家关系论》,李继煌译,山西人民出版社2015年版,第9—10页。

看作道家进军"方内",要和儒家在同一领域展开竞争的代言人。这样的角色当然不能任意虚构,而应该选择那些至少是被相信真实存在的人物,才能让人信服。

因此,探究作为故事人物的老子的登场,将使我们看到,除了政治地位的崛起,道家学术视野的转向也是儒道关系的重要拐点。但有此转向,并不表示道家放弃了所谓"方外之教",而毋宁说是取消了内外之分。正如前引《庄子·天运》中老子讲的只要内心静定而行为得当,就无所谓出世入世("圣人不出""圣人不隐"),正是强调"得道"无关"依于何方",而是自己怎么做。这一来,"得道"的问题就从一个境界问题变成了技术问题,因此《庄子·大宗师》设想的儒学方内、道学方外,"外内不相及"的格局便已瓦解。而此学术上的"内外"格局的瓦解,正为儒道关系被纳入政治上的"六家"格局提供了条件,即在后者,"道家者流"作为以身份导向(而非理念导向)为主的势力,所以会有"绝去礼学,兼弃仁义"的愿望,正是要和儒家(同样是以身份导向为主的势力)在同一层面展开竞争。但不打破方内方外的分殊,就不会与儒家的理论视野产生交汇,也就不会有争鸣的意愿和分歧的激化。从某种意义来说,道家谱系中孔老会谈的故事最终演绎成"孔子适周,将问礼于老子",就是上述儒道关系的格局与变化所决定的。如前所见,这类故事的情节从"问道"变成"问礼",与"六家"格局中,儒道作为身份共同体的政治竞争有关;而老子成为故事人物,则与道家理论视野转向方内,导致和儒学"内外不相及"之格局的瓦解有关。这样看来,《史记》和其他文献对孔老会谈的叙述,绝不是单纯的故事演绎,其本身就构成了一个儒道交涉的思想事件。

第四编

命名与思维
名理论域中的
语义分析与道理重构

第一章　性质语词与命名难题
——"白马非马"再审视

"白马非马"是先秦名辩思潮的流行论题,但从传世文献来看,只有《公孙龙子·白马论》有详细论述。这个限制,既决定了不可能甩开公孙龙而理解"白马非马",更意味着对"白马非马"的解读也首先是为了理解公孙龙。那么,这个论题在公孙龙思想中占据什么位置,或者更确切地说,他对"白马非马"的证成与其以"正名"为中心的思想宗旨有何关系,就是要害问题。但长期以来,人们更多关心的只是"白马非马"的论证及其有效性,仿佛知道这个论题如何能够"讲得通",就已经知道了它的全部。实则不然,因为对《公孙龙子·白马论》的观察,如果是从贯穿整个《公孙龙子》的"正名"诉求来看,会发现"白马非马"的成立究竟服务于怎样的命名理论,依旧是晦暗不明的问题。那么公孙龙对此论题的阐述,作为构成其思想的一部分的真正意义,就并未得到揭示。而这,正是以下意欲探究之处。要提出的基本观点是,"白马非马"真正谈论的不是"白马"与"马"之别,甚至也不是"白"与"马"之别,而是"白"这个性质语词的含义在命名活动中起限定作用与不起作用的差别,也即《公孙龙子·白马论》中:

1. 白定所白。
2. 不定所白。

这两种情况的差别。而此"定"与"不定"之分,如下所述,就是《公孙龙子·名实论》说的"位其所位"与"出其所位"之分,也是《公孙龙子·坚白论》说的"离"与"不离"之分。这些区分的揭示,都与"白"这类性质语词的命名难题相关,也正是公孙龙的命名理论意欲解决的核心问题。

一、论证与翻译

首先要说的,是仅关注"白马非马"的论证,在文本研究中可能存在的局限。一般而言,如果若干古汉语句子构成的语段 T 是一个论证,则不难发现,刻画其论证结构,实际刻画的是它在现代汉语中的翻译,比如 T'。应该说,在关于论证本身的形式及其有效性的研究中,T 与 T' 的差别无关紧要,因为此时要考虑的不是自然语言内的翻译,而是从自然语言到形式语言的翻译。所以即便现代汉语的译文实际表达的是与古汉语原文不同的论证,但对刻画论证形式及其有效性的目的来说,它们都只是自然语言提供的样本或例子。可是,如果人们不仅限于研究论证本身,更要借此推进具体文本的研究,自然语言中的翻译问题就开始变得重要。因为只要刻画 T' 的论证是为了理解 T,译文是否忠于原文就一定是比论证是否成立更基本的问题。

因此,我们在想要探索"白马非马"如何"说得通"时,首先必须考虑的是对《公孙龙子·白马论》阐述这个论题的语句是否得到了恰当的翻译。但这个前提,是许多尝试以刻画论证来解读文本的论者未能充分重视的地方。比如以《公孙龙子·白马论》开篇的论证为例:

[1] 马者,所以命形也。

[2] 白者,所以命色也。

[3] 命色者非命形也。

[4] 故曰:白马非马。

葛瑞汉已经指出,[1]—[3]只能说明"白"不是"马",而非"白马非马"。[1] 为了理解[4],人们通常考虑的就是论证问题,即通过形式刻画来说明[4]从[1]—[3]中推出的有效性。但正如以下案例所见,这类论证有效性的说明,正因为忽视了更初始的翻译问题,实际上对理解《公孙龙子·白马论》本文没有直接帮助。

为便利讨论,可将上引[1]—[4]的论证表示为 T_1,引述《公孙龙子·白马论》其他论证将依次表示为 $T_2,T_3,\cdots\cdots$关于 T_1 的典型刻画,首先要提到赫迈莱夫斯基。[2] 他以 A 表示"作为对象的马类",B 表示"作为对象的白类",Φ 表示"命令形状(且仅命令形状)",Ψ 表示"命令颜色(且仅命令颜色)",X.Y=0 表示 X 与 Y 的交集为空,因此 T_1 就是:

(1) ΦA

(2) ΨB

(3) (X)ΨX.(X)ΦX=0

(3a) B≠A　(3b) A⊄B/　(4) B.A≠A

---

[1] A. C. Graham, *Disputers of the Tao: Philosophical Argument in Ancient China*, La Salle: Open Court, 1989, p. 85.

[2] J. Chmielewski, *Language and Logic in Ancient China: Collected Papers on the Chinese Language and Logic*, edited by Marek Mejor, Warszawa: Komitet Nauk Orientalistycznych PAN, 2009, pp. 178–185.

(3a)(3b)是赫迈莱夫斯基所添加并认为是公孙龙在其推理中省略的前提。其理由则是,(3a)可从(1)(2)(3)推出;至于(3b),因为早期中国的思想家并不承认或重视类的包含关系,被省略掉也很正常。所以,赫迈莱夫斯基认为《公孙龙子·白马论》的 T_1 论证虽不完善,但却有效。① 然而他对论证有效性的以上说明,正因为存在两个翻译问题,不能真正帮助我们理解文本。一个问题是,将"非"解释为两个对象类的"不等",这很难说是符合文本的理解。正如成中英和理查德·H. 斯万(Richard H. Swain)指出的,这个古汉语动词通常只是简单的否定词;另一个问题更严重,就是将"命色""命形"的"命"解释为"命令",不仅在翻译上不成立,更使得整个刻画偏离了原文谈论命名问题的主旨。

由此再看成中英和理查德·H. 斯万②,他们认为,不必超出"非"表否定的日常用法,只要将"白"理解为"白色对象"或"某物是白的",就能从外延语境中说明 T_1 的有效性。比如以 H 表示"马",C 表示"色",S 表示"形",W 表示"白",能将 T_1 表示为:

(1) $\forall x (Hx \rightarrow Sx)$

(2) $\forall x (Wx \rightarrow Cx)$

(3) $\forall x \rightarrow (Cx \rightarrow Sx)$ /(4) $\forall x (Wx \wedge Hx \rightarrow \rightarrow Hx)$

某种意义上,成中英和理查德·H. 斯万就是有见于赫迈莱夫斯基

---

① J. Chmielewski, *Language and Logic in Ancient China: Collected Papers on the Chinese Language and Logic*, edited by Marek Mejor, pp. 181 - 182.

② Chung-yin Cheng, Richard H. Swain, Logic and Ontology in the Chih Wu Lun of Kung-sun Lung Tzu, *Philosophy East and West*, Vol. 20, No. 2 (Apr. 1970), pp. 137 - 154, Hawi'i: University of Hawai'i Press, pp. 148 - 149.

的刻画中存在翻译问题,才给出了新的刻画。但实际上,他们只是修正了赫迈莱夫斯基对"非"字的过度解释,然而后者在翻译上面临的另一问题,即无法表明 T_1 的核心是讲命名,在新刻画中仍然存在。只不过,新刻画的问题不是错误地翻译了"命",而是没有翻译。比如"命色者非命形也",本身讲的是命名颜色的东西不命名形状。但按以上刻画中的(3),只能被理解为任一事物并非如果有颜色,那么便有形状,这同样偏离了 T_1 的主旨。所以,二人虽以树形图证明了从(1)(2)(3)推出(4)的有效性①,但对理解《公孙龙子·白马论》来说,同样没有实质帮助。

相比之下,冯耀明提供的第三种刻画会显得更贴合文本。② 他正是有见于 T_1 的主旨是讲命名,所以在形式刻画中,首先引入关系谓词 R 表示 x 命名 y,并以 a_1 表示"马"、a_2 表示"白"、c 表示"白马"、b_1 表示"形"、b_2 表示"色",就能将 T_1 表示为:

(1) $a_1 R b_1$

(2) $a_2 R b_2$

(3A) $(c R b_2) \wedge (c R b_1)$

(4) $\forall x \forall y (x R b_2) \wedge (y R b_1) \rightarrow \rightarrow (x=y)]/(5) \rightarrow (c=a_1)$

这可能存在问题,尤其体现在"白者所以命色也"的刻画上。因为《公孙龙子·坚白论》虽然提示了有作为抽象事物的白本身(white-

---

① Chung-yin Cheng, Richard H. Swain, Logic and Ontology in the Chih Wu Lun of Kung-sun Lung Tzu, p. 149.

② 冯耀明:《公孙龙子》,东大图书有限公司 2000 年版,第 42—43 页。

ness），所以这句话或可理解为"白"指称了作为独立对象的某个色；但 a_2Rb_2 说的并不是"白"指称了某个色，而是指称了作为对象的颜色本身，这不但难以理解，和文本的意思也相差太大。实际上，"白者所以命色也"说的只是"白"命名了事物的颜色。这种"命"，不能理解为把"色"当作一个单独事物加以指称，而应是语词的含义表达了事物特征的某种限定，比如"白"的含义限定了马的颜色（详见下述）。因此，当冯耀明将"白者所以命色"刻画为 a_2Rb_2，并以自然演绎法证明上列（1）—（5）的论证有效时，问题还是出在翻译上，所以仍然无助于理解《公孙龙子·白马论》本文。

这些情况，大概足以说明人们虽能为"白马非马"的论证有效性提供不同形式的说明，但对理解文本来说，不从恰当的翻译出发，任何论证形式的刻画都不能对本文研究提供实质帮助，而充其量是逻辑学中的做题训练。鉴于此，就让我们把观察《公孙龙子·白马论》的注意力从论证问题转到翻译问题上。这时，研究的重心就不再是"白马非马"如何"说得通"，而是这个论题在文本中的意思。

二、指称与含义

无论怎么解释"非"，都能直观地看出："白马非马"讲的是"白马"与"马"这两个语词有别，并且绝不是语词本身的差别（比如"白马"与"马"字数不同），而一定和语词表达的东西有关：这或者是就对象来说，"白马"与"马"应用的范围不同，即指称不同；或者是就对象可被把握的特征来说，"白马"与"马"表达的限定不同，即含义不同。

就《公孙龙子·白马论》本文看，应该是后一种情况。比如：

T_2：求马，黄、黑马皆可致；求白马，黄、黑马不可致。使白马乃马也，是所求一也。所求一者，白马不异马也；所求不异，如黄、黑马有可有不可，何也？可与不可，其相非明。故黄黑，马一也，而可以应有马，而不可以应有白马。是白马之非马，审矣。

举证"马"应用的对象包括黄马、黑马，"白马"应用的对象仅限于白马，似乎就是在"白马"与"马"指称不同的意义上肯定"白马非马"。但上引文论述"求马，黄、黑马皆可致；求白马，黄、黑马不可致"的理由，并不是黄、黑马属于"马"所指谓的类，但不属于"白马"指谓的类；而是"黄黑，马一也，而可以应有马，而不可以应有白马"，即黄黑马的颜色符合"求马"的要求，却不符合"求白马"的要求。由此得出"白马之非马，审矣"的结论，就意味着"白马"与"马"的差别不主要是指称对象的种类不同，而是语词含义对事物特征的限定不同。

这一点，也能从《公孙龙子·白马论》的以下说法得到确认：

T_3：白者不定所白，忘之而可也。白马者，言定所白也。定所白者，非白也。马者，无去取于色，故黄、黑皆所以应。白马者，有去取于色，黄、黑马皆所以色去，故唯白马独可以应耳。无去者非有去也；故曰：白马非马。

把黄、黑马"可以应有马，而不可以应有白马"的理由归于"马"这个词不拣选颜色（"无去取于色"），但"白马"拣选颜色（"有去取于色"），再次表明"白马"与"马"的差别不在指称，而在含义，即是否表达了对事物颜色的限定。因此，所谓"白者不定所白"，如说是

"白"的限定不起作用,应该就是离"白"言"马"时,语词的含义"无去取于色"。但因为使用"白马"这个复合词时"有去取于色",则"白马"之"白"的限定就不可忽视。是故,"白马"与"马"的含义差别就能从"白定所白"与"白者不定所白"的差别来看。比如,紧跟着说的"定所白者,非白也",作为"[白]定所白者,非[不定之]白也"的缩略语,正可视为"白马非马"的另一表述。也就是说,这个论题真正涉及的不是"白马"与"马"的差别,而是"白"这个词的含义在命名活动中构成限定与不构成限定的差别。

那么最简单地说,"白马非马"的意思就是有色之马不是无色之马,正如:

> T_4:马固有色,故有白马。使马无色,有马如已耳,安取白马?故白者非马也。白马者,马与白也;马与白,马也(耶)?故曰:白马非马也。

引文后半部分将"白马非马"解释为"白"加"马"的组合不等于"马",则"白马"不是"马"就能归因于"白者非马也",即只有将"白""马"区别开,才能证明两者的结合不等于部分。但此处与"马"相区别的"白",显然不是 T_3 中"不定所白,忘之而可也"的"白",而必须是"定所白"的"白马"之"白",后者表达了对马色的明确限定。基于此,"白者非马也"的区别应该就是上引文一开始的"马固有色"的"有色"与"使马无色"的"无色"之别。这时,如果"白"的含义能被界定为"有色",就能将"白马"的含义界定为"马"的含义加上"有色"("马固有色,故有白马");同时,如果承认"马"的含义不包括"有色"("使马无色,有马如己"),就能在"马"之"有色"并非"无色"的意义上,得出"白马非马"的结论。

因此概括地说，T_4 就是从"白"与"马"的含义不同来推论"白马非马"。而前引《公孙龙子·白马论》的 T_1 从"白"表颜色、"马"表形状和表颜色的名称不表形状来推论"白马非马"，也是基于含义来看。因为所谓"命色"或"命形"，很难理解为"白"或"马"指称了作为个体对象的颜色或形状，而只能理解为它们的含义表达了某物有某色或某物有某形的限定。这种情况下，"白马"就不能被理解为指称一类事物的一个名称，而应被视为表达两种含义的两个名称。正如：

> T_5：有白马，不可谓无马者，离白之谓也。不离者，有白马不可谓有马也。

T_4 讲的"马"之"有色"并非"无色"，T_5 讲的"马"之"离白"并非"不离"，都是对"白马非马"的肯定，但后者更清楚地表明"白马"是能分离对待的两个名称。而这，正因为是就语词的内涵来说，所以只要承认"命色者非命形也"，或"命形"者（即"马"）"无去取于色"，就能从"白"不是"马"直接推出"白马非马"。

但这种诉诸含义的论证，如果是从指称的角度看则不成立。正如《公孙龙子·白马论》客方认为的：

> T_6：马未与白为马，白未与马为白。合马与白，复名白马。是相与以不相与为名，未可。故曰：白马非马未可。

这就是从指称来看，用作单名的"马"与"白马"之"马"适用的对象不同（"相与以不相与为名，未可"）。所以，不能将"白马"视为"白"与"马"的叠加，并因此推出"白马非马"。问题是，公孙龙对"白马非马"的证成并不是就语词的指称来说,而是就含义来说。他确乎看到了,一个名称除了能被用于命名某个对象,更表达了关于对象特征的某种限定。如果忽视这一点,就不能合乎文本地理解这个论题。

三、"位"的限定

以上,指出了《公孙龙子·白马论》从"白""马"含义不同推论"白马非马"。因此"白马"与"马"的差别就能理解为在命名活动中,"白"的含义是否发挥作用的区别。而此区别,如说是"白马"有颜色限定、"马"无颜色限定,就能依据文本表示为:

    白马 / 马
T_3:定所白 / 不定所白
T_4:有色 / 无色
T_5:不离 / 离白

而既然语词含义的作用主要是表示事物是否具有某种特征的限定,则来自 T_3 的"定所白者,非[不定之]白也",就是最能体现"白马非马"精义的表述。也正因此,本文特别主张《公孙龙子·白马论》对"白马非马"的阐述,实质是在谈"白"的含义。而这样看,"白马非马"的成立在公孙龙的整个正名思想中占有什么位置,这个问题就能收缩为类似"白"的语词,也就是表性质的语词,其含义对于命名活动有何影响。

回答这个问题,首先要关注《公孙龙子·白马论》与《公孙龙子·名实论》的关系,后者是公孙龙阐述其名实观的纲领文件,从中可见性质语词的含义对命名活动的影响与"位"的观念有关：

[1] 天地与其所产焉,物也。
[2] 物以物其所物而不过焉,实也。
[3] 实以实其所实而不旷焉,位也。
[4] 出其所位,非位。位其所位焉,正也。

[1]—[3]依次论述"物""实""位"。与"天地"及其产物皆可无差别地称为"物"不同,"实"是一事物成其所是("物其所物")因而能区别于其他事物("不过焉")的标志。因此,如果把"物"视为具体个体,"实"就应是具体个体的特征或性质,比如白马之色。① 并且,这些特征一定是经验上可被把握的,因为"位"所代表的就是"实"充实于"物"("实其所实")的表现("不旷焉")。而此表现的情形,按[4]所述,应当有两种情况：一是"出其所位",如果理解为某"实"并不在某"物"上占"位"呈现,就相当于《公孙龙子·白马论》说的"使马无色,有马如己"时白性质的"不定所白";另一则是"位其所位",如理解为某"实"在某物上占"位"呈现,也能以《公孙龙子·白马论》的"马固有色"或"白定所白"为例,就是白性质表现为马之白。

现在,基于将"实"解释为呈现于物的经验性质,则与之对应的"名"就应是"白"之类的性质语词;至于"马",既然用来"命形",也能说是一种性质语词。只不过,"马"的命名问题在《公孙龙子·白马论》中没有展开,比如"命形"之"形"究竟是轮廓、形态还是形体,无法根据文本判断,所以只能宽泛地视为马类事物的固有特征。

---

① 这与墨家和荀子以"实"为具体个体的思路不同,参见陈声柏、李巍："从'物''实'之别看公孙龙名学的价值——以荀况为参照",《中国哲学史》2008年第1期。

但即便如此,也能感受到《公孙龙子·名实论》与《公孙龙子·白马论》的相关性,比如上引前者的抽象论述,就能以后者为其例子来作理解;而反过来,也能期待后者对"白马非马"的证成可以从前者的论述中找到依据。比如上引《公孙龙子·名实论》的语句[4]"出其所位,非位",如视为"出其所位,非[位其所]位"的缩写,正可与《公孙龙子·白马论》的"定所白者,非[不定之]白也"构成对应:

1. 定所白　/　不定之白
2. 位其所位　/　出其所位

如果将 B 视为 A 的理论表述,"白马非马"就能从"位"的角度得到解释,即倘使"白马"与"马"的差别主要是语词含义对事物特征的限定不同,则此不同就能说是白色性质是否占"位"于马。

而当这样理解时,《公孙龙子·白马论》证成"白马非马"的用意,就能从《公孙龙子·名实论》的"正名"纲领来看,这包括:

[1] 夫名,实谓也。
[2] 其名正,则唯乎其彼此焉。
[3] 知此之非此也,知此之不在此也,则不谓也。
[4] 知彼之非彼也,知彼之不在彼也,则不谓也。

基于对"实"的解释,可知[1]所表达的名实相应原则,主要是针对性质语词来说;至于[2]—[4],则是专门谈论这种名实关系的内容。但首先要指出的是,反复出现的"彼""此"指的并不是具体的"彼物""此物",而是在一事物中占"位"呈现的"彼实""此实",也就是一事物呈现的各种特征,比如马色、马形。那么[2]所强调的,就是一个性质语词必须与它所表示这种或那种性质构成严格对应("唯乎其彼此")。再根据[3]和[4],这种严格对应又包括两个原则:一是"非"则"不谓",即在某物中占"位"呈现的"实"并非某"名"之"实",则不能以该"名"称谓。比如《公孙龙子·白马论》说的"命色者非命形也",若理解为在马中占"位"呈现的形状不能以"白"命名,就是基于"非"则"不谓"的原则;与之相应,另一原则是"不在"则"不谓",即当某"名"之"实"不在某物占"位"呈现,也不能以该"名"称谓。比如《公孙龙子·白马论》说的"使马无色"时"安取白马",若理解为白色"不在"某马占"位"呈现("不定所白"),则不能以"白马"称谓该马,就能看作"不在"则"不谓"的表现。鉴于此,[1]—[4]所阐述的命名原则就不仅是宽泛地强调名实相应,而是强调作为性质语词的"名"只与在"物"中占"位"呈现的特征之"实"——或者概括为"在物之实"——构成严格对应。而倘使《公孙龙子·白马论》就是依据这个原则展开论述,则可知对"白马非马"的证成,其真正用意就是要强调"白马"只对应于白色"位其所位"或"白定所白"的马。说得更简单些,就是"白马"只命名白马。

可是,对性质语词的命名来说,无论《公孙龙子·白马论》还是作为其理论依据的《公孙龙子·名实论》,如果最终得出的就是这样一个常识性的结论,那不是太无聊了吗?难道任何有常识的人会把"白马"一词应用到黄、黑马的身上吗?的确,出现这样的疑问,表明强调某个性质语词只命名事物呈现的某种性质,这只是常识观点。但公孙龙着力证成它,若非无聊而为,就很可能是从常识中看到超出常识的问题。而这,就是以下要阐述的性质语词的命名难题。

四、"离"的发现

对命名难题的讨论,须着眼《公孙龙子》书的另一重要篇章《公孙龙子·坚白论》。因为不用假定整部著作的各篇构成了完整自洽的理论系统(就像现代学术著作中的章节一样),也能看出,《公孙龙子·白马论》对"不定所白"的揭示,以及《公孙龙子·名实论》对"出其所位"的揭示,正与《公孙龙子·坚白论》对"离"的揭示一致。因为所谓"离",虽然在《公孙龙子·坚白论》本文中主要指坚白石的坚硬、白色能离开具体石头,也即"藏"在某个领域;但一般说来,就是指某物虽有某种性质,但并不必定呈现于该物的情况。因此,"离"正可视为"不定"或"出其所位"的另一种表述。

因而《公孙龙子·白马论》的"定"与"不定"之分,以及《公孙龙子·名实论》的"位其所位"与"出其所位"之分,又依据《公孙龙子·坚白论》本文,表述为某性质与某事物"离"与"不离"的区分:

1. 不定所白 / 定所白
2. 出其所位 / 位其所位
3. 离 / 不离

于是就能推断,《公孙龙子·名实论》一定强调"名"只与"在物之实"相应,并以《公孙龙子·白马论》为此纲领的具体演示——即在"白马"只命名有白性质的马的意义上证成"白马非马"——这绝不是重复常识,正是针对《公孙龙子·坚白论》所述"离"的情况来说。这种情况显然超出了常识理解的范围,但不论在何种意义上说,首先能看到,无条件地主张名实相应,就会在某"实"与"物"相"离"

(或"藏")的时候出现"有名无实"的情况。因之,"名实相应"的原则就会遭遇严峻挑战。

那么,就让我们把注意力转到《公孙龙子·坚白论》,看看该篇怎样阐述"离"的可能。按该篇为主客对辩体,主方论"离坚白",大致是以坚白石之坚硬、白色能够与石相"离"而退藏于密。这看似违反事实,故客方反对说:

> 其白也,其坚也,而**石必得以相盈。……坚白域于石**,恶乎离?

初看起来,这个反驳就是基于牟宗三所谓"客观主义之立场"[①],即主张坚硬、白色在事实上为坚白石所有。但仔细观察,上述反驳其实包括:

1. 坚白石是坚硬、白色的("坚白域于石")。
2. 必然的,坚白石是坚硬、白色的("石必得以相盈")。

1是事实判断,2则为模态判断,而客对离坚白的反对,实际是从1来推论2。但这存在问题,因为如果能设想一种情况(counterfactual condition)是被叫作"坚白石"的东西并不坚硬或没有白色,就只能说:

3. 这坚白石必定是这坚白石。
4. 坚必定是坚。

---

① 牟宗三:《名家与荀子》,吉林出版集团有限责任公司2010年版,第107页。

5. 白必定是白。

却不能像客论2那样说坚硬、白色"石必得以相盈"。

理解了客方的观点,再细读《公孙龙子·坚白论》本文,会发现主方对离坚白的倡导,绝非否定"坚白域于石"的事实判断,就是针对二者"石必得以相盈"的模态判断,认为存在坚白石并非坚白的可能。这包括两种情况,一是:

[1] 物白焉,不定其所白。
[2] 物坚焉,不定其所坚。
[3] 不定者兼,恶乎其石也?

这是强调坚硬、白色是一切坚物、白物共有的性质("兼"),并不限定在某些事物上("不定其所白""不定其所坚")。以此,就存在坚或白不著显于石或坚物、白物中不包括石头("恶乎其石")的可能。另一种情况是:

[1] 坚未与石为坚,而物兼。未与物为兼,而坚必坚。
[2] 其不坚石、物而坚。天下未有若坚而坚藏。
[3] 白固不能自白,恶能白石物乎?
[4] 若白者必白,则不白物而白焉。
[5] 石其无有,恶取坚白石乎?

这是说,坚、白不但有可能不在石头上,更可能不驻于任何物,有某种独立存在("未与物为坚""不白物而白焉")。但这样的坚、白并不在现实中("天下未有"),只能说是"藏"起来了,也就是某种抽象事物。至于石头,作为具体事物,当然不在这些抽象事物所处的领域中("石其无有"),又遑论坚白石("恶取坚白石乎")?

基于这两种情况,主方眼中的"必"就只有"坚必坚""白者必白",却没有坚白"石必得以相盈"。也正因此,才提出了"离"的观念,即:

[1] 藏故,孰谓之不离。
[2] 故离也。
[3] 离也者,因是。
[4] 离也者,天下故独而正。

这正是因为肯定坚白石之坚白可"藏",所以断定二者能与石相"离"。那么所谓"离",指的就是坚白石并不坚白的情况。当然,这绝不是事实性的"离",而是强调坚白不必然著显于石,甚至不必然著显于物,于是就有独立存在坚本身(hardness)、白本身(whiteness),也就是所谓"独而正"的抽象事物。因此就能看到,与《公孙龙子·白马论》"定所白"与"不定所白"的区分相似,《公孙龙子·坚白论》则有"坚"与"石之坚"或"白"与"石之白"的区分,并能更确切地理解为某性质本身因为是与具体物相"离"的抽象者,所以与它在事物中的具体呈现有别。

这个区别,从现代观点看,可以有不同的表述。比如以 Φ 表示某性质本身,Φ'表示该性质在具体物中的呈现,则 Φ 与 Φ'的区别既能说是逻辑上的个体词与谓词之别,也能说是哲学上的语义饱和与不饱和之别。但公孙龙子关注的,则是能否命名的区别。那就是,无论《公孙龙子·白马论》讲的"白者不定所白,则忘之可也",还是《公孙龙子·名实论》讲的"出其所位"则"不谓",应该都是强调Φ'与具体事物分"离"成为"独而正"的Φ时,不能以"名"称谓。换句话说,为了避免有"名"无"实"或某"实""出其所位"的情况,只有将命名活动限定为针对Φ'的命名,也就是一个"名"只能应用到"在物之实"上,才能确保名实相应是一条有意义的命名原则。所以,《公孙龙子·名实论》对"位其所位"的强调,《公孙龙子·白马论》对"白定所白"的强调,其宗旨正可说是要解决由《公孙龙子·坚白论》揭示的"离"的可能给命名活动造成的难题。

五、"名"的范畴

由此则能再次确认,"白马非马"真正谈论的不是"白马"与"马"的差别,而只是前者中不可忽视的"白"与后者中"忘之可也"的"白"的差别。此差别,如果就是《公孙龙子·名实论》中"位其所位"与"出其所位"的区别,并能归因于《公孙龙子·坚白论》对"离"的揭示,就可说这三篇文章在整个《公孙龙子》书中具有内在的理论关联。而由上述,这个关联正可概括为从命名难题的发现到解决。并且,这主要是对"白"这类表示普遍性质的语词来说。

其实一般说来,命名难题大多出现在性质语词上。因为对专名、类名或范畴词来说,命名恰当与否,可以从外延或对象来确认。比如后期墨家所谓:

名,达、类、私。
名。"物",达也。有实,必待之(多)名也。命之"马",类也。若实也者,必以是名也。命之"臧",私也。是名也止于是实也。

以上将"名"分为达名、类名、私名三种,皆就外延来说。达名"物",相当于畴词,能总括一切个体而言;类名"马"则是命名某一类个体;至于私名,如"臧",是仅限于命名特定个体的专名或名字。这三类"名"的使用是否恰当,要考察语词指称的对象。但对于"白"这类表示普遍性质的语词,仅仅考虑能被称为"白"的事物有哪些是不够的,还必须考察这个语词的内涵对命名活动的影响。

因为表面上看,"白"似乎既能命名具体的白物,也能命名白本身。因此在使用这个语词前,必须先确定它指什么。而这,又正取决于对语词含义的理解。比如,将之理解成"是白的"(用形容词 white 表示),那就指谓了某种性质,如白马之白、白石之白。但若理解成"白本身"或"白性"(用名词 whiteness 表示),则已经是在指谓个体。可见,性质语词的使用比个体词要复杂。而造成命名难题的根本,就是当"白"表白性时,已经不是性质语词,而是个体词了。但白性本身是现实世界没有的("天下未有"),则作为个体词的"白"所指谓的就不仅是个体,更是抽象个体。

这种命名形式,按蒯因的解释,不过是人类语言习得中的某些混淆使然[①]:首先是对物质名词与性质词的混淆。比如"白",不仅被理解为白色物质,更被理解白色物质的共性,这就推动了从"white"到"whiteness"的变化;进而,是社会交往的属性本体论中对语词和对象的混淆。比如某人对某马的颜色做出一番描述,又对另一马说"它也一样"——所谓"也一样",不过是为交流便利而采纳的省略表达,但人们往往会将只有语法缩略功能的"也一样"理解成两匹马具有共同的属性,这就混淆了语词与对象,并会使"white"走向"whiteness"。所以,正如蒯因所说,指谓某种性质本

---

① W. V. Quine, *Word and Object*, MA: MIT Press, 1960, pp. 121-123.

身的个体词亦即"抽象单独词项"(abstract singular term)并没有高尚的起源①,换句话说,认为"whiteness"果真指谓某种抽象事物,只是一种幻觉。

这意味着,性质语词本身并没有命名难题,只是将一个性质语词视为抽象单独词项时,才会出现既表示某物的性质,又表示该性质本身(抽象个体)的麻烦。但基于蒯因的论证,再回到公孙龙,能看出他的命名理论恰是排斥抽象单独词项的。因为《公孙龙子·名实论》讲的名实相应,如果只是"名"与"位其所位"的"在物之实"相应,则如坚白本身之类的抽象事物就已被排除在命名理论的论域之外。那么,当《公孙龙子·白马论》强调"白者不定所白,则忘之可也"时,如果正是依据《公孙龙子·名实论》"出其所位"则"不谓"的命名原则,就等于强调"不定所白"的"白"——也就是作为抽象单独词项的"白"——不是真正"名"(所以"忘之可也")。是故对"白马非马"这个论题来说,如果真正谈论的不是"白马"与"马"或"白"与"马"之别,而只是"定所白"与"不定所白"之别,那就是要将作为性质语词的"白"(命名某白物之白)与作为抽象单独词项的"白"(命名白本身)区别开。而只要后者不是真正的"名",即便承认有与马相"离"的白本身,也根本不用考虑对它的命名问题。因此公孙龙对性质语词之命名难题的解决,据《公孙龙子·白马论》来看,就是通过将作为抽象单独语词的"白"排除在"名"的范畴外,使"白"始终用作命名某物之白的性质语词。而在"白马"只命名白色的马这个意义上说的"白马非马",看似是不用说的常识,实际就是强调"白"只是性质语词,而非抽象单独词项。

但确切说来,将抽象单独词项排除在"名"的范畴外,还只是解

---

① W. V. Quine, *Word and Object*, p. 123.

决命名难题的第一步。要确保"名"只与"在物之实"相应,除了要考虑哪些语词能被视为确有所"命"的"名",还必须考虑哪些性质是确能占"位"的"实"。就后者言,既然《公孙龙子·坚白论》对"离"的探讨已经表明某"实"不必然"在物",则其所以"在物",就只能因为"物"有某种特性,令"实"的呈现成为可能。这个特性,就是《公孙龙子·指物论》所谓"指"——但并不是通常理解的"共相""观念"或"意义",而是将事物可在经验上被具体指出,看作"物"的一种特性即可指性。那么某"实"得以"在物"呈现,原因无他,就在于"物"是具有可指性的"物"。因而"名"只与"在物之实"相应,就必须以"物"之"可指"为其前提,如《公孙龙子·指物论》所谓"天下无指物,无可以谓物",就是强调事物没有可指性,就不能以"名"称谓,即不能称谓那"在物之实"。因此从"名实"到"指物",才是公孙龙解决命名难题的完整思路。但此义笔者已有专门讨论[①],则是回溯性地观察此命名难题在公孙龙那里是如何发现的。

---

① 见本编第二章。

第二章　物的可指性

——《公孙龙子·指物论》新解

要说中国哲学史上最晦涩难读的文本,恐怕非《公孙龙子·指物论》莫属。正如学术前辈葛瑞汉所说,"对喜好解决难题的读者来说,它或许是所有中国哲学作品中最令人着迷的一部。但是,还没有两个注者已对其解释达成一致"[①],甚至"在早期中国哲学文献中,没有任何文件能有《公孙龙子·指物论》那样多的对立解释"[②]。同样,以研究中国逻辑著称的赫迈莱夫斯基也坦言:"关于《公孙龙子·指物论》,尤其是它的关键术语'指',迄今没有一个被普遍接受的诠释。"[③]回顾学术史,可知二人所言非虚。不过在以往的各式理解中,将"指"界定为共相、观念(概念)与意义,仍是被不少学者所接受,至今依然流行的

---

① A. C. Graham, Later Mohist Logic, p. 457.
② A. C. Graham, *Studies In Chinese Philosophy and Philosophical Literatures*, p. 210.
③ J. Chmielewski, *Language and Logic in Ancient China: Collected Papers on the Chinese Language and Logic*, edited by Marek Mejor, p. 187.

观点。① 不用说,这些观点各自都有相当的合理性,也最能体现以西学资源重构中国思想的积极努力。但即便如此,仍有两个疑问值得关注:其一是,考虑到"指"在先秦除了表示手指,更多是表示具体指出某物的亲知活动②,则以《公孙龙子·指物论》之"指"为共相、观念(概念)或意义,是否与它的日常用法相隔太远?其二是,即便可以用共相、观念(概念)、意义来界定"指",似乎同样能拿来界定《公孙龙子》书的另一基本概念——"实",而不少论者的确

---

① 历来论者对《公孙龙子·指物论》之"指"的解释如"代名词"(金受申:《公孙龙子释》,商务印书馆1928年版,第22页)、"指定"(王琯:《公孙龙子悬解》,中华书局1992年版,第48页)、"标记"(胡适:《先秦名学史》,安徽教育出版社1999年版,第151页)、"属性"(沈有鼎:《沈有鼎文集》,人民出版社1992年版,第265页)、"共相"(冯友兰:《中国哲学史》(上册),华东师范大学出版社2000年版,第158页)、"观念"(杜国庠:《杜国庠文集》,人民出版社1962年版,第95页)、"意识和思维"(庞朴:《公孙龙子研究》,中华书局1979年版,第20页)、"意义"(A. C. Graham, *Studies In Chinese Philosophy and Philosophical Literatures*, p. 210;劳思光:《新编中国哲学史》[一卷],第290页)、"类"(J. Chmielewski, *Language and Logic in Ancient China*, p. 187)、"概念"(陈癸淼:《公孙龙子今注今译》,台湾商务印书馆1986年版,第43页)、"抽象项目"(冯耀明:《公孙龙子》,第85页)、"指称"(曾祥云:《公孙龙子·指物论》疏解》,《湖南大学学报》(社会科学版)1999年第1期)等。其中,共相说、观念(概念)说、意义说最为流行,下文主要围绕这三种解释来谈。

② 如《论语·八佾》的"指其掌",《礼记·大学》的"十目所视,十手所指",《庄子·则阳》的"今指马之百体而不得马",这些"指"都是手指具体指出的意思。此外,见诸《墨子·经下》《庄子·齐物论》《庄子·天下》及《列子·仲尼》的"指",也都表示具体指出某物,与公孙龙论"指"有关(详见后文)。当然,"指"在先秦也有较为抽象的意思,如《孟子·告子下》的"愿闻其指"、《孟子·尽心下》的"言近而指远"之"指",即表意旨;又,《荀子·正名》的"制名以指实""名足以指实"的"指",则表"名"的指称。但这些都不是"指"字最主要的意思。尤其就"指"之"指称"义来说,虽然葛瑞汉早就主张《公孙龙子·指物论》之"指"应被"理解为以名指出,与英文的'meaning'内涵相近"(A. C. Graham, *Later Mohist Logic*, p. 457),且也有论者尝试以"指称"释"指"(曾祥云:《公孙龙子·指物论》疏解》),但实际上,至少到后期墨家,描述"指称"这种语义作用的术语还是"举",如《墨子·经上》之"举,拟实也"、《墨子·小取》之"以名举实";至于"指",仍主要是指出某物的亲知活动。因此对公孙龙来说,以"指"刻画"名"的语义作用,恐怕正如赫梅莱夫斯基所说,仍然是"太复杂而难以被设想的"(J. Chmielewski, *Language and Logic in Ancient China*, *Collected Papers on the Chinese Language and Logic*, p. 185)。

就是这样看的。① 那么,"指""实"之别何在呢?

围绕以上疑问,以下尝试说明:公孙龙论"指"乃是从动作上"具体指出"某物,引申为事物"可被具体指出",并将"可被具体指出"看作经验对象的普遍性质,即事物的可指性。这就是《公孙龙子·指物论》之"指"与其先秦日常用法的关联所在。而公孙龙将"指"从动作引申为性质,可能出于和辩者、墨家与庄子学派论辩的意图,但更是其学说从名实推进到指物的内在要求,那就是以事物具有可指性,为其能被命名的基础。因此"指"就可说是"实"之外对事物的另一种规定:"实"是规定事物内容的经验性质(如马之色形、石之坚白),"指"则规定了事物内容或经验性质得以被把握的条件。故《公孙龙子·指物论》强调事物皆有可指性("物莫非指"),这正是以"名"谓"物"的前提("天下无指物,无可以谓物")。但"指"不同于"名"所表达的"实"("物之各有名,不为指"),不可在经验上亲知。故《公孙龙子·指物论》又主张可指性本身没有可指性("指非指"),即不能因为"指"是"物"的性质,就要求后者被具体指出时,前者也能一同在经验上被指出("奚待于物而乃与为指")。然而,没有作为经验性质的"指",这并不妨碍事物具有该性质("天

---

① 如冯友兰说:"公孙龙以指物对举,可知其所谓指,即名之所指之共相也"(冯友兰:《中国哲学史》(上册),第158页),实际是以"指"与("名之所指的")"实"皆为"共相"。但冯耀明认为,冯友兰以公孙龙之"复名"(如"白马""黄马")指涉"共相"的观点是缺乏根据的,只有单名(rigidly designators),如"白""马""坚""白"等,才"指涉一些抽象的项目和普遍者"(冯耀明:《公孙龙子》,第85、142、169页)。又,杜国庠说,"公孙龙所谓'实',是由他所谓'指'而来的,而'指'是观念的东西,因而他所谓'实',也不能不是观念的"(杜国庠:《杜国庠文集》,第103页),是以"指""实"皆为"观念"。而郭沫若所谓"指⋯⋯相当于现今所说的观念,或者共相⋯⋯'指'即是'实'"(郭沫若:《十批判书》,东方出版社1996年版,第288页),则是对共相说与观念说的综合。再有,劳思光主张"所谓'指',即表意义",又认为"'实'指每一物所以为此物的属性或意义"(劳思光:《新编中国哲学史》[一卷],第290页),是以"指""实"皆为"意义"。

下无指,物不可谓无指也")。理解这一点,是破译《公孙龙子·指物论》的关键。

一、从动作到性质——"指"的通义与新义

现在,就来具体阐述以上观点。最先要说的是,认为《公孙龙子·指物论》是在某种特殊含义上言"指",这是合理的。正如世人说"公孙龙诡辞数万以为法"(《法言·卷二》),其"诡辞"之"诡",就是为了论辩取胜,以某个人们不熟悉、但未必不合理的特殊用法偷换语词的日常用法。但"偷换"要成功,至少要求语词的两种用法间有可追溯的关联。是故,要判断某种关于"指"的解释是否恰当,必须检验解释者所认为的公孙龙的用法与"指"在先秦的日常用法即"具体指出"间,有无上述"可追溯的关联"。而过去以共相、观念(概念)、意义释"指",之所以并不令人满意,就在于一个表指出动作的词,要能表示抽象实体(共相即形上实体,观念或概念即精神实体,意义则为语义实体),恐非强引曲说而不可为。因之,不论怎样理解《公孙龙子·指物论》的"指",至少应兼顾其在先秦的日常用法。

当然,强调"兼顾"并非要弱化"指"的两种用法之别。事实上,差别不但有,而且很明显。比如《公孙龙子·指物论》说的"且指者,天下之所兼","兼"是公孙龙的常用术语,表示某种性质被某些事物所兼有。① 将"指"界定为"兼",显然不是就日常的指出动作来说,而应与性质相关。那么最先要考虑的,就是如何将"指"的含义

---

① 如《公孙龙子·坚白论》以坚白"不定者,兼",又以"坚未与石为坚,而物兼"。《公孙龙子·指物论》的"且指者,天下之所兼",亦就"指"作为普遍性质来说。有论者主张"兼"为"无"之误,大概仅适合文中"兼不为指"一句,于此句则难以成立。况且两个"兼"字相隔不远,第一个是讹误,第二个还是讹误,未免太巧合了。

从"表动作"引申到"表性质"。应该说,这种引申是可能的,并且比传统解释从"表动作"到"表实体"(共相、观念、意义)的引申更自然。那就是,可以先将"指"从"具体指出"某物的动作引申为某物"被具体指出"。再进一步,则能引申为任一事物"可被具体指出"。而"可被具体指出",正可被看作一切经验对象的普遍性质,即事物在经验上的可指性。① 因此,《公孙龙子·指物论》以"指"为"天下

---

① 我们认为,无论古代人还是现代人,除了能亲历某物"被具体指出"的场合,也能在其中陈述相关的场合句如:

[1] 这白马**可被具体指出**。
[2] 这坚白石**可被具体指出**。

从[1][2]中抠掉名字("这白马""这坚白石"),就能得到一个语义片段

F_:_可被具体指出

若将其他个体名填入空位,又能产生新句子如

[3] Fa:a 可被具体指出。
[4] Fb:b 可被具体指出。
[5] Fc:c 可被具体指出。

并能设想,只要填入空位的名字命名了现实的个体,由此产生的句子就总是真的,因而就有量化陈述:

($\forall$x)Fx:对任一 x 来说,x 可被具体指出。

正是在此意义上,"可被具体指出"就能被视为个体对象的普遍性质。如弗雷格所说:"逻辑的基本关系是一个对象处于一个概念之下",而"**有一个对象处于其下的概念为这个对象的性质**"(G. 弗雷格:《弗雷格哲学论著选辑》,王路译,商务印书馆 2006 年版,第 120、89 页)。那么,句子 Fa、Fb、Fc……或($\forall$x)Fx 中,概念词所表示的概念 F(可被具体指出)就是"处于其下"的个体对象的性质,本文称之为事物的"可被具体指出性"或简称为"可指性"。这说明,将"具体指出"变为"被具体指出",进而引申到事物"可被具体指出"这种普遍性质,就是从"指"字表动作的日常义过渡到表性质的特殊义的一种可能方式。因而,"指"之二义的关联就能被描述为"具体指出→被具体指出→可指性"。

之所兼"，就能解释为以可指性是事物兼有的性质。当然，这并不否认存在某物不能被指出的情况，但那只能归因于认识上的限制，而非事物自身不可被指出，即只要是经验个体，就始终有可指性。

所以，用"可指性"解释《公孙龙子·指物论》中被用作性质语词的"指"，应该是能被设想的。而要说依据，除了因为上举"具体指出→被具体指出→可指性"的引申是可能且自然的，更因为这种引申方式在先秦典籍中并不缺少相似案例，如：

> 虽小道，必有**可观**者焉。（《论语·子张》）
>
> 国人皆曰**可杀**，然后察之，见**可杀**焉；然后杀之。（《孟子·梁惠王下》）
>
> 故视而**可见**者，形与色也；听而**可闻**者，名与声也。（《庄子·天道》）
>
> 大**可睹**者，可得而量也；明**可见**者，可得而蔽也；声**可闻**者，可得而调也；色**可察**者，可得而别也。（《淮南子·本经训》）

"可观""可见""可睹"等，就是将"观""见""睹"等动词在被动义上引申为对象的性质。设想公孙龙是将"指"在被动义上引申为对象的"可指"，也属相同方式。这样，就能理解《公孙龙子·指物论》为何总是重复"物可谓指乎""物不可谓无指也"的问答，因为它真正要谈的并非指出活动，而是对象"可指"这种性质。那么，如果人们只知道"指"表动作的日常用法，不知其表性质的特殊用法，就势必陷入"诡辞"的陷阱。如《公孙龙子·指物论》首句"物莫非指，而指非指"，单从日常用法看，既是主张事物被具体指出，又主张指出的活动不能有所指出，显然是一个矛盾陈述。大概公孙龙的用意，就是要让人们困惑。

而他最得意的,应该正是在"指"表动作的通义之外揭示其表性质的新义,并由此对"物莫非指,而指非指"作出新的理解,即事物莫不可被具体指出,但"可被具体指出"这性质本身不可被具体指出。说得更简单些,就是**事物莫不具有可指性,但可指性本身不具有可指性**。这样,一个原本矛盾的陈述就说得通了。而根据前引文例,也能构造类似表达如[1]小道莫不可观,但可观(这性质本身)并非可观;[2]形色莫不可见,但可见(这性质本身)并非可见;[3]声名莫不可闻,但可闻(这性质本身)并非可闻。此中原理,就是将及物动词在被动义上引申为表性质,这仅是所及对象的性质,而非它自身的性质。正如可看、可触仅是坚白石的性质,但可看、可触本身则不可看、不可触。同样,若将看、触等认识活动都关联到"指"范畴中,也能说物皆为可指,但可指本身不可指。当然,这样说的前提是已经将"指"从主体"具体指出"的动作引申为对象物有"可被具体指出"这种性质(可指性)。而这,应该就是"指"在先秦的日常用法与在《公孙龙子·指物论》中的特殊用法间"可追溯的关联"。循此关联,不仅能说明《公孙龙子·指物论》对"指"的引申(从表动作到表性质),也能推测公孙龙做此引申的缘由。因为"指"虽是先秦学术的小众话题,但在名辩思潮中却很受重视。那么,公孙龙将"指"从主体动作引申为对象性质,就很可能与学派论辩有关。

首先是辩者与墨家。辩者主张"有指不至"(《列子·仲尼》)或"指不至,至不绝"(《庄子·天下》),是对事物能否在认识上被指出,抱有极大怀疑。但《列子·仲尼》将此怀疑言论当作"龙诳魏王"的话,恐怕有失公允。因为根据"指"的性质义(可指性),辩者说的"不至""不绝"都只能是认识上的局限使然,而非对象本身不可指出,故《公孙龙子·指物论》所谓"物莫非指""非有非指",正可看作对辩者的怀疑态度的批评。至于墨家,其立场要温和得多,只要求将指物活动可以实施与不可实施的情形区分开。前者叫"有指于二而不可逃"(《墨子·经下》),是说对象在场,如"坚白二也而在石"(《墨子·经说下》),就能具体指出("有指于二")、没有遗漏("不可逃")。反之,对象缺席则"所知而弗能指"(《墨子·经下》),如逃匿的臣仆"弗能指",不可再造的失物"弗能指"(《墨子·经说下》)。但墨家仍然只关注作为动作的"指",故从《公孙龙子·指物论》以"指"为性质的观点看,"弗能指"的判断仍有问题。因为"逃臣""遗者"虽不在场,毕竟还是现实的"物",所以仍是在认识上"弗能指",而非对象本身没有可指性。故公孙龙屡言"物不可谓无指也",大概也是针对墨家,强调在"指"表性质的意义上,不可谓事物本身"弗能指",亦即凡物皆有可指性("物莫非指")。

再看道家。《庄子·齐物论》有"以指喻指之非指,不若以非指喻指之非指"的著名说法。虽不知此言与《公孙龙子·指物论》的确切关联,但至少能肯定二者存在关联,尤其是,《公孙龙子·指物论》主张事物有"指"(物皆有可指性)而"指"自身"非指"(可指性本身没有可指性),这思路很像《庄子·齐物论》说的"以指喻指之非指"。可是,道家真正倡议的是"不若以非指喻指之非指",故与《公孙龙子·指物论》以"指"为中心的立场不同,强调以"非指"为中心。这大概正因为"道"的特征就是"非指",如所谓"道昭而不道"(《庄子·齐物论》)、"夫道,……可传而不可受,可得而不可见"(《庄子·大宗师》)。那么,"以非指喻"就能说是"以道观之"(《庄子·秋水》)的另一表达,而"以指喻"则可类比于"以物观之"(《庄子·秋水》)。是故,说"以指喻……不若以非指喻",其实就是强调"以道观之"高于"以物观之"。如果这正是庄子本人的主张,则《公孙龙子·指物论》对"指"的讨论就能看作一种回应,即不论怎样强调"以非指喻"或"以道观之",正名者还是要"以指喻"或"以物观之",否则就谈不上"凡物载名而来"(《管子·心术下》)的"名"。反过来,如果"不若"云云出于读过《公孙龙子·指物论》的庄子后学,则此说也能视为对公孙龙的批评。但即便如此,也并未否定《公孙龙子·指物论》以"指"为事物性质(可指性)的观点,只是认为这还不够,即仅看到"物"之有"指",没看到"道"之"非指"。应该说,以上两种情况都有可能。但不论哪一种,《庄子·齐物论》以"道"("非指")为本与《公孙龙子·指物论》以"物"("指")为本的立场之别是非常显著的。

说到这里,前述第一个疑问就迎刃而解了。因为有理由相信,将"指"解释为可指性,会比传统的共相说、观念(概念)说、意义说更利于把握将"指"从日常动作义引申到《公孙龙子·指物论》特有之性质义的线索,也更利于在诸子论"指"的大背景中审视公孙龙作此引申的原因。

二、从名实到指物——"指""实"之别

再看第二个疑问。以下将说明,以"指"为可指性,要比传统解释更适合呈现公孙龙学说中的"指""实"之别。如《公孙龙子·指物论》所谓"天下无指者,生于物之各有名,不为指也",有论者认为,这句话"证明'指'与'名'有相同的性质,即'指'可以代替'名',起'名'的作用,也就是说,'名'是'指'的一种"[1]。但笔者认为,此语恰恰是在强调"名"与"指"不同,即人们认为"天下无指",是因为

---

[1] 李耽:《先秦形名之家考察》,湖南大学出版社1998年版,第49页。

("生于")通过事物的"名"("物之各有名"),无法把握事物的"指"("不为指")。为什么呢?因为"夫名,实谓也"(《公孙龙子·名实论》),"名"只表示"实",如"马者,所以命形也;白者,所以命色也"(《公孙龙子·白马论》)的颜色、形状,即事物呈现的经验性质。那么,不能通过"名"来把握"指"("不为指"),就正在于"指"不是"实",不是经验性质。故《公孙龙子·指物论》反复强调"指非指",即以可指性(这性质本身)不具有可指性,说明不能像具体指出事物的"实"那样指出其"指"。而该篇所以难读,很大程度上就因为既主张"指"是凡物兼有的性质,又要说该性质不能在经验上具体指出。那么,关注"指""实"之别,就要进一步思考公孙龙为何在可经验的"实"之外另立一非经验的"指"?亦即为何在名实外别论指物?

这当然有思想环境的原因,即前述先秦名辩思潮中指物问题本就渊源有自,而公孙龙论"指",尤其是将"指"当作"物"的性质,应有与诸子论辩的意图。但更重要的,则是通过以"指物"为"名实"奠基,来解决自身名实理论的困难。该理论在《公孙龙子·名实论》中有纲领性表述。首先是将"实"界定为充实于"物",令事物具有内容的东西("物以物其所物而不过焉,实也")。此前,说它们是经验性质,只是以公孙龙所论马之色形或石之坚白为例。《公孙龙子·名实论》则有更充分的依据,即强调"实"在"物"中有各自的"位"或位置("实以实其所实,不旷焉,位也"),那当然就是有确定呈现、可由感官辨识的诸经验性质。因此,进一步讲名实相应,就是使"名"与色、形等在"物"中"位其所位"(即有确定呈现)的"实"对应。这包括两个规定:一是"非则不谓",即不能以"名"称谓与其"实"占"位"不同的"实"。如《公孙龙子·白马论》强调"命色者非命形也",即色、形二"实"在马中占"位"不同,所以色名就不能称谓形名称谓的东西;另一是"不在则不谓",即某"名"所对应的"实",如果并非在事物中"位其所位",而是"出其所位"(即没有确定呈现),也不能以该"名"称谓。如"白"所命之"实"不在马中占"位",即"使马无色"或马色非白时,就不能以"白"谓马,故说"白者不定所白,忘之可也"(《公孙龙子·白马论》)。按这两项规定,可知名实相应乃是一一严格对应,即"彼(名)"唯独称谓"物"中占"位"呈现的"彼(实)","此(名)"唯独称谓"物"中占"位"呈现的"此(实)",是谓"其名正,则唯乎其彼此焉"(《公孙龙子·指物论》)。

《公孙龙子·名实论》的这个正名原则,虽于《公孙龙子·白马论》中有显著运用,但在《公孙龙子·坚白论》中却难以贯彻,因为该篇对"离"的讨论,恰表明某"实"(如坚或白)在某"物"(如石)占"位",这并非必然,而是也存在离而自藏、不驻于物的可能,这就会出现有名无实的状况,更何谈名实相应。现在,就来具体看看《公孙龙子·坚白论》的论述。该篇为主客对辩体,主方申论离坚白,即以坚白石之坚硬、白色能够与石相"离"而退藏于密。客方则反对说:"其白也,其坚也,而石必得以相盈。……坚白域于石,恶乎离?"这既是在事实层面,以坚白石实际有坚有白("坚白域于石"),反对离坚白;更是在模态层面,以坚白石必然有坚有白("其白也,其坚也,而石必得以相盈"),反对离坚白。而论主所谓"离",其实只针对后者,即主张坚白能与石相"离",这并非否认坚白石在事实上有坚有白,而是否认将此事实看作必然。因此,论主对客方提出两点反驳:第一,坚硬、白色是所有坚物、白物共有的性质("兼"),并不限定在某些事物上("不定其所白""不定其所坚")。既如此,所举坚白事物中不必然包括石头("恶乎其石");第二,坚、白不但可能脱离石头,更可能脱离任何事物而有独立存在("未与[物]为坚""不白物而白焉"),但这样的坚、白并不在经验界显现("天下未有"),只能"自藏"在抽象领域:那里还有其他独立存在的性质("黄黑与之然"),却没有作为具体个体的石头("石其无有"),又枉论坚白石("恶取坚白石乎")?

总的说来,以上反驳可以成立。因为从模态的角度看,"坚白石有坚有白"为真,但"坚白石必然有坚有白"则非真,因为总能设想某种反事实状态,是叫作"坚白石"的东西并不坚硬或并非白色。故上举主方的反驳,正可看作对相关反事实状态的设想。其目的,正是表明在"必"的模态层面,可以说"坚必坚""白者必白"(《公孙龙子·坚白论》),却不能说坚白"石必得以相盈"。换言之,对"离"的强调,是通过指出坚白二"实"不仅是与物的性质,也能是离物的独体,表明坚白石有非坚或非白的可能。可问题是,承认这种可能,就会给践行《公孙龙子·名实论》"唯乎其彼此焉"的正名原则造成困难。因为只要某"实"不必然在"物"(如坚白并非必然在石),也能与"物"相"离"或"出其所位",就谈不上名实相应。那么反过来说,要保证名实相应是一项有意义的要求,当然必须说明"实"在"物"中"位其所位",有所呈现的原因。并且,这原因显然在"物"而不在"实",因为坚、白既能"离"石"自藏",成为抽象领域的独体,则其著显于石,成为"石之白""石之坚",就绝非自身使然。所以,必定是"物"具有某种特性,才能令"实"的呈现成为可能。而这特性,就是《公孙龙子·指物论》之"指"。正如说"天下无指物,无可以谓物"[①],即强调只有断定"物"是具有可指性的物("指物"),才能以"名"去称谓它("谓物"),也就是去称谓其中占"位"呈现的"实"。可见在公孙龙那里,对"指物"的讨论正是要为"名实"奠基。

---

① 此语以往断作"天下无指,物无可以谓物",冯耀明已阐明其问题(冯耀明:《公孙龙子》,第93页),其说可从。

故《公孙龙子·指物论》无一处言"实",这正因为"实"的问题(即某"实"因何成为"在物之实"而能被"名"称谓的问题)必须以"指"说明。不把"指"讲清楚,就无以论"实",更无以"正名实"。

所以,公孙龙在"名实"之外别论"指物",是其学说逻辑的必然走向。由此,也就能对前举第二个疑问做出回答。那就是,以"指"为可指性,最能表明"指""实"有别。区分的关键,正在于"物"之有"指"不同于有"实",不是具有某种经验性质,故不能在经验上具体指出("指非指")。但一般而言,人们说事物有某性质,总是已在经验上指出了它,现在认为"指"是"物"的性质,却又不能具体指出,这的确令人疑惑。故《公孙龙子·指物论》说"非指者,天下无指,而物可谓指乎?"①就是在模拟上述质疑,即事物的可指性不能在经验上具体指出("非指者"),经验界就没有这种性质("天下无指"),如何能说事物是有可指性的呢("物可谓指乎")?类似的质疑,《公孙龙子·指物论》也表述为"指也者,天下之所无也;物也者,天下之所有也,以天下之所有为天下之所无,未可",即以"物"为经验实在,"指"非经验项目(即不作为经验性质存在),则认为"物"有"指",就是让存在者具备不存在的特征,故说"物不可谓指也"。然

---

① 这句话原为"非指者天下而物可谓指乎",以往论者作三种处理:(1)断作"非指者天下,而物可谓指乎?"并以"天下"作动词,表"充满天下"(庞朴:《公孙龙子研究》,第21页);(2)断作"非指者,天下无〔而〕物,可谓指乎?"以"而"为"无"字之误(俞樾:《诸子平议补录》,李天根辑,中华书局1956年版,第30页);(3)断作"非指者,天下而物,可谓指乎?"以"而"字无误,表"是"(冯耀明:《公孙龙子》,第93页)或"之"(陈癸淼:《公孙龙子今注今译》,第49页)。笔者以为,这三种断法都有可商榷之余地。第一种"天下"二字上读,意思牵强且于文献无征;第二种、第三种以"而物"二字上读则不妥,因为下文从未有"天下而物"的表达,且屡言"而物不可谓指",正是对本句"而物可谓指乎"的回答,则"而物"应下读。又参照下文"天下无指,而物不可谓指也",本句"天下"与"而物"间应脱漏"无指"二字,补全则构成完整问答,即提问"天下无指,而物可谓指乎",答曰"天下无指,而物不可谓指也"。

而，公孙龙断定事物有"指"，本就不是在具有某种经验性质的意义上来说的，正如"天下无指者，物不可谓无指也。不可谓无指者，非有非指也。非有非指者，物莫非指也"(《公孙龙子·指物论》)。就是强调，没有作为经验性质的"指"("天下无指")，这并不足以否定事物有"指"("物不可谓无指也")，因为断定可指性是物的性质，其依据是没有不能被指出的物("非有非指者")，凡物皆可被具体指出("物莫非指")。

如此看来，"指"作为"物"的性质，与"实"或经验性质的根本差异就在于它并不对具体认识活动负责，而是用于说明事物为何能被认识(即"有指"或具有可指性)。故"物莫非指"绝不意味事物皆已在认识上被具体指出，而是强调没有**本性上不可被具体指出的物**，即凡物皆因其本性而有可指性。那么，虽然《公孙龙子·名实论》的"实"是对"物"之内容的规定，但"指"却是另一种规定，不是规定事物呈现了哪些经验特征，而是规定了诸经验特征得以呈现于物的条件。因此，对事物有可指性的肯定，不可能像对"实"的把握那样诉诸经验，更没理由认为事物被具体指出时，其可指性这种性质也能一道被指出，故《公孙龙子·指物论》篇尾明言"指固自为非指，奚待于物而乃与为指"。这就像弗雷格[①]强调的，"三角形"这个概念描述了事物有三角的性质，而非这概念本身有三角的性质。同样，指概念描述的是事物的性质，而非其自身也有该性质。是以，《公孙龙子·指物论》断定"物莫非指"时，也必定要主张"指非指"，即可指性自身不具有可指性。

以上提出了一个关于《公孙龙子·指物论》的新解读，但绝不

[①] G.弗雷格：《算术基础》，王路译，商务印书馆1998年版，第70页。

是要否定传统观点,而是致力于以竞争性解释拓展经典研究的地平线。现在,既然能将公孙龙所谓"指"与其先秦的日常用法沟通起来,并能与他的另一核心术语"实"区别开,就有理由相信用"可指性"释"指",是破译《公孙龙子·指物论》谜题的可行方案之一。

附《公孙龙子·指物论》译文:

P1:事物莫不具有可指性(物莫非指),但可指性自身不具有可指性(而指非指)。

P2:如果经验世界没有具备可指性的物(天下无指物),就根本不能去称谓它们(物无可以谓物)。但说可指性不是可被具体指出的(非指者),它就不在经验世界存在(天下无指),又怎能说物是有可指性的呢(而物可谓指乎)?

P3:的确,这种性质是经验世界没有的(指也者,天下之所无也),物则是经验界实存的(物也者,天下之所有也)。认为经验界实存的东西有经验界没有的性质(以天下之所有,为天下之所无),这不可以(未可),所以只能认为经验世界没有可指性(天下无指),物也不能说是有可指性的(物不可谓指也)。

P4:但所谓物不具有可指性(不可谓指者),理由只是此一性质不可被具体指出(非指也)。但不可被指出(非指者),物却莫不能被具体指出(物莫非指也)。也就是说,即便主张经验世界没有可指性且物也没有此种性质(天下无指而物不可谓指者),仍要承认没有不能被具体指出的物(非有非指也)。而只要承认没有不能具体指出的物(非有非指者),就等于已经承认了事物莫不具有可指性(物莫非指也)。只是凡物都有可指性(物莫非指),这性质本身却没有可指性(而指非指也)。

P5:人们认为可指性不存在(天下无指),只是因为事物的名称

(生于物之各有名)表达的主要是可被经验的性质[①],而非不可经验的可指性(不为指也),所以,将不是可指性的经验性质说成是可指性(以有不为指之无不为指),就不可以(未可)。

P6:可指性是事物兼有的性质(且指者,天下之所兼)。虽然这种性质并不作为可经验的性质存在(天下无指者),却不能说物没有这种性质(物不可谓无指也)。所以不能说物没有可指性(不可谓无指者),因为没有不能被具体指出的物(非有非指也)。没有不能被具体指出的物(非有非指者),就是凡物皆有可指性(物莫非指)。

P7:当然,仅对可指性本身来说(指),也不存在"不具有可指性"的问题(非非指也)。只有加与物的可指性(指与物),才能说是不具有可指性的(非指也)。这是因为,假使世上没有作为物之性质的可指性(使天下无物指),谁能断言可指性不可被指出(谁非指)?假使世上没有物(天下无物),谁又能去谈论物的可指性(谁径谓指)?假使世上只有可指性却没有物(天下有指无物指),谁还能断言这性质不具有可指性(谁径谓非指)?谁又能断言物无不具可指性(径谓无物非指)?

P8:明确了这些,就应当承认事物的可指性自身固然不具有可指性(且夫指固自为非指),岂能因为它是物的性质就认为它能与物一同被具体指出(奚待于物而乃与为指)!

---

① 如马之色形、石之坚白,都是在事物中占位呈现的"实"。

第三章 早期中国的"感应"思维
——四种模式及其理性诉求

在早期中国思维方式的研究中,有一种很流行的看法,即认为中国人并非将世界看作可分割的对象,而是当成一个动态关联的有机整体,因此相较于西方的"分析思维",中国思维更主要是一种"关联思维"。① 这样理解,或许定性不差,但因为"关联"概念几乎无所不包,则以之描述中国思维,就显得太过宽泛。事实上,强调中国思维重关联,这并非不可,但必须紧扣感应来谈。因为感应虽然不是关联概念的必备内涵②,但至少就早期中国来说,是人们设想和言说"关联"的基本模型,并能分殊为四种:一、受感反应式,是从 A 被 B 作用而产生反应的角度,理解事物怎样受到外界影响;二、施感响应式,是从 A 作用于 B 而 B 产生响应的角度,理解事物怎样影响外界;三、交感相合式,是从 A 与非其性质相反者异性相合的角度,理解事物如何彼此互补;四、类感相召式,是从 A 与其类似者同性相吸的角度,理解事物如何作用同步。这四种感应思

---

① 参见李约瑟:《中国古代科学思想史》,陈立夫主译,江西人民出版社 2006 年版,第 374—378 页;A. C. Graham, *Yin-Yang and the Nature of Correlative thinking*, Singapore: Institute of East Asian Philosophies, 1986, pp. 1 – 5; J. B. Henderson, *The Development and Decline of Chinese Cosmology*, New York: Columbia University Press, 1984, pp. 2 – 48;本杰明·史华兹:《古代中国的思想世界》,程钢译,第 472—477 页。

② J. B. Henderson, *The Development and Decline of Chinese Cosmology*, pp. 22 – 28.

维,绝非通常认为的附属于原始信仰的思维,而是早期中国思想在天道、人事与天人沟通的层面"讲道理"的重要基础。因此,"感应思维"不仅是"关联思维"的确切形式,更是中国心灵表达理性诉求的重要载体。

一、信仰与理性

在东西方文明中,有大量证据表明感应思维是从属原始信仰的思维。特别在人类学家眼中,相信非接触对象存在隔空作用,乃是早期巫术的基本预设。① 那么,怎能想象中国古人是以这样一种思维来讲事论理的呢? 回答这个问题,关键要从早期中国的信仰与理性的大背景中审视感应思维的兴起。

不可否认,它起初的确是原始信仰的附属。比如商人的始祖契,据说是其母简狄吞玄鸟之卵,感应而生(见《史记·殷本纪》);周人的始祖后稷,据说是其母姜原踩到巨人脚印,感应而生(见《史记·周本纪》)。还有许多类似的故事,其原理被《列子·天瑞》概括为"不妻而感""不夫而孕",就是所谓感孕神话。有研究者认为,感孕神话是原始生殖崇拜与至上神信仰结合后的产物②,因此人与神迹的感应,实质就是与天或上帝的感应。但在三代天命信仰中,除了感孕式的感应,更主要是上天感监人君德行,应以赏罚之命的感应。如人君"惟德动天""至诚感神",则有"皇天眷命"(《尚书·大禹谟》)的感应;若君德败坏,天遂"震怒"而有"天命诛之"(《尚书·泰誓》)的感应。后一种感应,如殷帝武乙射天,天以雷霆击死

---

① 弗雷泽:《金枝》,徐育新、汪培基等译,大众出版社1998年版,第20页。
② 邹昌林:《中国古代国家宗教研究》,第254—255页。

(见《史记·殷本纪》);纣王暴虐,"天毒降灾荒殷邦"(《尚书·微子》),是上天直接所为;此外也有委托代理人所为,如"有扈氏威侮五行,怠弃三正",由夏启"行天之罚"(《尚书·甘誓》);"夏王率遏众力,率割夏邑,有众率怠弗协",由成汤"致天之罚"(《尚书·汤誓》);"商王受狎侮五常,荒怠弗敬。自绝于天",由武王"恭行天罚"(《尚书·泰誓》)。可见三代革命,其正当性就是以感应思维来论证的。至西周建国,其维系统治的"敬"的意识形态也是感应思维的产物。如成王迁都洛邑,召公诫其"疾敬德",因为成王"初服""宅新邑",这都是上天时时感监的。则王德如何,必有上天"命哲""命吉凶""命历年"的回应(《尚书·召诰》)。因之,"疾敬德"的意识,在敬畏天命这个主要方面,就是敬畏天对君德臧否的感应。换言之,"天命"正以感应的方式发出。

因此可说,感应思维最初就是为原始信仰服务的。而东周以降,人们对感应的关注明显变少,如果正与早期天命观的式微有关,也能从反面证明感应思维只是原始信仰的附属。但这样看问题,会令以下事实变得吊诡,那就是,经由东周子学对理性精神的发扬,服务于原始信仰的感应思维非但没有消失,反倒在战国末、秦汉之际再度兴起,这是神秘主义的复辟、理性精神的倒退吗?或许可以这样说,因为就在这几百年内,符瑞授命、灾异谶纬,种种神秘主义的天人感应论弥贯天下。而这,又与实际政治对君权神授的诉求有关,如《吕氏春秋·应同》所举"大螾大蝼""草木秋冬不杀"等,就是上天对"帝王者之将兴"的符瑞感应;《汉书·五行志》中大量的"天戒若曰",则是指导或警示人君的灾异感应。但问题是,强调符瑞灾异等神秘感应,并非此间感应思维的全部,甚至只是异端。因为从文献来看,当时更多被关注的是影响修身与为政并决定人君感召力的感应,主导万物生成变化与存在原理的感应,以及令人事与天道作用同步的感应。这些,显然已经超出了信仰的范畴,是道德哲学、政治哲学与自然哲学的主题。倘使没有理性精神的充分自觉,又怎能进入思想界的视野呢?因此,将感应思维在战国秦汉的盛行看作神秘主义死灰复燃,实在太过简单,这不仅否定了东周子学推动理性进步的成就,更抹杀了感应思维本身的理性诉求。

此种诉求,若概括为从感应的角度对个人、群体乃至天地万物提供理性解释的愿望的话,自有其出现的现实机缘。正如文献所见,感应思维在战国以降的兴起,是从强调声音感应和气的感应开始的,比如《易传·文言传·乾文言》说的"同声相应,同气相求",就是当时思想界论说感应的流行口号。其所反映的,就是当时人对现实的思考,即无论秦帝国还是汉帝国,虽然在制度上实现了"车同轨、书同文、行同伦"(《礼记·中庸》)的大一统,但常年战乱造成的社会心理创伤并未愈合,故虽有广土众民,却没有维系大一统的情感纽带。因此对安定天下来说,没有什么比用温情的、柔软的东西来凝聚人心更为重要。思想界强调"同声相应,同气相求",就是有鉴于此。如《礼记·乐记》说的"乐至则无怨,礼至则不争""乐也者,……可以善民心,其感人深,其移风易俗,故先王著其教焉",就反映了用音乐的温情来化解仇怨、凝聚人心的设想。至于气的感应,虽主要用于宇宙论的建设,但最初被思想界重视,也有借助"气"的柔软、流动来消弭隔阂、疏通人心的意图。如《吕氏春秋·精通》,讲的就是圣王"以爱利民为心",则可令精气"通乎民",产生"异处而相通,隐志相及,痛疾相救,忧思相感"的共同体意识。

可见,感应思维在战国秦汉的兴起,有其不可替代的历史意义,那就是大一统的普遍关联,最适合从感应的角度来论说其合理性。但感应思维盛行以后,正如下文所示,又不仅限于说明人事,更要推及天道和天人关系的领域。这些，足以说明感应思维已经摆脱了原始信仰的束缚，其在非信仰领域的应用，才是中国思想的主流。那么，就来具体看看四种模式的感应思维的内容，及其怎样服务于理性的目标。

二、受感反应

先说受感反应式，前述原始信仰中氏族女祖先感神而孕的神话，就是以这种模式组织起来的。但就此种思维的运用来说，处理的并不主要是人与神迹的关系，而是人与外物的关系。如《荀子·正名》所谓"生之所以然者谓之性；性之和所生，精合感应，不事而自然谓之性"，作为"感应"这个合成词的最早用例之一，指的就是人受感于物的自然反应。这种反应，按荀子说的"目好色，耳好听，口好味，心好利，……感而自然，不待事而后生之者也"(《荀子·性恶》)，就是情欲，《礼记·乐记》则更明确地概括为"人生而静，天之性也；感于物而动，性之欲也"。不过，《礼记·乐记》之说不独来自儒家，也因循了《淮南子·原道训》和《文子·道原》的道家观点。可知战国秦汉时期，受感反应式的感应思维已被广泛用于解说人受外界影响的情况。以下，主要就儒道来谈。将看到，此种思维的运用，主旨就是说明接物处事的合理方式。

先说儒家，荀子以情欲为中心观察人的应物起感，正是出于纵欲生乱的担忧。所以讲"性"之"感而自然"时，尤其强调"感而不能然，必且待事而后然"的"伪"(见《荀子·性恶》)，意在以"伪"来干预"性"对物感的情欲反应。但作为干预手段的"伪"，不只是礼，也包括乐，如荀子说的"以乐导乐"(《荀子·乐论》)，就是诉诸乐教来疏导应物起感的情欲。怎样疏导呢？核心还是感应，如《礼记·乐记》所谓"人心之动,物使之然也。……乐者,音之所由生也,其本在人心之感于物也",就是把人对外物的应感归于心的活动,又以心的活动必形于声音,则治欲者必先治心,治心者必先治音,遂有"善民心""感人深"(《荀子·乐论》《礼记·乐记》)的乐教可言。而音乐对人心的影响,就是以感应的方式实现的。如荀子所论"奸声感人而逆气应之""正声感人而顺气应之"(《荀子·乐论》),是以人心应感于不同的声音,会有血气顺逆的反应,则以乐教节制情欲,就是"制雅颂之声……足以感动人之善心",最后达到"血气和平"(《荀子·乐论》)的状态。

很明显,儒家对乐教理念的演绎,正是按受感反应的思维模式展开,其理性诉求则指向对人欲感物的控制。如荀子在指出"奸声感人"与"正声感人"的不同结果后,强调"唱和有应,善恶相象,故君子慎其所去就也"(《荀子·乐论》);《礼记·乐记》亦强调人以喜怒哀乐之心感物,应以缓急刚柔之声,乃是外物牵动使然("非性也,感于物而后动"),因此要"慎其所以感"——这都是要求以理性的态度应对物感。其关键,则是确立人的自主性。如孟子,就是有见于人的生理官能在应受物感时毫无自主,所以要强调心的主宰,以防止"物交物,则引之"的情况(《孟子·告子上》)。但这种自主性的确立,并不是要禁欲,而是要把人欲对物感的反应控制在合理限度内。如《礼记·乐记》说的"夫物之感人无穷,而人之好恶无节,则是物至而人化物也。人化物也者,灭天理而穷人欲者也",就是以"天理"为应物起感的合理性标准。但正因为"物之感人无穷",则"天理"的落实,靠的就是对"好恶"的节制,以避免出现"物至而人化物"的情况。可见,儒家关注物感,核心就是要解决人欲应物的合理性问题。

再看道家。上述荀子从气的角度言说人对物感的反应,这种谈问题的方式,更主要是来自道家。如《庄子·人间世》所谓"气也者,虚而待物者也",就是以气为应受物感的主体。不过,道家讲的"气"不主要是生理上的血气,更是出于齐地传统的精气,是一种兼有物质、精神双重属性的自然之气。人以精气感物,就其物质性而言,如所谓"感乎心,明乎智,发而成形,精之至也"(《淮南子·缪称训》),是产生外显的、行动的反应;就其精神性而言,则是"物至而神应,知之动也"(《淮南子·原道训》),即产生内蕴的、心智的反应。但不论哪种反应,道家都将之视为自然的;也正因此,是被肯定和崇尚的。如庄子学派说"圣人之生也天行,其死也物化。……感而后应,迫而后动,不得已而后起"(《庄子·刻意》),稷下道家亦说"应非所设,……感而后应,非所设也,缘理而动,非所取也"(《管子·心术上》),皆是强调对物感的反应须"摒除一切含有自我色彩的成分"的作为,而能"全然被动,顺物去来"①。

是故,相对儒家对物感进行人为干预的想法,道家则要剔除一切人为因素。在这个意义上,"感而后应"正可说是道家"无为"观念的另一种表达。只不过,道家讲的"无为"除了是体道的实践,也是君人南面之术。其对感应的思考,同样有这两面。庄子学派描述"真人"的"感而后应",是体道者的修为。稷下道家讲的"感而后应"则是君术,是谓"有道之君,其处也,若无知。其应物也,若偶之。静因之道也"(《管子·心术上》)。这"静因之道"正是一种模拟感应的设计,即令人君处事也能像真人接物那样"感而应,迫而动"。其实质,就是将"无为"从体道者的实践转化为人君治国的操术。此项操术,就其强调放弃主观的预设与取舍,纯以"静因"的姿

---

① 陈丽桂:《战国时期的黄老思想》,联经出版事业有限公司1991年版,第137页。

态应事来看,的确有渲染君心莫测、"四海之人孰知其则"(《管子·心术上》)的用意。但道家更强调的是"执其名,务其应,……此应之道也"(《管子·心术上》),即令统治者更少地主观作为,是为了让他们更多地因循刑名法度,以确保权力的合理使用。

所以,儒道二家对感应思维的运用,虽然侧重不同,但都有鲜明的理性诉求。一言以蔽之,就是从受感反应的角度,说明接物处事的合理方式。

三、施感响应

由此再看施感响应式的感应思维。前述君德感天,应以赏罚之命的原始信仰,就是以这种思维组织起来的。而此依附天命信仰的感应思维,在东周子学中仍有表现。如孔子,虽有自然天的观念,却也相信意志天对人事的感监响应(见《论语·八佾》《论语·雍也》)。上博简《鲁邦大旱》记鲁哀公问旱灾于孔子,子反问"邦大旱,毋乃失诸刑与德乎",也是基于人事感天、天命响应的质疑。① 此种想法,在墨子那里更为突出,他认为"天降寒热不节,雪霜雨露不时,……此天之降罚也"(《墨子·尚同中》),又说"施行不可以不董,见有鬼神视之"(《墨子·明鬼下》),则不仅肯定上天对人事的感监响应,更主张次一级的鬼神也是如此。

但总体看来,上述言说天命信仰的感应思维在诸子学中是逐渐弱化的。如楚简《鬼神之明》(很可能是墨子后学作品)有"鬼神有所明,有所不明"的讲法,正是对墨子所论鬼神感监人事的能力

---

① 王中江:《简帛文明与古代思想世界》,第114—115页。

抱有怀疑。又如《列子·汤问》愚公移山的著名故事中,愚公及其子孙的坚持不懈,令"操蛇之神闻之,惧其不已也,告之于帝,帝感其诚,命夸娥氏二子负二山,一厝朔东,一厝雍南"。这虽然还是从天命感应的角度讲故事,但值得注意的是:天帝"感其诚",并非直接被愚公所"感",而是来自蛇神的禀告,这与三代信仰中"监观四方"的"皇矣上帝"(《诗经·皇矣》)不同;另外,蛇神得知愚公移山,同样不是出于感应,而是听说,这也与墨子所论"深谿博林幽涧……鬼神视之"(《墨子·明鬼下》)不同。但最重要的,是愚公移山所以能感动上天并获得回应,不是靠移山的行动本身,而是行动背后的"诚",其本质是一种道德上的施感与响应。只是在早期信仰中,道德感应仍然附属于天命信仰,如《尚书·大禹谟》载禹征有苗,益赞其"惟德动天,无远弗届""至诚感神,矧兹有苗",就是相信诚德能够上感皇天,下感人民。但到《孟子·离娄上》言"至诚""能动"与"不诚""不动",《礼记·中庸》言"唯天下至诚为能化",主要是诚德对民众的感召,可见对道德感应的理解已经开始摆脱原始信仰的约束。

有趣的是,这种理性化的道德感应论,恰是在谶纬迷信盛行的秦汉时期被着重强调的。比如董仲舒,他所谓"废德教而任刑罚。刑罚不中,则生邪气;邪气积于下,怨恶畜于上,则阴阳缪盭而妖孽生矣。此灾异所缘而起也"(《汉书·董仲舒传》),是把"灾异"理解成政治不佳引起的机械式连锁反应的终端。因此看起来是讲天意对现实的神秘感应,实际却是在强调君德的重要性;后汉王符所谓"王者至贵,与天通精,心有所想,意有所虑,未发声色,天为变移。……是乃己所感致,而反以为天意欲然,非直也"《潜夫论·述赦》,也是把天意的感应视为君德引起的机械反应,最后甚至连"天意"的外衣都要扒掉。可见"灾异"虽为天降,但其发生的决定因素并不在天,而是在人。① 也就是说,它虽是人君与上天的神秘感应,但却取决于人君对百姓的道德感应。而弱化天命感应、强化道德感应,这个趋势不仅呈现在灾异思潮中,在符瑞信仰中也能看到。如董仲舒所谓"天瑞应诚而至。……皆积善累德之效也"(《汉书·董仲舒传》),这被刘向更清楚地表述为"人君苟能至诚动于内,万民必应而感移……故荒外从风,凤麟翔舞,下及微物,咸得其所"(《新序·杂事四》),显然不是真的相信"至诚"能感召凤凰、麒麟,而是要强调民众的"应而感移"。是故在道德感应中,不论怎样渲染人君对超自然力量的感通、感动,都不能回避对人的感化、感召。后者也正是儒家德治理论的核心。如孔子所谓"君子之德风,小人之德草。草上之风,必偃"(《论语·颜渊》),董仲舒所谓"王者有明著之德行于世,则四方莫不响应风化"(《春秋繁露·郊语》),正是把德治理解为人君以德施感,四海风从"响应"的道德感应。

不过秦汉时期,并非只有儒家才讲道德感应,有道家倾向者亦然。因此在上述至诚感应论之外,还有个精诚感应论。如《淮南子·泰族训》以殷高宗居丧三年不言,言则"大动天下"为例,将圣王对外界的德行感召解释为"圣人者怀天心,声然能动化天下者也。精诚感于内,形气动于天,则景星见,黄龙下,祥凤至,醴泉出,嘉谷生,河不满溢,海不溶波"。此"精诚""形气",皆就道家所谓"精气"来说,即圣王"怀天心",能感动自身的精气("精诚感于内"),精气形现于外("形气"),则能感动上天("动于天")。因此出于"天心"的感应,就被具体落实为"精气"或"精诚之气"的感召。而这,虽然还是会引出龙凤之类的神秘瑞应,以及景星、甘泉、嘉谷等美好的自然现象,但主要是对人来说的道德感应,如《庄子·渔

---

① 徐复观:《两汉思想史》(二),九州出版社2014年版,第370—371页。

父》所谓"不精不诚,不能动人"。至《淮南子·主术训》所谓"君人者,其犹射者乎?于此毫末,于彼寻常矣。故慎所以感之也。……县法设赏而不能移风易俗者,其诚心弗施也",更是用精诚感应来解释政治实践。通过将"君人"比喻为射箭,就能将治理看成以君为始端、民为终端的发射—回应机制。那么,求治就是施感,如果终端没有"移风易俗"的响应,只能说明始端的"诚心"没有向外施感。

由上,可知儒道对施感响应之思维模式的运用,都旨在说明德治的重要性。此种治理,如果能说是榜样或魅力之治的话,恰是以感应为发挥效用的原理所在。是故,中国古人以感应思维"讲道理",不仅涉及接物处事的道理,也涉及为政求治的道理。

四、交感相合

现在,再来看交感的思维模式。与受感、施感不同,交感思维不再以人事为中心,而是要把包括人在内的万有构建成以感应为关联的系统。其在战国秦汉时期,主要有两个典范,一是由《吕氏春秋》十二纪、《淮南子·时则训》《礼记·月令》等建构并由董仲舒完成的节历系统,另一则是由《易传》所代表的象数系统。它们所反映的理性诉求,就是说明宇宙万有生成与变化的法则和原理。因此交感系统的确立,无疑是古人以感应思维"讲道理"的重要飞跃,那就是由人事之理上升到天道之理。

先看节历系统。其中,生成问题首先是以天地二气的交感来解释的,如《吕氏春秋》所见,正月立春"天气下降,地气上腾,天地和同,草木繁动"(《吕氏春秋·孟春纪》),立冬十月"天气上腾,地气下降,天地不通,闭而成冬"(《吕氏春秋·孟冬纪》)。"交感"的

"交",从《说文解字》将"霝"说成"地气发,天不应",将"霖"说成"天气下,地不应"来看,正是一种双向作用;"交感"的"感",作为天地二气的感应,又尤其是指"阴阳相摩"或"阴阳错合"的感应。这种看法,大概是沿袭了先秦道家"至阴肃肃,至阳赫赫;……两者交通成和而物生焉"(《庄子·田子方》)的观点,并能上溯到《老子》第42章说的"万物负阴而抱阳,冲气以为和"。因之,古人描述阴阳交感的基本概念就有"合"与"和"。"合"指交感的过程,重点是相反者感而趋合;"和"则指感合的结果,即令万物滋生的阴阳和谐状态。不过,"和"只是阴阳感"合"的状态之一,所以也有"合"而不"和"即阴阳斗争的状态。如《吕氏春秋》论夏至"阴阳争,死生分"(《吕氏春秋·仲夏纪》),冬至"阴阳争,诸生荡"(《吕氏春秋·仲冬纪》)。

相对于阴阳交感之"和"被用于说明生成,其交感之"争",则被用于解释变化。这一点,在董仲舒那里尤为突出。与《淮南子》相似,他也将春分、秋分阴阳二气的交感描述为"和",并进一步说成"阴阳之平"(《春秋繁露·循天之道》)的平衡态;但与《吕氏春秋》不同,他并不以"争"描述冬至、夏至的阴阳对立,而是称为"中"。这当然是因循了儒家贵"中"的传统,但更是要强调"阴阳争"是有限度的,即"不得过中,天地之制也"(《春秋繁露·循天之道》)。是以,阴与阳非但不能消灭对方,反倒是盛极时感合相反者才有消息运动——这既是从方位上说,阳气自北之南"盛极而合乎阴",阴气自南之北"盛极而合乎阳";也是从时间上说,"阴与阳,……夏交于前,冬交于后……并行而不同路,交会而各代理"(《春秋繁露·天道无二》《春秋繁露·阳阳出入》)。所以,阴阳交感除了有均势和谐的状态("和"),也有强弱对立的状态("中"或有限度的"争")。后者与变化相关,就在于自然界最基本的变化,即阴与阳的"代理"或循环,正是靠"盛极而合"的"交会"实现的。这样,就能看到节历系统如何以交感思维来解释万有的生成与变化,那就是,阴阳感合是从冬至时盛阴合阳的"中"(斗争交感)发展到春分时阴阳平衡的"和"(和谐交感),从夏至时盛阳合阴的"中"发展到秋分时阴阳平衡的"和",是谓"两和之处,二中之所来归"(《春秋繁露·循天之道》)。

由此再看《易传》的象数系统。与节历系统不同,它首先是一个符号系统,所以对感应的论说是以卦、爻符号为起点。比如《咸》卦,据研究,卦名之"咸"即与交感作用相关①,故彖辞明确将"咸"解释为"感",指的是"二气感应以相与",即以《咸》为感应卦,代表着刚柔、天地及阴阳二气的交感生物。此外,按彖、象辞所谓"天地交,而万物通也""天地不交,而万物不通也",可知《泰》《否》也是感应卦,其上下卦模拟的是天地交感。至于刚柔交感,需要特别注意,它是节历系统中没有的感应模式,指爻的交感。按今井宇三郎的研究②,这一方面是指刚爻与柔爻的感应,如《师》《临》《睽》《鼎》等卦彖辞论其二、五爻的"刚中而应""柔得中而应";另一方面,是只有一个"—"爻或"- -"爻的卦中,其他五爻与此单爻相感应,如《比》之彖辞"不宁方来,上下应也",是九五爻与诸爻相应;《同人》之彖辞"同人,柔得位得中而应乎乾",是六二爻与诸爻相应。今井氏尤其强调,这后一种刚柔相应,因为不是一应一,而是多应一,已经不适合用刚柔范畴来描述,而应诉诸更为抽象的阴阳范畴,即一阴与五阳相感,一阳与五阴相应。

据此,《易传》对交感的言说,就是从刚柔交感走向阴阳交感。

---

① 贡华南:"'咸':从'味'到'感'——兼论《咸》卦之命名",《复旦学报》(社会科学版)2007年第4期。
② 小泽野精一等编:《气的思想:中国自然观与人的观念的发展》,李庆译,上海人民出版社2014年版,第97—114页。

如所谓"日往则月来,月往则日来,……寒往则暑来,暑往则寒来,……往者屈也,来者信也,屈信相感而利生焉"(《易传·系辞下》),就是以日月、寒暑为阴阳的自然表象,其一"往"一"来"被说成"屈信相感",就是阴阳以交感的方式消息循环,也即"一阴一阳之谓道,继之者善也,成之者性也"(《易传·系辞上》)。在这个意义上,可以说象数系统与节历系统对交感的思考是殊途同归的。只不过,相比后者对交感本身的关注,前者更强调交感的场域,如所谓"天地设位,而易行乎其中矣"(《易传·系辞上》)、"乾坤其易之门邪?乾,阳物也;坤,阴物也;阴阳合德,而刚柔有体,以体天地之撰,以通神明之德"(《易传·系辞下》),正可见"易"作为天地或乾坤场域内的运动,实质就是"阴阳合德"的交感。此一交感,《易传·系辞上》亦以"形而上者谓之道,形而下者谓之器"描述,指的就是"易"或交感运动在天地框架中的表现。"形而上"即抽象表现,也即交感的原则,就是"道"或天道;"形而下"则为具体的表现,也即交感的产物,就是"器"。

　　以上,分别指出了交感的两个系统,其宗旨就是要对天道如何成就万有,提供合理性的说明。如节历系统中,谈论阴阳感"合"之"和"与"盛极而合"的"中",就是把春生、夏长、秋收、冬藏视为必然,故强调四季皆有当行之令,令与时违则见异常(见《淮南子·时则训》)。这不是神秘的灾异感应,正是根据阴阳交感的必然趋势来作预见,因此其理性诉求就是要揭示天道的法则义。再就象数系统来说,其理性诉求更是要揭示天道的原理义,如所谓"易与天地准,故能弥纶天地之道。……是故知幽明之故。原始反终,故知死生之说"(《易传·系辞上》),这"天地之道"——作为阴阳交感的易道——既是一切可见与不可见之运动的根据("幽明之故"),也是生灭变现从何而来、到哪里去的理由("死生之说")。

五、类感相召

最后,来谈类感相召的思维模式。相对受感、施感的思维是在人事的层面"讲道理"(接物、处事与求治),交感思维是在天道的层面"讲道理"(成就万有的规律与原理),类感思维则主要是在沟通天人的层面"讲道理",也就是为中国古人推天道以明人事的基本思路提供合理性的论证。

要强调的是,这种思维不但重要,更是其他感应思维的基础。因为在经验界中,类感现象最为明见,所以很适合被当作理解感应的范例。如荀子将"水就湿""火就燥"等关联出现的情况称为"物各从其类"(《荀子·劝学》),就是指同类相感,并且是经验上最明见的例子。还有本文最初提及的"同声相应,同气相求",也是秦汉思想界描述感应现象的常备例证。但更重要的是,类感一般被理解成以气为主导的自然感应,就其神秘色彩最少而言,最利于观察感应的原理。如《淮南子·览冥训》说的"物类之相应,玄妙深微,知不能论,辩不能解",看似强调类感的神妙,实际是要肯定其背后有某种"或感之"与"或动之"的作用原理,也即"阴阳同气相动"(《淮南子·览冥训》)。同样,董仲舒也曾以阴阳类感说明求雨的方法,这看似荒谬,也是要强调感应作用有"动阴以起阴""动阳以起阳"的原理,故说"致雨非神也,而疑于神者,其理微妙也"(《春秋繁露·同类相动》)。此外,从王充引述"同气共类,动相招致"(《论衡·寒温》)的成说看,"同气"是类感的实质,应为早期中国的一般理解。而这尤为王充所重。他强调将事物的"同类通气,性相感动"(《论衡·偶会》)区别于偶然的会合,前者如"顿牟掇芥,磁石引针"(《论衡·乱龙》),是同性相吸的自然作用,后者则只是"异气殊类"(《论衡·骨相》)的偶然相遇,并非类感使然。

鉴于类感的明见性与自然性,正好被用来解释其他感应模式的机理。比如受感反应式,《礼记·乐记》在援引荀子"正声感人而顺气应之""奸声感人而逆气应之"的说法后,强调"各以其类相动也",就是以类感解释血气受音声感动的反应。再看施感响应式,荀子说"君子洁其身而同焉者合矣,善其言而类焉者应矣"(《荀子·不苟》),正是以同类相感描述道德感应的机理。类似的,《易传·系辞上》说君子言行善"则千里之外应之",不善"则千里之外违之",《吕氏春秋》所谓"成齐类同皆有合,……祸福人或召之也",也都是肯定德行的施感必有同类响应。并且,这不仅涉及儒家的诚德施感论,也能解释道家的精气施感论。如《淮南子》肯定人君"精诚感于内,形气动于天"的感召力,就是以"寒暑燥湿,以类相从;声响疾徐,以音应也"(《淮南子·泰族训》)的类感为依据。

至于交感,虽然关注的是异性相合的问题,但仍要以类感为基础,因为要将天地或阴阳感合视为支配万有的普遍原理,必须假定产生交感作用的两个范畴——其各自的成员——必须作用同步,这才能确保交感的普遍性。如象数系统讲"天地感""天地交",这种作用是普遍的,当然要求"天""地"各自范畴内的东西步调一致,故《易传·文言传·乾文言》论述"水流湿,火就燥,云从龙,风从虎"时强调把天地分为二类,每类成员或"亲上"或"亲下",首先具有"从其类"的同步作用。同样,节历系统在十二纪中讲阴阳交感,也是以类感论证阴阳各自范畴内的作用同步。比如《淮南子·天文训》所论"日者,阳之主也,……月者,阴之宗也,……物类相动,本标相应,故阳燧见日则燃而为火,方诸见月则津而为水",就是将万物划分为阴阳二类来讲感应。对此,董仲舒的论述更为清楚。他明确按照阴对阴、阳对阳的类感原理,将传统宗教性的天人感应转化为以"天人同步"为核心的自然感应。由此,才能说天道领域的阴阳交感("天有阴阳")与人事领域的阴阳交感("人有阴阳")是同一种作用,也才有普遍性可言。

可见,类感不仅用于阐明受感与施感的机理,对交感的证成也不可或缺。但类感思维的重要性尚不仅限于此,因为其他三种感应思维虽然能用于刻画人事和天道的运作机理,但这两种机理是否相通,即是否能够推天道以明人事,还要靠类感思维来回答。如《吕氏春秋·应同》阐述"类固相召"时,一方面强调"物之从同,不可为记",即以同类感应是自然界的普遍现象,这是讲天道;另一面,又强调"因天之威,与元同气",即以统治者应与天元或元气保持同步,则确立了天道之于人事的指导。不过,元气还是阴阳未判之气,这种意义的天人"同气",与董仲舒所论分阴分阳的天人"同气"不同。但董氏之所以这样讲,实际是为了让天道对人事的指导更加明确。那就是,根据天人"以类合之"的原则,可知天道的尊阳卑阴与人事的重德轻刑属于同类(见《春秋繁露·阴阳义》),所以就能用同类相感来说明推行德政的理由。至于王充,他虽然多次批评董仲舒,却并不质疑董生以阴阳"同气相动"解释天人感应的基本思路,而是要对这种感应做更严格的限定。那就是,只许天以气感人,不许人以气感天(见《论衡·变动》)。这大概正是有见于汉代盛行的符瑞灾异说就是以人感天、天应人的思维模式组织起来,则强调人对天只能受感,不能施感,就能将虚妄的主张从天人感应的理论中剔除,以维护其合理性。

论述至此,就基本说明了感应思维的四种模式,并足以表明它们正是中国古人"讲道理"的基本思维,那就是:一、以受感与施感的模式,在人事层面"讲道理"(如何接物、处事和求治);二、以交感的模式,在天道层面"讲道理"(成就万有的法则、原理是什么);三、以类感的模式,在沟通天人的层面"讲道理"(为何要推天道以明人事)。是故可知,感应思维正是中国思想表达理性诉求的重要载体。当然,不能对这种思维的意义无限夸大,它毕竟只是中国思维的形式之一。但也应该看到,除了本文所述的早期中国外,在历代的医书、史书与思想著作中,仍然不乏以感应来说事论理的案例。乃至今日中国,虽然科学技术主导了人们的观念生活,但感应思维,尤其是天人感应的思维,依旧存在影响。这些情况,足以表明感应思维对中国心灵的塑造具有实质作用。而承认这一点,就很难相信它只是附属于原始信仰的思维。正如李约瑟指出的:"中国人关联式的思考绝不是原始的思想方式。也就是说,它绝非处于逻辑的混沌,以为任一事物皆可作为其他事物的原因,而让魔术师纯粹的幻想来指导人们的观念。它的宇宙,是一个极其严整有序的宇宙,在那里,万物间不容发地应合着。"[①]——这虽是对关联思维并非原始的辩护,但明显是在谈论感应。也正因此,对中国思维重关联之特征的把握,必须紧扣感应,才能言之有物。

[①] 李约瑟:《中国古代科学思想史》,陈立夫主译,第 354 页。

附 录

回到冯友兰：从"讲哲学"
看中国哲学

  毋庸讳言，人们对中国哲学未来走向的理解，分歧往往多于共识。这固然能说是一门年轻学问尚在摸索阶段的正常现象，但如果始终停留在争议多、共识少的状态，也可能超出学术发展的常规，危及学问本身。当然，这并不是说一定要有中国哲学，可总该对这门学问的成立之道做出竭力探索，再考虑是否另寻途径的问题。但实际上，排斥哲学进路的倾向，从章太炎开始算的话，比中国哲学的学科历史还要长；近十多年来，又尤其体现在要对经学与哲学的关系做重新反思的愿望中，比如认为回归经学才是中国哲学的未来所在，或干脆主张甩开中国哲学另设一经学学科。[①] 凡此是否可能，自有时间检验，但也的确构成一种促迫的力量，要求中国哲学的研究者对其工作的性质和意义有更确切的把握；而这，也就再次引出了那个最初始的问题，什么是中国哲学？本文所述，就是对此问题的一个回答，但主要是谈冯友兰的看法。这样做，不仅因为冯友兰是建构中国哲学的先行者，更在于他对这门学问的理解——尤其是新理学系统反复申说的"讲哲

---

① 详见本文第八节"中国哲学与传统经学"。

学"的观念——在今天仍然是极具启发却又未被消化的。① 因此，回到冯友兰，特别是回到"讲哲学"的观念，将使我们对中国哲学的未来看得更加清楚。

一、哲学与哲学的观念——"讲哲学"

所谓"讲哲学"，首先"讲"的就是哲学是什么。那么要知道冯友兰如何看待中国哲学，自然应该从"讲哲学"谈起。但这种谈问题的方式或许已经让人感到困惑，因为哲学的概念向来没有公认的界定，则根据哲学是什么来说明中国哲学是什么，可能会使问题更加复杂，甚至还会引起循环论证。

比如某人肯定中国哲学是哲学时，可能只在于对哲学的理解是宽松的，尤其是没有对哲学与非哲学的严格划界，那么得出中国哲学是哲学的判断，就应归结于他头脑中呈现的"哲学"本身就足以容纳中国哲学。用这种包含中国哲学的哲学概念说明中国哲学是哲学，则明显是循环论证。但另一方面，当某人否定中国哲学是哲学时，同样存在陷入循环的风险。因为得到这个否定判断，可能

---

① "讲哲学"代表着冯友兰对哲学与中国哲学概念本身的思考，但以往对冯友兰之于中国哲学的贡献的研究，最常关注的还是方法论而非哲学观的问题。参见张立文："中国哲学的'自己讲''讲自己'——论走出中国哲学的危机和超越合法性问题"，《中国人民大学学报》2003年第2期；刘笑敢："反向格义与中国哲学方法论反思"；柴文华："论中国哲学史学科的创立及其诠释框架"，《哲学研究》2008年第1期；李景林："正负方法与人生境界——冯友兰哲学方法论引发之思考"，《中国社会科学》2010年第6期等。当然，在中国哲学合法性问题的讨论中，也有论者尝试从冯友兰的哲学观中寻求出路，参见李翔海："新理学与中国哲学的现代重建"，《中州学刊》1995年第3期；陈来："中国哲学的近代化与民族化——从冯友兰的哲学观念说起"，《学术月刊》2002年第1期；柴文华："论冯友兰的中国哲学观——纪念冯友兰先生诞辰110周年"，《河南师范大学学报》（哲学社会科学版）2005年第1期。但多数论者并未充分重视冯友兰的意义，尤其是没有考虑他们与冯友兰所谈的是不是同一个中国哲学。

只在于对哲学的理解是紧缩的,尤其是对哲学与非哲学有严格的划界,以至预先就将中国哲学排除在外。而用这样的"哲学"说明中国哲学不是哲学,无疑还是循环的,且此循环论证的另一形式就是主张只有西方哲学是哲学。总之,在哲学包括什么、不包括什么的划界判断中,上述循环是常见的,需要知道的是造成循环的原因。或许可以这样看,就是关于中国哲学是不是哲学的判断,讲的并不是中国哲学与哲学本身的关系,而是中国哲学与某种哲学的观念的关系。也即,说中国哲学是不是哲学,实际说的是中国哲学是否符合某种哲学的观念。因为这类观念或松或紧,已然容纳或排斥了中国哲学,则由此得出中国哲学是不是哲学的判断,一定是循环论证。

问题是,哲学的观念不等于哲学,以某种哲学观念解释中国哲学会陷入循环,从哲学本身来看却未必如此。因为哲学的观念虽因人而异,但正如冯友兰强调的,哲学本身是普遍的,只有一个哲学。① 所以谈论中国哲学是不是哲学,首先要绕开不同的哲学的观念,回到普遍的哲学本身。但怎么知道有一个普遍哲学呢?从这个问题入手,就能看到冯友兰之"讲哲学"的独特意义。虽然宽泛来说,"讲哲学"是"讲"哲学是什么,但在新理学的系统中,冯友兰要"讲"的并不是哲学的实质界定,比如哪些问题、主张算是哲学,哪些不算;而是要从"讲哲学"必有所"讲"对象这个纯粹形式的意义上,肯定有一个普遍哲学或能被普遍谈及的哲学。应该说,没有这个本体论的承诺,就不可能将各种内容上不同的"讲哲学",在形式上判定为都是在"讲哲学"。所以冯友兰的"讲哲学",正可说是

---

① 此即冯友兰所论作为一切实际哲学之"类"或"理"的哲学或本然哲学,参见冯友兰:《三松堂全集》(第五卷),第174页;《三松堂全集》(第六卷),第47页。

绕开哲学观念的多样性,回到哲学本身的一种方式。而对他自己来说,"讲哲学"也正是谈论一切与哲学相关问题的基本思路,那就是从形式上肯定有一个被"讲"的哲学,到"讲"这个哲学的普遍形式。

为何始终只谈"形式"?因为一旦涉及哲学之"内容",比如某种哲学问题、哲学主张,就很难区别所"讲"的究竟是哲学还是哲学的观念。所以冯友兰眼中普遍哲学的普遍性,首先是就哲学的普遍形式来说。这一点,在金岳霖对冯著《中国哲学史》的"审查报告"中早有洞见,他认为冯友兰讲的主要是"发现于中国的哲学"或"哲学在中国",即承认一个普遍哲学。而其普遍性,在"形式"上的立意更为重要,是谓:

> 哲学有实质也有形式,有问题也有方法。……冯先生既以哲学为说出一个道理来的道理,则他所注重的不仅是道而且是理,不仅是实质,而且是形式,不仅是问题而且是方法。①

不过,金岳霖所谓哲学的"形式",主要是就"方法"或论证形式来说。冯友兰所理解的"形式",则是从"讲哲学"的角度看到的哲学的一般样态。具体言之,虽然哲学的观念可以不同,但"讲哲学"的可能不外两种②,就是冯友兰说的:

A. 在哲学内讲哲学
B. 在哲学外讲哲学

---

① 冯友兰:《三松堂全集》(第二卷),第 897—898 页。
② 冯友兰:《三松堂全集》(第五卷),第 178 页。

普遍哲学的"形式",就是从"在内"与"在外"这两个角度看到的哲学的一般样态。

"在内"地"讲",或说是内涵地"讲",主要是谈论哲学这门学问相对于其他学问,有没有学理上的独立性,所以要"讲"的主要是哲学的对象、方法与知识,亦即凡是号称"哲学"的学问,必须在形式上有独特的对象、方法,并能提供不可替代的知识;至于"在外"地"讲",或说是外延地"讲",是把哲学本身视为一种事物,谈论它有没有存在的合理性。这时,要"讲"的主要是哲学包括哪些类型或系统,以及判定每种系统之优劣的标准。因此凡是号称"哲学"的学问,必须在形式上属于确定的类型并遵从相同的判定标准。现在,就让我们跟随冯友兰的"讲哲学",看他对哲学在学理上的独立性与存在上的合理性有怎样的论述。由此,才能有意义地谈及中国哲学。

二、哲学与科学——"在哲学内讲哲学"

"在哲学内讲哲学",如前述,主要是谈论哲学是否能被视为一门独立的学问。在冯友兰,又主要是相对科学尤其是自然科学来"讲"。他认为,虽然科学最先是从哲学中分出,但将"哲学"一名的外延缩到最小,仍有与科学种类不同者,是谓"最哲学底哲学"[①]。其与科学之别,正就对象、方法与知识来说。

在冯友兰,对象皆可宽泛地称"有"。"有"的"大全"或"最高类"叫"真际",这是指事物的普遍形式,如一切方物之方本身。冯友兰强调,此一普遍形式是真实而未必实在的,真实且实在的,如

---

① 冯友兰:《三松堂全集》(第五卷),第12页。

各类方物,则被称为"实际"。因此,"真际"与"实际"就构成一抽象与具体的关系。但严格说来,乃是逻辑种属关系,即"真际"是以"实际"为分子的"类",比如方是各类方物的共类,前者就是"真际",后者则为"实际"。如果方本身不包含任何分子,即只有方本身而无各类方物,则方本身为一空类,这叫"纯真际"。但冯友兰后来放弃了"纯真际"的说法,这还是要强调"真际"作为"实际"的"类",只是形式概念,而形式并无"纯"与"不纯"之分。① 不过,作为"真际"之类分子的"实际",并不等于"实际底事物"②,则"实际"亦是类,惟须以事物为分子而不能为空。因此如果说"实际底事物"与"实际"是具体物与具体物类的关系,"实际"与"真际"则应是具体物类与类本身的关系。那么就能看到,冯友兰眼中的对象域是由个体("实际底事物")、物类("实际")和类本身("真际")三个层次构成。

虽然哲学讨论不能脱离"实际"和"实际底事物",但在冯友兰看来,只有作为普遍形式或类本身的"真际"才是哲学的对象,是谓"哲学对于真际,只形式地有所肯定,而不是事实地有所肯定。换言之,哲学只对于真际有所肯定,而不特别对于实际有所肯定"③。这正是把哲学看成一门研究万事万物之普遍形式或形式规定性的学问。而这,就是冯友兰眼中"最哲学底哲学"区别于科学的地方。在他看来,科学才是以"实际"或实际物类为对象。因此我们除了能有"这是方的"这种关于实际事物的肯定,也能对凡属于方物之类的东西做出肯定,即便"我们并不知其数目果有若干,但我们是

---

① 冯友兰:《中国现代哲学史》,第 203 页。
② 冯友兰:《三松堂全集》(第五卷),第 16—19 页。
③ 冯友兰:《三松堂全集》(第五卷),第 17 页。

将其总括而一律思之。如此,则这个判断,这个命题,即是及于实际者,……科学中之命题,大都类此"。相反,哲学中的命题则是关于"真际"的,比如从方物之类进一步上升,思考方物之类本身或"方底物之所以为方者",则"不是及于实际而是及于真际者,即不是对于实际特别有所肯定,而是对于真际有所肯定。哲学中之命题,大都类此"。① 是故,越多肯定"真际",就越接近"最哲学底哲学"②。

但哲学不同于科学,除就以"真际"为对象来说,还有因对象不同决定的方法差异。因为哲学关注的既然是抽离实例的类本身或普遍形式("真际"),势必要诉诸理智而非经验。不过在程序上,哲学也必须从经验出发,是"由分析实际底事物而知实际。由知实际而知真际"③。但哲学对经验对象的处理,即所谓"分析",不同于科学的实验方法。后者是"物质底"分析,是将一事物分析为诸种物质元素(如原子、电子);前者则是"理智底"分析,是把一事物分析为诸种特性元素(如方性、红性)。④ 至于"由分析实际而知真际",固然能说是出于经验而超越经验,但就其作为"分析"来说,不是神秘体验,而是逻辑。这也是冯友兰的一个基本观念,即不论神秘体验的价值多高,都不能视为哲学的方法。哲学是要讲道理,讲道理必依逻辑。⑤ 但正如冯友兰说的"依逻辑底讲确切底学问,都是科学。如果所谓科学是如此底意义,则哲学亦是科学"⑥,又怎能说逻

---

① 冯友兰:《三松堂全集》(第五卷),第29—30页。
② 冯友兰:《三松堂全集》(第五卷),第18页。
③ 冯友兰:《三松堂全集》(第五卷),第19页。
④ 冯友兰:《三松堂全集》(第五卷),第31—32页。
⑤ 冯友兰:《三松堂全集》(第二卷),第16—17页。
⑥ 冯友兰:《三松堂全集》(第五卷),第12页。

辑是哲学独有的方法呢？实际上,这是就哲学与自然科学的差别来说,后者的方法主要是经验归纳,而哲学的方法,即所谓"依逻辑",乃是演绎。演绎不必定诉诸经验,因为从真前提不可能得出假结论,在形式上必然有效。

既然哲学有独特的对象("及于真际")和方法("依逻辑"),其提供的知识也必有独特之处。如前述,哲学是要"知真际",并且靠的是演绎,则其所得者只能是"形式底、逻辑底而非事实底、经验底"①知识,也就是关于类本身的知识。这种知识,在新理学的系统中又尤其是对"义理"的知识。因为按冯友兰之见,"所谓某之类,究极言之,即是某之理"②,亦即类本身代表着一类事物成其所是的形式规定,而此形式规定就是"义理"。今人指责冯友兰对"义理"的理解太狭隘,尤其忽略了古代经书中的"义理",不过是想当然地把经书传达的价值理念视为"义理"。但"义理"既是"形式底、逻辑底",就并非冯友兰看不到"经注义理",而是不可能把"经注义理"视为"义理",因为价值观恰恰是"事实底、经验底"。所以,指责冯友兰对"义理"的理解是狭隘的,实际是在否定"义理"的形式普遍性。但既然哲学是要探究"形式底、逻辑底"知识,则欲将经书中"事实底、经验底"价值理念也归入"义理"范畴,就等于否定哲学。因此从"讲哲学"的立场看,"经注义理"这个说法本身就不成立。此义后文还要再谈,这里只谈如何理解"义理"。

严格说来,"义理"尚不等于"理",而是"理之义",是指各种"理"以"蕴涵"关系构成的系统。③ 所谓"蕴涵",冯友兰明确指出就

---

① 冯友兰:《三松堂全集》(第五卷),第 16 页。
② 冯友兰:《三松堂全集》(第五卷),第 32 页。
③ 冯友兰:《三松堂全集》(第五卷),第 165 页。

是逻辑上"如果——则"的蕴涵。① 比如"人之理蕴涵动物之理",其逻辑形式即($\forall$ x)(Mx→Ax)(M表示人;A表示动物),应读作任一x,如果x是人,则x是动物。对"蕴涵"的强调,其实还是要强调对"义理"的知识不是"事实底、经验底",因为知道"人之理蕴涵动物之理",不必知道某人是动物,甚至不必不知道世界上有没有人存在,此即冯友兰所谓"实际"蕴涵"真际",但"真际"并不蕴涵"实际"的意思。② 然而对科学尤其是自然科学来说,其陈述既是"及于实际"的,则其提供的就主要是经验知识。也正因此,科学知识和哲学知识又有实用与不实用之分,如冯友兰所谓"科学中之命题,我们可用于统治自然,统治实际,而哲学中之命题,则不能有此用,因其对于实际,并无主张,并无肯定,或甚少主张,甚少肯定"③。但即便如此,说哲学知识不实用也只是说不能用于满足功利性的需求,而人的需求显然并不只有功利方面。所以,哲学知识之不实用绝不等于彻底无用,正如在冯友兰看来,对"真际"的理解无论对提升个人的修养还是培育民族精神,都有重要贡献。这也是后文要指出的,"讲哲学"除了是"就哲学说",还有个重要维度是"就哲学对于一般人底影响说"。④ 中国哲学的概念,正是在此维度上提出的。

由上,可知冯友兰的"在哲学内讲哲学",就是从哲学以"真际"为对象、以逻辑为方法、旨在探究关于"义理"("真际"或类本身代

---

① 冯友兰:《三松堂全集》(第七卷),中华书局2017年版,第523页;《三松堂全集》(第五卷),第30页。
② 冯友兰:《三松堂全集》(第五卷),第30页。
③ 冯友兰:《三松堂全集》(第五卷),第20—21页。
④ 冯友兰:《三松堂全集》(第六卷),第51页。

表的万事万物的形式规定)的知识三个方面,谈论哲学在学理上区别于其他学问(尤其是自然科学)的独立性。

三、本然哲学与实际哲学
——"在哲学外讲哲学"

接着再来看冯友兰的"在哲学外讲哲学"。如前述,这是将哲学本身视为一类事物时谈论其存在的合理性。按他所说,哲学要讲的是"理",但将哲学视为世界上的一类事物,其自身也有得以存在的"理"。如果关注的是哲学所谈的万事万物的"理",这叫做"从哲学的观点看宇宙";但如果关注的是哲学本身得以存在的"理",那就叫"从宇宙的观点看哲学"。[①] 所谓"在哲学外讲哲学"或"从宇宙的观点看哲学",就是要探究哲学之为一物的成立根据。

而最先要强调的,是哲学得以成立的"理"并不等于哲学所要讲述的"理"。也就是说,一门学问是否成立,不在于它研究什么,而在于能否提供对研究对象的真知。就像物理学、心理学,作为一门学问成立与否,不在于研究物理还是心理,而是能提供关于物理或心理的真知。同样正如冯友兰所见,哲学之为哲学也不在于它"说底义理"[②],而在于它对"义理"有一些本然为真的说法,或提供了一系列谈论"义理"的真语句。这些真语句的集合,就是冯友兰所谓"哲学之本然系统"或本然哲学。[③] 但亟待强调的,是这个本然哲学绝非主观的预设,而是对任何一门学问来说,只要关于其对象

[①] 冯友兰:《三松堂全集》(第五卷),第178页。
[②] 冯友兰:《三松堂全集》(第六卷),第165页。
[③] 冯友兰:《三松堂全集》(第五卷),第174页。

有一些本然为真的陈述，就都有各自的"本然系统"，只是这些本然为真的陈述事实上未必已经被说出。打个比方，"本然系统"犹如考试的标准答案，虽未必能在考生的回答中讲出来，却是判断考生答案是否正确的依据。同样，本然哲学作为对"义理"本然为真的讲法，就是判断人们对"义理"的实际言说——包括实际的"一家一家底哲学系统""一种一种底哲学系统"[①]——也就是实际哲学是否成立的依据。若无此依据，对"义理"的任何胡说都是可接受的，也就不存在哲学这门讲"义理"的学问。是故，冯友兰特别强调本然哲学是实际哲学得以存在，或得以被视为一门学问的"理"[②]，也就是以本然哲学为实际哲学是不是哲学的规定。

但本然哲学对实际哲学的规定，不仅是规定后者言说"义理"的真假，更规定着实际哲学的具体内容。就前一规定来说，冯友兰讲的是"相合"，是指实际哲学对"义理"的言说若符合本然哲学则真，违背则假，故本然哲学即"绝对真理"[③]，亦即关于"义理"的所有真句子的集合；就后一规定来说，冯友兰讲的是"代表"，即实际哲学对"义理"的言说不是任意的，必须在内容上"代表或拟代表某种本然哲学系统"[④]，也就是把实际哲学视为本然哲学的例子。那么本然哲学就不仅属于"真理"，而且属于"真际"。要理解这一点，先要知道这两种"真"的区别，正如冯友兰所说：

  在中国语言中，真字及假字皆有两个意义，都是我们所常用者。我们说：这个桌子是真底，不是假底。我们亦可说"这

---

① 冯友兰：《三松堂全集》（第五卷），第174页。
② 冯友兰：《三松堂全集》（第五卷），第178页。
③ 冯友兰：《三松堂全集》（第五卷），第166页。
④ 冯友兰：《三松堂全集》（第五卷），第174页。

> 个桌子是真底,不是假底"这一句话是真底不是假底。此两处所谓真及假之意义,完全不同。……所谓真际之真,大致是就真之前义说。……真即真实,而真际之真,则可以只是真而不是实。在此所举例中(笔者按,指"这一句话是真底不是假底"),真之后义,即普通所谓真理之义。①

如上,"'这个桌子是真底……'这句话是真底……"中的两个"真"字用法不同,前者相当于"真际"之"真",后者则相当于"真理"之"真",其意思可以这样理解:一方面,"这个桌子是真底"的"真"("真际"之"真")是从物之真,表示某物是真实的(it's real);另一方面,"这句话是真底"的"真"("真理"之"真")是从言之真,表示一个句子是真的(it's true)。因此冯友兰要说的就是本然哲学不仅规定了实际哲学之语句的真假(true or false),更规定了这些语句所表达内容的真伪(real or unreal)——也就是对"义理"的实际言说在内容上算不算哲学。

就后一规定而言,本然哲学可说是属于"真际",实际哲学则可说是属于"实际"。因为"真际"是类本身,是形式;"实际"是具体物类,是例子;所以实际哲学不仅要在"真理"上与本然哲学的说法"相合",更应是"真际"中的本然哲学的"代表"。此所谓"代表",就是具体物类("实际")对类本身("真际")的"代表",如冯友兰说:

> 一种哲学系统有一类,属于一种哲学系统之一家一家底哲学系统,是其类之实际底分子。一种一种哲学系统之类之上又有一共类,此共类之理,即"哲学系统"或"哲学"。"哲学"

---

① 冯友兰:《三松堂全集》(第五卷),第166页。

是各种哲学系统之极。①

回顾前述冯友兰讲的三层对象域,可说各家哲学属于具体物的层次,各种哲学属于具体物类的层次,本然哲学则属于类本身的层次。因此,实际哲学是以本然哲学为其类。而既然"所谓某之类,究极言之,即是某之理",则本然哲学又可说是规定实际哲学的"理",也就是实际哲学被称为"哲学"的根据,此即"'哲学'是各种哲学系统之极"的意思。

但冯友兰所谓"哲学之一类物,亦有其理",始终只是讲实际哲学作为"一类物"的存在之"理"。就像询问物理学、心理学作为"一类物"的"理"时,实际问的只是人们关于"物理""心理"的实际言说,即实际的物理学、心理学是否成立的问题。至于"本然系统",只要关于一门学问的对象有一些本然为真的讲法,就是已然成立而无需探讨的。但这已然成立的"本然系统",并不是认识上的预设,而是每一门学问中本应如此说,但实际未必已被说出的真语句的集合。之前以考试的标准答案为譬,应当不难理解。

四、何为中国哲学——"就民族说"与"就哲学说"

以上是从"讲哲学"出发,揭示冯友兰对哲学是什么的理解。概言之,"在之内"的讲法旨在表明哲学作为一独立的学问,是以"真际"代表的普遍形式或类本身为对象,以"分析"或逻辑演绎为方法,能提供万事万物之形式规定或"义理"的知识;"在之外"的讲

---

① 冯友兰:《三松堂全集》(第五卷),第174—175页。

法则旨在说明哲学这门学问得以存在的理由,那就是关于"义理"有本然为真的讲法,也即本然哲学,可因以判断实际上对"义理"的言说即实际哲学是否能被称为"哲学"。基于此,就能进一步探讨冯友兰对中国哲学的理解。

最值得注意的,是前述冯友兰对哲学是什么的讨论中从未提及中国哲学或西方哲学。这说明他的哲学概念在内涵与外延上并没有中西之分,亦即中国哲学或西方哲学既非本然哲学,也非实际哲学。当然就后者来说,中西哲学的确很像是哲学的某种实际形态,因而可说是哲学的外延概念,但冯友兰谈及哲学作为实际的"一类物"时,明确将朱熹与亚里士多德的哲学归为一种①,可见在实际哲学中,只有各家哲学、各种哲学,却并没有中国或西方的哲学。那么最先要问的,就是冯友兰所谓"中国哲学"是从何说起的概念。而在回答这个问题前,先要看到,既然本然哲学是实际哲学之"类"或"理",就能从前者逻辑地推出后者。但如果中国哲学并不等于某种实际哲学(或本然哲学的实际形态),就并不是从哲学本身推出的概念。因此,今天关于中国哲学是不是哲学的疑问,在冯友兰那里是不存在的。若对其想法了解更深,更能看到这疑问本质上是出于一种层次的混淆,但这里暂且按下,先说冯友兰提出中国哲学这个概念的层次。而这还是要从本然哲学与实际哲学的关系谈起。不难看到,本然哲学虽然规定了实际哲学的内容及真假,却不能规定某种实际哲学的"发生",也即本然哲学的真语句是否能被实际地说出。在冯友兰看来,"发生"的问题并不取决于哲学之为哲学的"理",而是取决于哲学之为哲学的"势",也就是现实环境的条件,故说"必须有某种势,某种哲学系统,方有人知,方有

---

① 冯友兰:《三松堂全集》(第五卷),第174页。

人讲"①。中国哲学这个概念的提出,正应从"势"的方面考虑。此时,就要涉及冯友兰说的"民族哲学"这个概念。所谓"中国哲学",如果是在承认"中国"之于"哲学"存在某种限定的意义上说,正属于"民族哲学"的范畴。

何谓"民族哲学"?冯友兰特别反对说"一个民族的哲学是一个民族的民族性在理论上底表现"②。因为在他看来,人们这样说时总是把"民族性"当成某种先天的或客观不易的属性。但冯友兰认为,民族不是一生物,没有作为先天禀赋的"民族性";"民族"亦不是类名,故"民族性"也不是一类人共有的客观特征。因此如果将"性"视为先天或客观不易之"性",就只能说"民族性"不是"性",而是环境塑造的一个民族在特定时期内的"习"。③"习"可变,"性"不可变,后者相当于"理"。因此用"民族性"界定"民族哲学",就意味着"民族"也在哲学之"理"的规定中,或者"民族"也能被视为"哲学"的属性之一。但如果本然哲学(哲学之"理")只能规定实际的各家哲学、各种哲学,却并不规定是哪个民族的哲学,则可知"民族性"并不是哲学本身的属性,正如冯友兰指出的:

> 说某民族的哲学,常是某种派别底哲学,不过是一种笼统底说法。事实上无论哪一个民族的哲学,都不止限于一个派别。……如果某民族的哲学,在事实上是某派别底哲学,但并不因此,某民族的哲学家,都应该是某派别底哲学家。我们不能说,如果以前英国哲学是经验派底哲学,则以后的英国的哲

---

① 冯友兰:《三松堂全集》(第五卷),第175页。
② 冯友兰:《三松堂全集》(第六卷),第45页。
③ 冯友兰:《三松堂全集》(第五卷),第348—352页。

学家,都应该只讲经验派底哲学;如果以前德国哲学是理性派底哲学,以后德国的哲学家,都应该只讲理性派底哲学。主张有所谓民族性者,必以为,依照英国民族的民族性,英国的哲学家,因其是英国人,所以只能讲经验派底哲学。照德国民族的民族性,德国的哲学家,因其是德国人,所以只能讲理性派底哲学。①

强调一个民族的哲学往往不只是一家或一种哲学,即便有些民族如此,也不必然如此,这足以表明"民族哲学"与"实际哲学"在概念上并不对应。那么从本然哲学只规定实际哲学,而实际哲学不等于民族哲学来看,就能知道民族哲学并不是从本然哲学中推出的东西。因而所谓"民族性",就并不是哲学本身的一种属性。是故,前述中国哲学不在哲学概念的外延中,亦即不是哲学本身的一种样式,就只能因为它是"民族哲学"的一种,而非"实际哲学"的一种。从"民族哲学"看,朱熹与亚里士多德的哲学当然有中西之别;但从"实际哲学"看,正如冯友兰说的,他们讲的是一种哲学。

既然中国哲学是一个属于"民族哲学"而非"实际哲学"的概念,那么要理解何为中国哲学,关键就要看民族哲学与实际哲学的本质差别。以上已经指出了二者在概念上并不对应,但从根本上说,二者的不同正在于实际哲学只受本然哲学之"理"的限定,但民族哲学中"民族"一词的限定则与哲学之"理"无关,而是某种"势"中形成的某民族之"习"——尤其是民族语言——的限定。② 在这个意义上,用何种民族语言"讲哲学",对哲学本身就是不重要的,

---

① 冯友兰:《三松堂全集》(第六卷),第45—46页。
② 冯友兰:《三松堂全集》(第六卷),第46页。

正如冯友兰所说：

> 哲学中有普遍底公共底义理，至少其目的是在于求如此底义理。这些义理，固亦须用某民族的语言说之。但某民族的语言，对于这些义理完全是偶然底，不相干底。①

也就是说，"民族哲学"之"民族"，并不能对"哲学"本身构成限定。而冯友兰反对以"民族性"界定"民族哲学"，也就是不承认有一个作为"民族性"的客观属性可附加到哲学上。那么所谓中国哲学，不过只是用汉语讲的哲学。而正因为用汉语讲只是"偶然底"，所以只能有金岳霖说的"发现于中国的哲学"。

但另一方面，冯友兰又强调认为用何种民族语言"讲哲学"是不重要的，这只是"就哲学说"，而非"就哲学对一般人底影响说"。因为用何种民族语言"讲哲学"，这对哲学本身是"表面底，在外底"；但就哲学对民族精神的影响来看，却并非如此，因为：

> 所谓表面底，在外底，是就哲学说。就民族说，这些分别，就一民族在精神上底团结，及情感上底满足，有很大底贡献。这些表面能使哲学成为一民族的精神生活的里面。……事实上，民族哲学是如此分别底。如此分别底民族哲学，对于哲学的进步，至少是没有妨碍底，因为这些分别，对于哲学，不过是表面底，在外底。但如此分别底民族哲学，对于一民族在精神上底团结及情感上底满足，却是有大贡献底。②

---

① 冯友兰：《三松堂全集》（第六卷），第44页。
② 冯友兰：《三松堂全集》（第六卷），第46页。

这里对"民族哲学"的论述,虽仍是在"讲哲学"的思路中行进,但不再是对哲学是什么采用"在之内"与"在之外"的"讲"法,而是就哲学本身及哲学对民族精神的影响采用"就哲学说"和"就民族说"。"就哲学说","民族"之于"哲学"无本质限定;但"就民族说",尤其就哲学"成为一民族的精神生活的里面"因而对民族精神"有大底贡献"来说,"民族"对"哲学"则有实质限定,那就是将哲学定位为影响和表现某一民族之精神的哲学。

因此作为"民族哲学"的中国哲学就不再是金岳霖说的"发现于中国的哲学",而是冯友兰所谓"中国底哲学"。[①] 后一表述中,"底"字强调的就是"中国"能对"哲学"构成限定。但这限定不是"就哲学说",而是"就民族说",故此种意义的中国哲学不是哲学本身的一种形式,而是表示哲学影响"民族精神"的效果概念。[②] 那么再回到中国哲学是不是哲学的判断上,可以看到,除了陷入循环论证,这类判断更严重的问题是把哲学的影响与哲学本身混为一谈。而只要看到中国哲学是就哲学对人的影响说("就民族说"),而非就哲学的内涵或外延说("就哲学说"),就能发现根本提不出中国哲学是不是哲学的问题。

[①] 陈来:"中国哲学的近代化与民族化——从冯友兰的哲学观念说起"。
[②] 与冯友兰不同,笔者更倡导作为方式概念的中国哲学(参见李巍:"合法性还是专业性:中国哲学作为'方式'"),但与冯友兰这里作为效果概念的中国哲学并不冲突,因为要回答的主要问题就是冯友兰所设想的哲学影响民族精神的"效果"应该以何种"方式"实现。为此,笔者特别强调中国哲学作为"方式",首先是作为现代学术的具有专业性的研究方式。本书导言部分就是对此方式义的中国哲学的阐发,附录专论冯友兰,则是以效果义的中国哲学与之对应。

五、中国哲学与中国哲学史——"接着讲"

效果当然是已发生的,所以"讲"一个作为效果概念的中国哲学就必须谈及中国哲学史,也即"就民族说"时,"中国"之于"哲学"的限定首先是民族历史的限定。要理解这一点,关键要知道什么是哲学史。从冯友兰的相关论述看,他眼中的哲学史应有哲学的发展史与发生史两种。所谓"一时代虽不能有全新底哲学,而可有全新底哲学家、较新底哲学"①,此"较新底哲学"正就哲学之发展史来说,"全新底哲学家"则就哲学之发生史来说。则要理解两种哲学史,又要从"较新"与"全新"的意思谈起。

冯友兰有个基本观念是哲学家必有所"见"②,即具有对"真际"或"义理"的知识。但前人是否有所"见",与后人是否有所"见",这并没有必然关联,所以也才有"见"前人所未"见"的可能。那么,如果把哲学史理解为哲学家洞见"义理"的历史,这历史自然没有连续性,只是本然哲学在特定条件("势")中成为实际哲学的发生史。正如冯友兰说:"在中国哲学史中,对于所谓真际或纯真际,有充分底知识者,在先秦推公孙龙,在以后推程朱。"③但程朱之"见"与公孙龙之"见",并不具有因果关系。是则程朱之于公孙龙,就是一"全新底哲学家";公孙龙之于前,也是一"全新底哲学家"。"全新"强调的,就是从本然哲学到实际哲学的"发生"是一非连续的、创造性的事件。不过,虽然前人是否洞见"义理"与

---

① 冯友兰:《三松堂全集》(第五卷),第27页。
② 冯友兰:《三松堂全集》(第二卷),第21—22页。
③ 冯友兰:《三松堂全集》(第五卷),第23页。

后人是否洞见"义理"没有本质关联,但前人讲"义理"的方式却能对后人讲"义理"的方式构成限定。仍如冯友兰所揭示的,作为哲学之对象的"义理"是不变的,解释"义理"的语言、经验和思维方式也不能有巨变。① 所以,虽然对"义理"的"见"并不连续,故有哲学之发生史;但对"义理"的"讲"却是连续的,故有哲学的发展史。所谓"较新底哲学","较新"强调的就是前人的"讲"对后人的"讲"的限定。

基于此,"讲哲学"只能是对前人的"接着讲":

> 因为没有全新底哲学,所以我们讲哲学,不能离开哲学史。我们讲科学,可以离开科学史,我们讲一种科学,可以离开一种科学史。但讲哲学则必须从哲学史讲起,学哲学亦必须从哲学史学起。讲哲学都是"接着"哲学史讲底。②

这里所谓"哲学史",绝不是以"见"为核心的发生史,而是以"讲"为核心的发展史。只有针对后者,"接着讲"才是有可能和有意义的。而所谓"接着",与前述"较新"的说法一样,都是强调前人"讲哲学"的方式——即语言、经验和思维——能对后人产生限定,即"古代底哲学,最哲学底部分,到现在仍是哲学,不是历史中底哲学"③。据此,就能从哲学史的角度,更好地理解"中国底哲学"这个概念中的"中国"对"哲学"的限定。这个限定,如前述,无关于哲学本身,

---

① 冯友兰:《三松堂全集》(第五卷),第24页。
② 冯友兰:《三松堂全集》(第六卷),第47页。
③ 冯友兰:《三松堂全集》(第五卷),第25页。

只是效果上说的哲学对民族精神的影响。而哲学的发展史,也即"讲哲学"的历史连续性,就是这种效果的具体表现。

是以要知道何为中国哲学,乃至任一民族的哲学,首先就要知道该民族"讲哲学"的历史形态,因为:

> 就理方面说,哲学虽只有一个,但就实际方面说,哲学史可有许多。例如中国哲学史、西洋哲学史、印度哲学史等。……说讲哲学是"接着"哲学史讲底,不过是一种泛说。事实上讲哲学不但是"接着"哲学史讲底,而且还是"接着"某一个哲学史讲底。某一个民族的民族哲学是"接着"某一个民族的哲学史讲底。①

既然"民族哲学"不是来自"只有一个"的哲学本身,而是对该民族"讲哲学"的历史的"接着讲",则所谓"接着讲"正可视为对"民族哲学"的定义,即冯友兰进一步指出的:

> 所谓某国哲学者,并不必是某国人讲底,而是接着某国人所有底哲学史讲底。例如玄奘是中国人,但他所讲底哲学却是印度哲学。此固不俟论,即禅宗中人,虽是中国人,所讲哲学虽亦有他们所独创者,但其中一部分仍是接着印度哲学讲底。所以他们的哲学,只能有一部分算是中国哲学。宋儒虽亦受禅宗的影响,但他们的哲学,却是接着中国哲学史讲底,亦是用中国语言说低,所以他们所讲,虽不必与孔孟同,但是

---

① 冯友兰:《三松堂全集》(第六卷),第47页。

中国哲学。①

这是以中印哲学的区别为例,强调某国哲学与某国哲学的区别,并不取决于哲学本身,而是某国哲学究竟是"接着"哪一个民族"讲哲学"的历史来"讲",也就是受到哪一个民族的"讲"法的历史限定。而此限定,正就哲学的影响呈现于"民族精神"的效果来说。

故不仅中国哲学,任何某国哲学的概念,本质上都是个效果历史的概念。则所谓"接着讲",首先就是对民族哲学之历史限定的承认。由此限定,则可见民族哲学之历史连续性,遂有成文的"哲学史"可言。但此义暂且按下,先要强调的是承认"讲哲学"的历史限定,尤其意味着离开中国哲学史,并无中国哲学可言,因为我们并不知道应该"接着"什么"讲哲学"。

六、中国哲学与《中国哲学史》
——"照着讲"

但仅将中国哲学史理解为中国古代"讲哲学"的历史形态,这仍然不够,因为正如冯友兰所说,除了"客观的不成文的中国哲学史",还应有"主观的成文的中国哲学史",也即《中国哲学史》。② 后者的功能,如果说是让人知道该"接着"怎样的中国哲学史"讲哲学",就意味着《中国哲学史》乃是中国哲学史的知识形式,是以哲学史为对象的研究成果。但这样说,似乎又会与"接着讲"存在分歧,因为冯友兰认为"接着哲学史讲哲学,并不是照着哲学史讲哲

---

① 冯友兰:《三松堂全集》(第六卷),第48页。
② 冯友兰:《三松堂全集》(第七卷),第366页。

学。照着哲学史讲哲学,所讲只是哲学史而不是哲学"①,这似乎就是说,"讲哲学史"与"讲哲学"是两回事,后者是"接着讲",前者则是"照着讲"。倘如此,以"讲哲学史"为核心的"哲学史",对于"讲哲学"有多大价值,就是存在疑问的。

果真如此吗?关键是如何理解"照着讲"与"接着讲"的分别。"接着讲"首先是要"接着",虽然"接着"不是顺着,而往往表现在批评、反对前人的地方②,但这并不意味"接着讲"可以无视哲学史。同样,"照着讲"固然是以哲学史为对象的"讲",却也不能说只要讲哲学史就是"照着讲"。所以,"接着讲"与"照着讲"的区别与其说是在"讲"的对象上,不如说与"讲"的人相关。尤其从冯友兰的以下说法看,二者之别还是要从"讲"的人是否有所"见"来看,那就是:

> 往往有相同,或大致相同底道理,而各时代哲学家,各以其时代之言语说之,即成为其时代之新底哲学系统。此非是将古代底言语译成现代底言语之一种翻译工作。……做此种工作者即注释家。但注释家不能成为一时代的哲学家。哲学家是自己真有见者;注释家是自己无见,而专述别人之见者。③

如上,哲学家与注释家的区别就在于是否有"见"于"义理"。哲学家是"真有见者",则其所讲者,无论先知后知,都是相近的"义理",

---

① 冯友兰:《三松堂全集》(第六卷),第48页。
② 冯友兰:《三松堂全集》(第六卷),第48页。
③ 冯友兰:《三松堂全集》(第五卷),第25页。

只是在语言、经验和思维上能因时而有"较新底哲学"。但注释家"自己无见",则其所讲的不是"义理",只是"别人之见"。这被说成一种"翻译工作",强调就是注释家关注的不是"义理",而是别人讲"义理"的语言。因此其工作不是解释"义理",而是"翻译"语言。应该说,这种以语言而非"义理"为对象的讲法就是"照着讲"的实质。是故并非只要讲别人的哲学就是"照着讲",讲自己的哲学就是"接着讲",而应以"讲"的人是否有"见"于"义理",作为区分两种"讲"法的标准。

由此看,中国古代的经注应多为"照着讲",即所"讲"的不是"义理",而是"语言"。且所谓"讲语言",不是以句子为单位的文本解释,而是以字词为单位的文献考证。就"解释"来说,冯友兰虽未谈及,但其本质是要把握一个或一组句子表达的思想,则其对象仍为"义理",仍属"接着讲"的范畴;"考证"则不然,如汉人注《尚书》,在本是一句感叹词的"粤若稽古"上挥洒万言[①];清人解《论语》,对"学而时习之不亦说乎"逐字考证一番,却不说这话讲的是什么[②]——其实都是把认字等于读书。但实际上,每个字都认识,却不知道一句话说的是什么的例子,在古代典籍中比比皆是。单举"白马非马"一句,就足以让迂腐经生们束手无策。因此所谓章句之学,恐怕最缺的就是章句的观念。而用现代哲学的话来说,认字之所以不能"认"出一个句子说的是什么,是因为句子是不可分的、最小的语义单位。所以认字式的经注,绝不是对语言表达的"义理"的"接着讲",而只是对语言本身的"照着讲"。如果说古代经注中大量充斥此类"讲"法,今人以忽视"经注义理"指责冯友兰,就实

---

① 皮锡瑞:《今文尚书考证》。
② 刘宝楠:《论语正义》(上)。

在是匪夷所思。因为此类"经注"的对象根本不是"义理",又岂有"经注义理"可言?当然,郭象注《庄子》,王弼注《老子》、解《周易》,以及朱熹注解"四书",确有"义理"可言,但这只能表明此类著作名为"经注",实为"哲学",故可于《中国哲学史》列专章论之。至于经生之流的真正"经注",所以写不进"哲学史",就因为这些"专述别人之见"的"翻译",对象只是语言,不是"义理",是谓"自己无见"而只能"照着讲"。

这样理解时,就能进一步看到"照着讲"虽然也是在讲哲学史,但不能由此得到有理论脉络的"哲学史",充其量只能提供一种史料汇编。因为只有洞见"义理",才能洞见古人讲"义理"的前后脉络,但既然"照着讲"是"自己无见"的,必不能对理论脉络有所把握。是故,冯友兰虽区别了以刻画理论脉络为核心的"叙述式的哲学史"和以史料汇编为特征的"选录式的哲学史",并宣称他的《中国哲学史》兼采二者①,但无论这部著作还是晚年的《中国哲学史新编》,从性质上看,首先是"叙述式的哲学史"。原因无他,就在于"讲哲学"既然是"接着哲学史讲",首先就要从"义理"的高度看到"哲学史"的连续性。因为只要是"接着讲",就必须承认新哲学与旧哲学的连续性(因而只有"较新底哲学");而承认这一点,亦必须承认被"接着"的旧哲学也是连续的,否则就不知道该"接着"何种"哲学史"来"讲",甚至令"接着哲学史讲"成为一个自相矛盾的表达(即与非连续的哲学史保持连续)。可见对"讲哲学"来说,承认哲学史之重要,就是承认哲学史的连续性是"接着讲"的前提。而作为哲学史之知识形式的"哲学史",就是要提供关于哲学史之连续性的知识。没有这种知识,"接着讲"绝无可能。因此,虽然哲

---

① 冯友兰:《三松堂全集》(第二卷),第27—28页。

学史家不必定是哲学家,但好的哲学家首先必须是一个哲学史家。

七、中国哲学与西方哲学

由上,冯友兰对中国哲学的思考可用一句话来概括,就是以"中国"为核心的"讲哲学",不是"就哲学说"而是"就民族说",不是"照着讲"而是"接着讲"。但就这一句话,足以表明今天围绕中国哲学的某些讨论看似重大,实则无谓。其"无谓"之一,就是从中国哲学是"就民族说"的哲学的效果概念,而非"就哲学说"的一种哲学形式来看,根本提不出中国哲学是不是哲学的问题,此义前文已论;其"无谓"之二,是从中国哲学是"接着讲"而非"照着讲"且两种讲法的区别在"讲义理"还是"讲语言"来看,哲学与经学本就泾渭分明。我们要么承认哲学本位,并以可能的方式处理一部分经学文献,而将绝大部分交给语言学、历史学来研究;要么站在维护经学的立场上反对哲学,又何来重新反思二者关系的必要?此义下文将有详述,这里仅欲指出今天关于中国哲学的某些困惑,在冯友兰那里本不是问题。而不成问题的成为问题,非但不是因为某些论者所见更深,相反恰是没有超越冯友兰,又不认真对待冯友兰的结果。这个意义上,冯友兰的"讲哲学"确乎能说是至今仍有启发意义的思想遗产。

但对哲学和中国哲学缺乏认同的论者,或许不以为然。的确,条条大路通罗马,为什么一定要在中国哲学的范式中研究传统思想呢?况且正如人们通常所说的,中国哲学是"模拟"西方哲学建立的,因而对传统思想"讲哲学",难道不是用西方框定中国,使我们离传统语境越来越远的表现吗?① 这些质疑看似有理,但只要回到冯友兰对哲学的中西之分的思考,就能看出其问题所在。冯友兰曾指出,虽然中国古无"哲学"一名,但从西方哲学与中国古代的"义理之学"有"约略相当"的研究对象来看,也可将后者称为"哲学"。② 但何谓"约略相当"呢? 从中西学问的内容来看,也就是从各自关注的问题和主张看,似无"约略相当"可言。但冯友兰所谓"约略相当",亦非对中西学问的内容而是对其形式来说——即无论中西,在形式上都有对事与物问一个"为什么",并且是有普遍性的"为什么"的学问。这个普遍的"为什么",就是新理学系统以"真际"或"义理"等术语表示的普遍根据。当然不必定如此表示,但就此普遍根据皆为中西学问所关注来说的对象"约略相当",一定是可接受的,因为如果说中国古代的学问形式中没有追问普遍根据的部分,就等于说中国古人没有抽象思维。所以,冯友兰以中国义理学可被称为"哲学",正就上述中西学问的普遍形式来说。也正因为关注的只是形式,而非某种特殊问题、特殊主张,所以今天关于中国古代有没有哲学的困扰,在冯友兰那里也是不存在的。

不过,对象"约略相当"的学问为何一定要被称为"哲学"? 冯友兰的回答是,我们固然可以不叫"中国哲学",而叫"中国义理学",甚至也可以把"西方哲学"改叫"西方义理学",但所以将中国的"义理之学"称为"哲学",因为:

---

① 郑家栋说,"'中国哲学'作为一个学科门类,它的本质规定和基本规范来自西学。在这里,所达到的境界的高低、成就的大小,都依赖于对于西方哲学的理解把握"(郑家栋:"'中国哲学史'写作与中国思想传统的现代困境"),就是这种典型观点。后来刘笑敢提出"反向格义"(刘笑敢:"反向格义与中国哲学方法论的反思"),实为此类观点的进一步概括。

② 冯友兰:《三松堂全集》(第二卷),第17页。

> 近代学问,起于西洋,科学其尤著者。若指中国或西洋历史上各种学问之某部分,而谓为义理之学,则其在近代学问中之地位,与其与各种各种近代学问之关系,未易知也。①

很明显,命名的理由不在中西范畴,而在古今范畴,是为了确定中国古学与"近代学问"的联系,也就是为了促成面向近代的转化,这才把"义理之学"改叫"哲学"的。但所谓"近代",在冯友兰看来仍然是一个特殊事物,甚至就是"西洋"的另一表达。② 那么在此意义上讲中国学问的近代化与西洋化,其实没差别,都是要把一个"殊相"变成另一个"殊相"。但这当然是不可能的,因为如果可能,就相当于把中国学问变成西方的"倒影"。而今人对模拟西方哲学建立中国哲学的质疑,根本担忧也正在此。但冯友兰之所以还是这样做,不是因为他看不到问题,而是看得更深,即认为学术乃至文化的改变不是两个特殊事物的关系,而是两个类别的关系。因此一方面,就中国文化之"殊相"看,无论全盘西化论、局部西化论,以及作为局部西化论之变体的中国本位论,都是讲不通的③;但就一"殊相"可归属不同的"共相"来说④,使中国文化"自一类转入另一类"⑤却是可能的。因而所谓近代化,不是要把中国文化变成同样是"殊相"的西洋或近代文化,而是使前者"转入"后者所属的"共相"即"文化类型"。就此"转入"是"文化类型"之变来说,当然是

---

① 冯友兰:《三松堂全集》(第二卷),第18页。
② 冯友兰:《三松堂全集》(第五卷),第250页。
③ 冯友兰:《三松堂全集》(第五卷),第248—249页。
④ 一个"殊相"可以归入不同甚至无穷的"共相",冯友兰曾以"张三是人,是白底,是高底,他即属此三类,有此三性"为例说明。参见冯友兰:《三松堂全集》(第五卷),第241页。
⑤ 冯友兰:《三松堂全集》(第五卷),第251页。

"全盘底";但就此"转入"并不改变中国文化的"殊相"说,又是"局部底"或"中国本位底"。①

那么单就学问而言,以"西洋"或"近代"为其例子的普遍类型是什么呢？如上引"近代学问,起于西洋,科学其尤著者"一语所见,应当就是科学。很明显,科学不是这种或那种学问,而是普遍的学问形式。这种形式,固然可说是分科治学,但更确切地说,乃以分析与实验为手段②,以探究专门知识为目的的学问形式。作为"近代学问"之一的哲学,当然也具有强调知识本位的特征,如所谓"哲学讲理,使人知""哲学家对于事物,无他要求,唯欲知之"。③ 因此,冯友兰将中国古代的"义理之学"称为"哲学",用意就能说是以"哲学"为名,使中国的传统学问满足近代学问在类型上对知识进步的普遍要求。而只要把知识进步视为"讲哲学"的要义,哲学的中西问题就一定会"让位"于古今问题,是谓：

> 中国需要现代化,哲学也需要现代化。现代化的中国哲学,并不是凭空创造的一个新的中国哲学,那是不可能的。新的现代化的中国哲学,只能是用近代逻辑学的成就,分析中国传统哲学中的概念,使那些似乎是含混不清的概念明确起来,这就是"接着讲"与"照着讲"的分别。④

前文所见,"接着讲"与"照着讲"的区别在于"讲"的人是否有所

---

① 冯友兰：《三松堂全集》(第五卷),第250—252页。
② 基于逻辑演绎的"理智底分析"和基于经验归纳的"事实底分析",参见冯友兰：《三松堂全集》(第五卷),第31页。
③ 冯友兰：《三松堂全集》(第五卷),第182页、第184页。
④ 冯友兰：《中国现代哲学史》,第200页。

"见"。现在则能看到,是否有所"见",首先是比前人对"义理"的知识更加进步,也就是使古代学问中"含混不清的概念明确起来"。是以,哲学的中西之分所以不如古今变革重要,就在于"现代化"是以知识进步为其核心。

那么反过来说,今天人们纠结于哲学的中西之分,大概关注的不是知识,而是价值。因为只要把知识进步的问题变成价值抗衡的问题,哲学乃至文化的中西之分就会极其突出,也才会有中国哲学是不是哲学或西方哲学是不是唯一哲学的争议。而此类争议,若如本文最初所言,不是取决于哲学本身,而是某种哲学观念的话,分歧的实质不过就是对哲学的观察应选择哪种视角即价值立场的问题。

八、中国哲学与传统经学

但冯友兰理解的中国哲学,不是在价值上相对西方哲学来说(中西之分),而是在知识上相对传统学问来说(古今变革)。因此当他说"西洋学说之初东来,中国人如康有为之徒,仍以之附会于经学,仍欲以旧瓶装此绝新之酒"①时,绝不只是把"附会经学"看作价值上的抗拒"西洋化",更一定是看作知识上的抗拒"近代化"。正因此,要理解冯友兰对中国哲学的思考,最后要谈的就是他怎样看哲学与经学的关系。今天,呼吁重新反思二者关系的声音时有出现,讲的较多意思,就是以经学为核心的古典价值观,作为中国文化的中国性或民族性的根本,并不能被哲学完全涵盖。因此重新彰显经学价值观的独立性,就成为这种反思的定向,并由此提出

---

① 冯友兰:《三松堂全集》(第二卷),第418—419页。

建立与中国哲学并列的经学学科的设想。① 然按冯友兰所论,经学与哲学一开始就不是并列的选项,而是经学之旧瓶破后出现一学术断层,需以中国哲学为"接着讲"的形态。② 那么在重新反思经学与哲学的关系时,如果这种"反思"也涉及冯友兰,甚至首先就绕不开冯友兰,就不能只强调经学价值观的独立性,而必须能指出冯友兰的判断存在问题,比如经学之旧瓶实际未破,这才能把倡导经学与哲学的"并列"视为基于学术反思的结论。

但问题是,经学之旧瓶破并非一个可对可错的判断,而是个事实。那么要重新反思经学与哲学的关系,与其说是因为发现前人理论的不足,不如说是对经学终结的事实——尤其是经学价值观对现代生活影响甚微的事实——感到不满而已。但冯友兰主张以哲学接续经学,也并不是要否定经学的价值观,而是无论经学之于古典价值的确立多么重要,其在知识领域都是乏善可陈的,因为:

  中国哲学家多未有以知识之自身为自有其好,故不为知

---

① 不过,强调古典经学具有哲学不能涵盖的独立性,并以此独立性更能代表中国学问的中国性,这种立场也有其复杂性。比如对经学之独立性的强调,不少论者还是认为要坚持哲学本位来研究经学,但也有论者主张设立与"中国哲学"并列的"中国经学"学科;至于对经学之中国性的强调,人们虽然都认同目前中国哲学的最大弊端是模拟西方裁制中国,但也有论者突出地主张重建经学,或在相当程度上承认经学的价值,是中国哲学回归"中国"的关键。但不管怎么说,经学与哲学的关系成为问题,正是在强调经学之独立性与中国性的思潮中发生的,而只要强调这两点,就会或强或弱地呈现使中国哲学去哲学化的倾向。相关论述,参见郑家栋:"'中国哲学史'写作与中国思想传统的现代困境";彭林:"论经学的性质、学科地位与学术特点",《河南社会科学》2007 年第 1 期;李存山:"反思经学与哲学的关系"(上、下),《哲学研究》2011 年第 1 期、第 2 期;陈锦宣:"经学与中国哲学关系的传统认定及其反思",《湖湘论坛》2012 年第 1 期;邓林、姜广辉:"也谈经学与哲学的关系",《哲学研究》2012 年第 6 期;景海峰:"经学与哲学:儒学诠释的两种形态",《哲学动态》2014 年第 4 期;邓林:"再谈经学与中国哲学的关系问题",《湖南大学学报》(社会科学版)2014 年第 6 期。

② 冯友兰:《三松堂全集》(第二卷),第 415—416 页。

识而求知识。不但不为之知识而求知也,即直接能为人增进幸福之知识,中国哲学家亦只愿实行之以增进人之幸福,而不愿空言讨论之。①

这明显是就传统经学"欲托之空言,不如载之行事之深切著明"的立场来说,而冯友兰从中看到的,就是对知识问题的轻视。故他以"经学"和"近代学问"间存在断层,绝不是说古今价值不能兼容,而就是强调"经学时代"对知识进步无甚贡献,无法转入知识本位的"近代学问"。这再次表明,今天重新反思经学与哲学的关系,只强调经学价值观的独立性是不够的,因为冯友兰也不反对这一点。因之所谓"反思",除非能指出捍卫价值比追求知识更重要,否则只能说是单纯站在维护经学的立场上反对哲学。

但无论是不满于经学终结的事实,还是要维护经学反对哲学,都足以表明这种"重新反思"并不是出于学术理论内在逻辑的需求。而说这种"重新反思"在理论上并无必要,又除了因为它只是"不满"和"反对",更在于这种"不满"和"反对"实在毫无新意,因为章太炎早就讲过,并且更加彻底。比如,他以魏晋清谈已是歧路,哲学的"空言"之害远甚清谈百倍②,就是站在通经致用的立场上反对哲学。而且,章太炎不仅是为"只愿实行""不愿空言"的经学立场辩护,更要将之上升为中国学问的基本性格,即"国学不尚空言,要在坐而言者,起而可行"——从这种普遍意义上讲,通经致用就既是中国学问的为学之方,又是为学的宗旨,因而以"空言"论理为特征的哲学,无论其方法和目的都很难与之兼容。正如说:

---

① 冯友兰:《三松堂全集》(第二卷),第18页。
② 章太炎:《章太炎国学讲演录》,中华书局2013年版,第13页。

> 经术乃为人之基本,若论运用之法,历史更为重要。……史与经本相通,子与史亦相通。……要之九流之言,注重实行,在在与历史有关,……不似西洋哲学家之纯谈哲学也。①

这就是以"纯谈哲学"不仅违背中国学问行动本位的治学方法,更偏离了学以成人的为学宗旨。由此谈及的"史",绝非现代史学及其研究的历史,而就是通经致用的"先例",是后人"起而可行"的行动参照。因此对"史"的强调,非但没有削弱重"实行"的经学立场,反将之推到极致。以至欲彰六经,必反哲学,成为不可不有的选择。不过章太炎亦不否认哲学东传的事实,但认为哲学要有进步,必先放弃"空言"而求"自得于心"。② 此"自得于心"绝非一般性的体验、感悟或有心得,而就是对"道理"如何被付诸"行事"有切身的体会,这还是就通经致用的目的来说的。

因此他的立场正可说与冯友兰的截然相反,后者欲以哲学转化经学,前者则欲以经学消解哲学——这显然比那些犹抱琵琶半遮面地"重新反思"彻底得多,更令"重新反思"显得无"新"可言。是以,要说反思经学与哲学的关系,在冯友兰那时才真正紧要。因为连章太炎这样一流的头脑都会说出"国学不尚空言,要在坐而言者,起而可行"的话,只能表明他对如此重"实行"的中国传统反不如重"空言"的西方更有事功,缺乏真正的反思。但在冯友兰,却是感受极深的,他说:

> 我们近百年来之所以到处吃亏,并不是因为我们的文化

---

① 章太炎:《章太炎国学讲演录》,第9、12页。
② 章太炎:《国学概论》,第77—78页。

是中国底,而是因为我们的文化是中古底。这一个觉悟是很大底。①

若从类底观点以看中国文化,则我们亦可知我们近百年来所以到处吃亏,并不是因为我们的文化,是中国底,而是因为它是某种文化底。……并不是一特殊底中国文化,而是某一种文化类型。②

"这一个觉悟"之所以是"很大底",就是要将观察中国文化的视角从价值扭转到知识问题上,即强调近代中国的"到处吃亏"并不是"中国"的价值不足以与西方抗衡,而是"中古"的知识不足以与"近代"接洽。不过在冯友兰看来,"中古"仍然是一个殊相,即"中古"的"这个"中国文化。那么,将近代中国"到处吃亏"归于"中古",其实还是归于"中国"。但事实上,不是作为殊相的中国文化本身有问题,而是其从属的文化类型有待更新。何种类型呢?就"中古"言,无疑是以通经致用为普遍形式的文化类型。此一文化类型固然反映了儒家成己成物的担当意识,但在知识上,却是"未有以知识之自身为自有其好"的实用主义。

因此在经学终结后,能够"接着讲"的只能是以推动知识进步为目的的"讲哲学"。今天,以哲学无法涵盖经学价值观的独立性为由,意欲重新反思经学与哲学的关系,大概就是未及见此或不愿见此,也才会认为冯友兰以排斥经学的方式"讲哲学",会使"中国哲学"不够"中国"。但正如前述,冯友兰所见中国哲学的中国性,不是传统经学代表的一整套古典价值;而是知识上的现代性,

---

① 冯友兰:《三松堂全集》(第五卷),第250页。
② 冯友兰:《三松堂全集》(第五卷),第251页。

是通过矫正中古经学重实用、轻知识之积习,培育一"为知识而求知识"的现代"民族精神"。

九、中国哲学的未来

论述至此,应不难看到冯友兰理解的中国哲学,作为以哲学影响"民族精神"的效果概念,其首要的效果就在于促成中国的"民族精神"适应"近代文化"这种文化类型对知识进步的要求。如果这个大方向不容置疑的话,就要特别警惕两种倾向,一是抗拒现代化的返祖,一是抗拒知识进步的反智。当然,这两种倾向也能说是一种倾向,正如在那些要求回归经学传统的呼声中可以看到的,知识上的古今变革往往被有意无意地"叙述"成价值上的中西抗衡,因此为了强调中国文化的特殊性,就必然重拾古典价值。但正如冯友兰说的,近代中国"到处吃亏",不是因为我们的文化是"中国底",所以,单纯强调中国传统文化的独特价值,非但不能解决问题,反而可能因为价值上的"回头看"阻碍知识上的"向前看",乃至将能否实现某种古典价值视为至高的目标,而将研究学问视为"不得已而后为之"的"最倒霉之事"。① 可见在以价值问题取代知识问题这点上,返祖与反智是一回事。

这两种倾向背后又有个基本预设,就是传统经学的价值观所代表的中国性是一不变属性,如所谓"与经学传统相隔绝的'中国哲学',本质上只能是外在于中国文化的"②这种说法,就默认了"中国文化"的中国性有个"本质上"的内外之分,因而只能是一种不变

---

① 冯友兰:《三松堂全集》(第二卷),第19页。
② 郑家栋:"'中国哲学史'写作与中国思想传统的现代困境"。

的属性。但如此意义的中国性,正是冯友兰极力反对的民族性,即他之所以强调"民族性"不是"性"而是"习",就是要强调所谓"民族性"是可加以培育和改进的,因此也才有用哲学影响"民族精神"的中国哲学可言。但要再次强调,这种"影响"只在知识上说,非在价值上说,因为知识领域可以讲进步,价值领域则只能作选择。因此,倡导中国哲学应回归以经学为核心的古典价值观,或许算是一种口号性的提法;但就现实来看,这种"回归"对中国学问的"民族性"又有什么新的"影响"可言呢?因为按此设想,中国的"民族精神"仍为一重价值的精神,而非重知识的精神;价值的意义在于引导行动,则如此的"民族精神"又仍为重行动的精神,而非重论理的精神。是故重归中古经学的结果,从冯友兰的立场看,只能是使我们再次隔断于现代化的历程。

冯友兰倡导的方向,就是要以"接着讲"和"讲哲学"的方式弥补"中古"与"近代"的知识断层。因此可以想见,他那里作为效果概念的中国哲学,其未来决不在回归以经学为核心的古典价值观,而只在使中国的"民族精神"适应近代化对知识进步的要求。当然,这绝不是说古典经学的价值理念不重要,而仍当如冯友兰所见的,改进中国文化的理由并不在中之于西的价值抗衡,而是古之于今的知识进步,"这一个觉悟是很大底"。

主要参考书目

A. C. Graham, *Disputers of the Tao: Philosophical Argument in Ancient China*, La Salle: Open Court, 1989.

A. C. Graham, *Ethics and Science*, Hong Kong: Chinese University Press, 2003.

A. C. Graham, *Studies in Chinese Philosophy and Philosophical Literature*, New York: State University of New York Press, 1990.

A. C. Graham, *Yin-Yang and the Nature of Correlative thinking*, Singapore: Institute of East Asian Philosophies, 1986.

A. S. Cua, *Ethical Argumentation: A Study in Hsün Tzu's Moral Epistemology*, Honolulu: University of Hawaii Press, 1985.

A. S. Cua, *Human Nature, Ritual, and History: Studies in Xunzi and Chinese Philosophy*, Washington, D. C.: The Catholic University of America Press, 2005.

Arthur Waley, *The Way and Its Power: Lao Tzu's Tao Te Ching and Its Place in Chinese Thought*, New York: Grove Press, 1958, p. 189.

Chad Hansen, *A Daoist Theory of Chinese Thought: A*

Philosophical Interpretation, Oxford: Oxford University Press, 1992.

Chad Hansen, *Language and Logic in Ancient China*, Ann Arbor: The University of Michigan Press, 1982.

D. S. Nivision, *The Ways of Confucianism: Investigations in Chinese Philosophy*, edt. by Bryan W. Van Norden, La Salle: Open court, 1996.

Edward J. Machle, *Nature and Heaven in Xunzi: A Study of the Tian Lun*, New York: State University of New York, 1999.

H. G. Creel, *Shen Pu-hai: A Chinese Political Philosopher of the Fourth Century B. C.*, Chicago: The University of Chicago Press, 1974.

H. G. Creel, *The Origins of Statecraft in China (Vol. 1): The West Chou Empire*, Chicago: The University of Chicago Press, 1970.

Herbert Fingarette, *Confucius—the Secular as Sacred*, NY: Harper & Row, 1972.

J. Chmielewski, *Language and Logic in Ancient China: Collected Papers on the Chinese Language and Logic*, edited by Marek Mejor, Warszawa: Komitet Nauk Orientalistycznych PAN, 2009.

J. B. Henderson, *The Development and Decline of Chinese Cosmology*, New York: Columbia University Press, 1984.

John Knoblock, *Xunzi: A translation and Study of the Complete Work*, Vol. Ⅲ, Stanford: Stanford University, 1994.

K. -L. S. , *Mencius and Early Chinese Thought*, Stanfort: Stanfort University, 1997.

Lee. H. Yearley, *Mencius and Aquinas: Theory of Virtue and Conceptions of Courage*, New York: State University of New York Press, 1990.

Masayuki Sato, *The Confucian Quest for Order: The Origin and Formation of the Political Thought of Xun Zi*, Leiden/Boston: Brill, 2003.

W. V. Quine, *From A Logic Point of View*, Harvard: Harvard University Press, 1953.

W. V. Quine, *Word and Object*, MA: MIT Press, 1960.

本杰明·史华兹:《古代中国的思想世界》,程钢译,江苏人民出版社 2008 年版。

柴文华:《中国哲学史方法论的历史维度》,北京大学出版社 2017 年版。

陈鼓应:《老子注译及评介》,中华书局 1984 年版。

陈鼓应:《庄子今注今译》,中华书局 1983 年版。

陈癸淼:《公孙龙子今注今译》,台湾商务印书馆 1986 年版。

陈丽桂:《战国时期的黄老思想》,联经出版事业有限公司 1991 年版。

陈梦家:《老子分释》,中华书局 2016 年版。

陈少明:《〈齐物论〉及其影响》,北京大学出版社 2004 年版。

陈少明:《做中国哲学:一些方法论的思考》,生活·读书·新知三联书店 2015 年版。

陈苏镇:《〈春秋〉与"汉道":两汉政治与政治文化研究》,中华书局 2011 年版。

陈柱:《公羊家哲学》,华夏出版社 2014 年版。

池田知久:《池田知久简帛论集》,曹峰译,中华书局 2010 年版。

池田知久:《道家思想的新研究——以〈庄子〉为中心》,王启发、曹峰译,中州古籍出版社 2009 年版。

崔清田主编:《名学与辩学》,山西教育出版社 1997 年版。

杜国庠:《杜国庠文集》,人民出版社 1962 年版。

冯耀明:《公孙龙子》,东大图书有限公司 2000 年版。

冯耀明:《中国哲学的方法论问题》,允晨文化实业股份有限公司 1989 年版。

冯友兰:《三松堂全集》(第二卷),中华书局 2014 年版。

冯友兰:《三松堂全集》(第五卷),中华书局 2014 年版。

冯友兰:《三松堂全集》(第六卷),中华书局 2017 年版。

冯友兰:《三松堂全集》(第七卷),中华书局 2017 年版。

冯友兰:《中国现代哲学史》,广州人民出版 1999 年版。

冯友兰:《中国哲学史》(上册),华东师范大学出版社 2000 年版。

弗雷泽:《金枝》,徐育新、汪培基等译,大众出版社 1998 年版。

傅佩荣:《儒家哲学新论》,中华书局 2010 年版。

高柏园:《庄子内七篇思想研究》,文津出版社 1992 年版。

高明:《帛书老子校注》,中华书局 1996 年版。

高木智见:《先秦社会与思想:试论中国文化的核心》,何晓毅译,上海古籍出版社 2011 年版。

葛兆光:《中国思想史:导论·思想史的写法》,复旦大学出版社 2001 年版。

耿宁:《人生第一等事:王阳明及其后学论"致良知"》,倪梁康译,商务印书馆2014年版。

古棣、周英:《老子通·上部·老子校诂》,吉林人民出版社1991年版。

郭沫若:《十批判书》,东方出版社1996年版。

侯外庐主编:《中国思想通史》(第1卷),人民出版社1957年版。

胡适:《先秦名学史》,安徽教育出版社1999年版。

黄朝阳:《中国古代的类比——先秦诸子"譬"论》,社会科学文献出版社2006年版。

黄德宽主编:《古文字谱系疏证》,商务印书馆2007年版。

黄开国:《公羊学发展史》,人民出版社2013年版。

蒋锡昌:《老子校诂》,商务印书馆1937年版。

蒋锡昌:《庄子哲学》,上海书店出版社1992年版。

金受申:《公孙龙子释》,商务印书馆1928年版。

金岳霖:《金岳霖全集》(第一册),人民出版社2013年版。

金岳霖:《金岳霖全集》(第六册),人民出版社2013年版。

津田左右吉:《论语与孔子思想》,曹景惠译注,联经出版事业有限公司2015年版。

津田左右吉:《儒道两家关系论》,李继煌译,山西人民出版社2015年版。

劳思光:《新编中国哲学史》(一卷),广西师范大学出版社2005年版。

李耽:《先秦形名之家考察》,湖南大学出版社1998年版。

李峰:《西周的灭亡:中国早期国家的地理和政治危机》,徐峰译,上海古籍出版社2007年版。

李明辉:《康德伦理学与孟子道德思考之重建》,台湾"中央研究院"中国文史研究所1994年版。

李明辉:《儒家与康德》,联经出版事业有限公司1997年版。

李水海:《帛书老子校笺译评》(下册),陕西人民出版社2014年版。

李贤中:《墨学:理论与方法》,扬智文化出版社2003年版。

李约瑟:《中国古代科学思想史》,陈立夫主译,江西人民出版社2006年版。

廖名春:《〈荀子〉新探》,中国人民大学出版社2014年版。

林铭均、曾祥云:《名辩学新探》,中山大学出版社2000年版。

刘宝楠:《论语正义》(上),中华书局1990年版。

刘翔:《中国传统价值观诠释学》,华东师范大学出版社2010年版。

刘笑敢:《老子古今》(上),中国社会科学出版社2006年版。

刘笑敢:《庄子哲学及其演变》,中国社会科学出版社1987年版。

罗根泽编:《古史辨》(四),上海古籍出版社1982年版。

牟宗三:《名家与荀子》,吉林出版集团有限责任公司2010年版。

牟宗三:《牟宗三先生全集》(第二卷),联经出版事业有限公司2003年版。

庞朴:《公孙龙子研究》,中华书局1979年版。

庞朴:《一分为三——中国传统思想考释》,海天出版社1995年版。

皮锡瑞:《今文尚书考证》,中华书局1989年版。

任继愈:《老子绎读》,国家图书馆出版社2015年版。

沈有鼎:《沈有鼎文集》,人民出版社1992年版。

苏舆:《春秋繁露义证》,中华书局1992年版。

孙中原:《中国逻辑史》(先秦),中国人民大学出版社1987年版。

孙中原:《中国逻辑研究》,商务印书馆2006年版。

唐君毅:《中国哲学原论·原性篇》,中国社会科学出版社2005年版。

王安石:《王安石老子注辑佚会钞》,罗家湘辑校,华东师范大学出版社。

王夫之:《庄子解》,中华书局1964年版。

王琯:《公孙龙子悬解》,中华书局1992年版。

王叔岷:《庄子校诠》(上册),台湾"中央"研究院"历史语言研究所1988年版。

王中江:《道家学说的观念史研究》,中华书局2015年版。

王中江:《简帛文明与古代思想世界》,北京大学出版社2011年版。

韦政通编:《中国思想史方法论文选集》,上海人民出版社2009年版。

温公颐等编:《中国逻辑史教程》,南开大学出版社2001年版。

邬可晶:《〈孔子家语〉成书考》,中西书局2015年版。

吴光明:《庄子》,东大图书股份有限公司1992年版。

武汉大学中国文化研究院编:《郭店楚简国际学术研讨会论文集》,湖北人民出版社2000年版。

萧公权:《中国政治思想史》(上册),商务印书馆2015年版。

萧公权:《中国政治思想史》(一),辽宁教育出版社1998年版。

小泽野精一等编:《气的思想:中国自然观与人的观念的发展》,李庆译,上海人民出版社2014年版。

熊十力:《熊十力全集》第三卷,湖北教育出版社 2001 年版。

徐复观:《两汉思想史》(二),九州出版社 2014 年版。

徐复观:《中国人性论史》(先秦卷),上海三联书店 2001 年版。

徐复观:《中国思想史论集续编》,九州出版社 2014 年版。

杨泽波:《孟子性善论研究》(再修订版),上海人民出版社 2016 年版。

杨长镇:《荀子类的存有论研究》,文津出版社 1996 年版。

叶纯芳:《中国经学史大纲》,北京大学出版社 2016 年版。

于省吾:《双剑誃诸子新证》(下),中华书局 2009 年版。

余英时:《文化传统与文化重建》,生活·读书·新知三联书店 2004 年版。

余英时:《文史传统与文化重建》,生活·读书·新知三联书店 2004 年版。

俞樾:《诸子平议补录》,李天根辑,中华书局 1956 年版。

苑淑娅主编:《中国观念史》,中州古籍出版社 2005 年版。

张岱年:《中国古典哲学概念范畴要论》,中国社会科学出版社 1989 年版。

张觉:《韩非子校注》,岳麓书店出版社 2006 年版。

张默生:《庄子新释》,新世界出版社 2007 年版。

张晓芒:《先秦辩学法则史》,中国人民大学出版社 1996 年版。

章太炎:《国学概论》,中华书局 2009 年版。

章太炎:《章太炎国学讲演录》,中华书局 2013 年版。

郑良树:《老子新论》,上海古籍出版社 2011 年版。

钟泰:《庄子发微》,上海古籍出版社 1988 年版。

宗福邦等编:《故训类纂》,商务印书馆 2003 年版。

邹昌林:《中国古代国家宗教研究》,学习出版社 2004 年版。

佐藤将之:《荀子礼治思想的渊源与战国诸子研究》,台大出版中心 2013 年版。

佐藤将之:《荀子与荀子思想研究》,万卷楼图书公司 2015 年版。

后　记

本书主要是在笔者近几年的论文基础上修订形成的,在辑合成书时调整了部分篇章的标题,特就出处说明如下:

导言部分曾刊于《深圳大学学报》(人文社会科学版)2018年第5期,原题为"中国哲学:从方法论的观点看"。第一编中,"德治悖论与功利思维——老子'无为'观念新探",刊于《哲学研究》2018年第12期;"生成还是指导——老子论'无'的新探究",刊于《文史哲》2019年第2期;"立场问题与齐物主旨——庄子的'因是'说",刊于《湖北大学学报》(哲学社会科学版)2015年第4期。第二编中,从"'不忍'到'不忍人'——孟子的同情概念",刊于《人文杂志》2018年第5期;"性伪之分——荀子为什么反对人性善?",刊于《学术研究》2018年第12期。第三编中,"行为、语言及其正当性——先秦诸子'类'思想辨析",刊于《中国社会科学》2013年第11期;"春秋大义与黄老思潮——再析'《春秋》以道名分'说",刊于《社会科学战线》2019年第4期;"故事演绎与学派关系——孔子问礼于老子的再考察",刊于《哲学动态》2017年第7期。第四编中,"性质语词与命名难题——'白马非马'再审视",刊于《逻辑学研究》2018年第3期;"物的可指性——《公孙龙子·指物论》新解",刊于《哲学研究》2016年第11期;"早期中国的'感应'思维——四种模式及其理性诉求",刊于《哲学研究》2017年第11期。附录部分曾刊于

《兰州大学学报》(社会科学版)2018年第3期,原题为"从'讲哲学'看中国哲学——冯友兰的思想遗产"。

  付梓之际,感谢业师王中江教授多年来的指导和帮助,并为书稿拨冗赐序;感谢中山大学禅宗与中国文化研究院及山东省孟子研究院对出版经费的大力支持;感谢商务印书馆编辑的无私帮助;感谢李秋红、康小娟、熊诗瑶、杨丹、汤子君诸位同学在校对上的帮助。书稿中的论文,曾得到诸多方家的指导和帮助,在此谨致谢忱!最后,要感谢我的父母和妻子,因为没有后顾之忧,我可以全身心地投入教学和研究。还要感谢我的宝宝李鼎玹,他给我带来无尽的欢乐,是我持续创作的动力。

  从辗转金陵到客居岭南,不觉已过六载,深感为学之道无他,唯在"坚持"二字。眼下这本小书,虽仍有诸多缺憾,但正是"坚持"的结果之一。把它呈现出来,算是阶段性的工作小结,盼望能得到学界先进的不吝赐教。

李　巍

2019年3月12日于广州